# 古代歷史文化<sub>研究輯刊</sub>

研究
輯刊

## 三一編

王明蓀 主編

## 第 12 冊

# 清代服制命案中的夾簽制度研究

邊芸 著

國家圖書館出版品預行編目資料

清代服制命案中的夾簽制度研究／邊芸 著 -- 初版 -- 新北市：
花木蘭文化事業有限公司，2024〔民113〕
序 2+ 目 2+232 面；19×26 公分
（古代歷史文化研究輯刊 三一編；第 12 冊）
ISBN 978-626-344-664-9（精裝）
1.CST：司法文書 2.CST：司法行政 3.CST：司法制度
4.CST：清代
618                                          112022526

ISBN-978-626-344-664-9

古代歷史文化研究輯刊
三一編　第十二冊　　　　　ISBN：978-626-344-664-9

## 清代服制命案中的夾簽制度研究

作　　者　邊芸
主　　編　王明蓀
總 編 輯　杜潔祥
副總編輯　楊嘉樂
編輯主任　許郁翎
編　　輯　潘玟靜、蔡正宣　美術編輯　陳逸婷
出　　版　花木蘭文化事業有限公司
發 行 人　高小娟
聯絡地址　235 新北市中和區中安街七二號十三樓
　　　　　電話：02-2923-1455／傳真：02-2923-1452
網　　址　http://www.huamulan.tw 信箱 service@huamulans.com
印　　刷　普羅文化出版廣告事業
初　　版　2024 年 3 月
定　　價　三一編 37 冊（精裝）新台幣 110,000 元

# 清代服制命案中的夾籤制度研究

邊芸 著

## 作者簡介

邊芸（1982～），女，漢族，陝西西安人，歷史學博士，現任青海師範大學歷史學院副教授、碩士生導師。2021 年入選青海省「崑崙英才‧高端創新創業人才」拔尖人才，藏區歷史與多民族繁榮發展研究省部共建協同創新中心研究員，主要研究方向為中國法制史和歷史教育。

## 提　　要

　　夾籤，泛指清代中央各部院向皇帝呈交本章的附件。夾籤制度則特指在在罪至斬絞但「情有可原」的以卑犯尊類服制命案中申請減等的特殊司法審判制度。

　　本文依據《大清律例》、五朝《大清會典》、《刑案匯覽》系列等清代史料文獻，從法律規定和司法實踐兩個層面多維度考察清代服制命案中的夾籤制度。通過對保留至清末的 18 條夾籤條例在各朝的修纂、移併、續纂、刪除等情況進行爬梳，將其發展過程劃分為乾隆朝的制度初創時期、嘉慶朝至道光朝的發展定型時期、咸豐朝的收縮規範時期和同治朝至宣統朝的衰落覆亡時期四個階段。同時，圍繞在可矜服制命案中夾籤適用的嚴格限制和情法考量進行了討論。

　　清代夾籤制度的出現有其深刻的社會根源，它受到中國古代傳統「慎刑」思想的影響，其實質是國家統治的根本需要。作為清代「衡平司法」亦或「情理法」司法審判特徵的制度化表現形式之一，在夾籤制度運行中也存在著專制皇權、中央各部勢力的博弈與衡平。夾籤制度與清代社會的互動充滿內在張力，在為爭取「法外之仁」提供機會的同時，也使得服制法律可能因此而受到更多的衝擊。從實施成效來看，夾籤制度並不能保證地方司法的「依法裁斷」，反而催生了更多裁剪事實、移情就案的技術手段。但不可否認的是，夾籤制度的出現，的確為審視刑事犯罪中的情理要素提供了合理合法的申訴渠道和制度保障，其對情理的表達同樣值得當代司法吸收借鑒。

藏區歷史與多民族繁榮發展研究
省部共建協同創新中心項目資助
項目編號：XTCXZX202303

# 序

魏道明

　　孝悌是中國古代社會法律刻意維護的綱常倫理，清代也不例外。《大清律例》對於違背孝悌原則尤其是卑幼殺傷尊長的行為，處罰極為嚴苛，一些過失、意外、正當防衛甚至是無責任能力者造成的傷害，行為人也要遭受重懲，絕無寬待。為彌補法條苛酷所造成的公平、正義缺失，在案件審理中，審判者發現有明顯的可原、可矜之情時，在依法判決的同時，夾籤聲明應當寬宥的情節，由皇帝最終決定是否減等處罰。

　　其實，清代其他類型案件的審理中，也有類似夾籤的做法，若有應當矜恤之情，官員也會向皇帝「聲請減等」或「候旨定奪」。但只有事關孝悌案件中形成了為數不少的夾籤條例，並形成了一套規則體系。究其原因，一方面是服制法律過於嚴苛，需要制定夾籤條例照顧情理。另一方面是案件數量眾多。從清代遺留下來的各類刑事檔案來看，親屬相犯案件佔有相當的比重，其中卑幼殺傷尊長的案件，屬於重案，需經地方層層審轉至皇帝，在逐級審轉複核的過程中，因案生例，遂產生了數量近二十款內容高度具體化的夾籤條例。

　　當然，法條苛酷和案件數量眾多，只是夾籤制度產生的顯在原因；孝悌倫理作為國家法律根本準則的地位已經開始動搖，或許是潛在的原因。

　　孝悌本是家族倫理，之所以上升為國家倫理，是因為提倡孝道有助於國家統治：「其為人也孝弟，而好犯上者，鮮矣；不好犯上，而好作亂者，未之有也」（《論語・學而》）。統治者希望通過承認父子之道而成就君臣之義，帶來國家的長治久安，因此，以忠為核心的國家主義倫理觀和以孝為中心的家族主義倫理觀，才共同構成了古代國家法制的價值標準。但由孝及忠只是可能而已，

未必一定如此,「父之孝子,君之忠臣也」(《戰國策・趙二・王立周紹為傅》)的情形固然存在,但「父之孝子,君之背臣」(《韓非子・五蠹》)的情形也不能排除。歷史上,每當忠孝不能兩全時,捨忠取孝者也不在少數。可見,將孝悌作為法律的根本準則,未必一定有益於君主的統治。

或因為此,清代律例及司法實踐中,絕不妥協的根本準則,其實只有忠君一項。《大清律例》「謀反大逆」「謀叛」條中的附例規定,因「人本愚妄」即患有精神疾病而有反逆言行,「正犯照律辦理」;只要有「焚汛戕官,抗拒官兵」的行為,「被脅入夥」者也不能減刑。也就是說,只要有不忠的行為,一概嚴懲不貸,患病、被脅迫等值得原宥的情形,都不能作為減免的理由。雖然清代可能也有矜恤反逆案內正犯的案例,但數量一定非常有限,更沒有形成反逆案可以申請減等的制度。相較而言,孝悌已非不可觸碰的紅線,允許夾簽,也就不足為奇了。

夾簽是一個學界關注不多但極富研究價值的問題,邊芸女士以此作為研究選題,是因為這一制度既體現古代司法審判中高度集權的特徵,又反映服制案件審理中情與法的對立衝突。順著這樣的思路,作者排比文獻記載,搜集司法案例,通過對清代夾簽條例修撰過程和司法適用的梳理描述,努力向讀者展示清廷如何通過夾簽實現限制地方法司自由裁量權和保障君主最高司法裁判權的雙重目的,如何在「依法判決」的前提下實施「法外之仁」;分析司法官員在面臨情節可矜的服制命案與冷酷無情的服制法條時,如何擺脫審判困境,尋找國法與情理的平衡,以實現他們心目中的公平正義。

邊芸女士本科、碩士均就讀於北京師範大學,原本專注於學科教學論,是業績斐然的歷史高級教師、學科教學專碩導師;2016 年起,因攻讀博士學位的需要,又隨我兼習中國法制史,2021 年順利完成學位論文寫作並通過答辯。本書即由她的博士學位論文修改而成。得益於長期的學養積累及出色的研究能力,邊芸博士初次嘗試法制史專書的寫作,就取得了不俗的成績。學位論文在外審及答辯環節,均獲得好評,又獲著名學術出版機構——花木蘭文化事業有限公司青睞,出資裏助發行。相信讀者在閱讀中,也可以體會到作者精湛的寫作技藝和出眾的學術功力。

我與邊芸女士,不僅有師生之誼,更有校友、同事之情,佳作付梓之際,自當略述感想以為引言。

2023 年 10 月 4 日序於青海師範大學城西校區

# 目

# 次

# 緒　論

## 一、選題背景與意義

### （一）選題的背景

　　禮是中國傳統文化的核心，禮與法的相互滲透與結合，是中華法系最本質的特征和特有的中國法文化。〔註1〕中國古代禮制，以「喪禮」為核心。清代經學大師皮錫瑞就曾有「古禮最重喪服」之說。〔註2〕喪，即喪服制度（亦稱「五服制度」「服制」），是指親屬死後，與其有關係的人依其親疏遠近，在不同的喪期中所著不同材料製造的衣服。這起源於親親之道，並以尊尊之義加入，不僅表示了親疏遠近關係，並飽含著家族本位的意味。〔註3〕

　　服制作為喪禮的主要內容，發端悠遠、影響深刻，從最初的禮的範疇，逐漸被賦予政治的、階級等級的內涵。西周時期，為了推行和維護宗法制度，對原始喪服制度進行加工改造，制定了一套完整細密的喪服制度與之相輔相成、互為表裏，共同維繫了周朝的政治統治。到春秋時期，以儒家經典《儀禮·喪服》的形成為標準，服制日益規範和完善。《晉律》確定「峻禮教之防，准五服以制罪也」是以禮入律、禮律結合的重要表現，開後代依服制定罪之先河，

---

〔註1〕張晉藩：《中國法律的傳統與近代轉型》（第1版），法律出版社1997年版，第3頁。

〔註2〕（清）皮錫瑞撰：《經學通論·三禮》，中華書局1954年版，第39頁。

〔註3〕陳顧遠：《家族制度與中國固有法系之關係——關於中國法系回顧之二》，載范忠信、尤陳俊、翟文喆編校：《中國文化與中國法系——陳顧遠法律史論集》，中國政法大學出版社2006年版，第196頁。

並一直延續至清末。〔註4〕到唐代制定了中華法系的代表性法典《唐律疏議》，唐律「一準乎禮」，〔註5〕服制已完全入律。《元典章》中開始出現了六個《喪服圖》，這是喪服圖首次入律。《大明律》將「八禮圖」（即喪服圖）與「二刑圖」並列入法典卷首，圖後又有《服制》一卷，按五服分門別類，將持服的親屬一一列舉。明太祖解釋說：「此書首列二刑圖、次列八禮圖者，重禮也。」〔註6〕作為中國歷史上最後一個帝制王朝，清朝全盤繼受和發展了明律中關於服制的相關規定。乾隆五年（1740）完成的《欽定大清律例》，把《喪服圖》和《服制》各作為一卷予以規定，強調其在整部法典中的重要地位，並在此後結合司法實踐，通過條例的增補，不斷完善關於服制的立法規定，可謂是我國古代服制立法的集大成者。縱觀服制入律，反映了中國古代法律維護禮制和宗法制的基本精神；服制入律，是引禮入法、禮法結合和法律儒家化的重要途徑和表現，也是中華法系區別於其他法系的最鮮明特徵。〔註7〕

正因如此，服制類案件也就成為帝制中國最具特色的類型案件，對服制案件的司法審判可以視為是中國古代司法審判制度最具特色的實踐表達之一。《禮記》云：「凡聽訟必原父子之親。」〔註8〕元代龔端禮曰：「聖人以禮制而定服紀，以服紀而立刑章。然則服有加隆，刑分輕重，欲正刑名，先明服紀，服紀正則刑罰正，服紀不正則刑罰不中矣。」〔註9〕《明史・刑法志》云：「又為喪服之圖凡八，親族有犯，視服等差定刑輕重。」清律箋釋云：「律首載喪服者所以明服制之輕重，使定罪者由此為應加應減之準也。」〔註10〕瞿同祖先生在其代表著作《中國法律與中國社會》一書中的「古代法律以倫理為立法依據，在親屬相犯的法律規定及處罰方面完全以服制上的親疏尊卑為依據」論

---

〔註4〕 張晉藩：《中國法律的傳統與現代轉型》，法律出版社1997年，第29頁。也有學者提出不同的觀點，如丁凌華依據《通典》及《晉書・禮志》的記載，認為「准五服制罪」原則始於東漢建安年間曹操制定的《魏科》，時間上較《晉律》早了約六十年。參見丁凌華《五服制度與傳統法律》，商務印書館2013年版，第199頁。

〔註5〕 （清）永瑢、紀昀等撰：《欽定四庫全書總目》卷82《史部・政書類二》，臺灣商務印書館股份有限公司1986年影印版，第720頁。

〔註6〕 《明史・刑法志》。

〔註7〕 張晉藩：《序》，高學強《服制視野下的清代法律》，法律出版社2018年版，第1頁。

〔註8〕 《儀禮》。

〔註9〕 （元）龔端禮：《五服圖解》，宛委別藏影鈔本。

〔註10〕 《大清律例匯輯便覽》卷2《諸圖・喪服圖引》。

斷，〔註11〕已成為學界的不刊之論。

同時，「重刑輕民」也是中國傳統法律的重要特色之一。《爾雅·釋詁》：「刑，常也，法也。」《周易》：「井（刑），法也。」在古代中國人的法律觀念中，刑即是法，二者不僅在概念內涵上相通，其基本功能也是一致的——「禁暴止邪」。管子曰：「法者，所以興功懼暴也；律者，所以定分止爭也。」〔註12〕在此觀念指導下的立法必然遵循以刑為主的脈絡，因此中國古代具有代表性的法典基本上都是刑法典，具備「諸法合體，民刑不分」的體例和結構，並與之相適應形成了嚴密而峻屬的刑罰體系。同樣在司法中，無論是國家司法機構的設置、「慎刑」訴訟原則的確立、訴訟制度的規範化制度化，都以刑事案件的處理為重心。「無訟」是儒家的理想境界，明德息訟即被視為是以禮斷案和德主刑輔的具體實施。在古代，許多輕微的刑事案件和「細故」的民事案件往往經基層審理並作出判決，無須逐級審轉，甚至不進入司法程序，而由鄉鄰、親族民間「調處息訟」。直至清代，康熙朝修訂《聖諭十六條》明確規定了「和鄉黨以息爭訟」的內容，說明這種傾向調處的傳統直至民事審判程序趨於定型的清代依然未改，可見「重刑輕民」的法律特徵在司法制度中始終存在。對此，瞿同祖先生就曾以「中國古代以家族本位為特徵的公法文化造就了『以刑為主』的法律體系」展開探討。〔註13〕由此，刑事類案件在中國古代司法審判中所佔的比例無疑是相當大的，也是研究中國古代司法史最具有代表性的部分。

結合前文所述，以刑案中的服制類案件為研究對象，其意義不僅在於對中國古代的司法審判制度有更為深入的認識，更可以加深我們對中國傳統法律禮法結合和法律儒家化特徵的深刻理解，從中挖掘對現實有意義的借鑒。

## （二）問題的提出

作為中國古代最後一個王朝，有清一代是中國古代傳統法律體系和司法審判制度的完善成熟期，非常具有代表性和典型性。而且清代遺留下了大量的官方法律文獻、中央和地方的司法檔案、各類案例彙編、官箴書、律學著作、私人筆記等資料，具有高度的學術價值，一直以來都受到法律史研究者的密切關注，取得了許多非常具有價值的研究成果。

---

〔註11〕瞿同祖：《中國法律與中國社會》，商務印書館2015年，第30～67頁。
〔註12〕《管子·七臣七主》。
〔註13〕參見張晉藩：《中國法律的傳統與近代轉型》，法律出版社1997年，第159～162頁。

在數目浩繁的清代檔案文獻中，大量的刑事案例為法律史研究者考察清代的司法實踐提供了非常重要的研究材料。在清中後期相繼刊行的刑案之彙編中，由祝慶祺等人輯成的《刑案匯覽》系列彙編，以其資料詳實、內容豐富、時間跨度長而備受世人關注。2007年由法律出版社出版了《刑案匯覽全編（點校本）》，包括《刑案匯覽》（88卷）、《續增刑案匯覽》（16卷）、《新增刑案匯覽》（16卷）及《刑案匯覽續編》（32卷），四種《刑案匯覽》共收入案件9200餘件，時間跨度長達近150年。由於清朝的刑部有「直省刑名總匯」之稱，是中央部門裏最高級別的專業審判機構，在清代司法審判中具有相當的權威，對全國各地審案起到表率與示範作用。通過這些精選的刑部案件能夠大體反映清中後期法律制度尤其是司法審判制度的嬗變，是非常具有價值的史料來源。

業師魏道明教授一直致力於從法律社會史的角度對法律中的親屬關係和清代的司法審判進行相關探討。〔註14〕在導師的教導和影響下，筆者讀博期間在對《刑案匯覽》進行研讀時，對服制類案件就特別予以關注。如前所述，服制是傳統中國道德倫理中的重要組成部分，是實踐三綱五常的依據原則和制度工具。服制入律，則是儒家綱常倫理與官方意識形態緊密結合深刻影響法律的集中體現。對服制的強調造就了帝國法律的凜凜之威，服制與法律共同成為清代日益精熟化的政法統治策略，成為一種道德與法律互補、共同維繫清王朝社會統治的制度模式。〔註15〕特別是在乾隆中葉後，服制名分受到高度重視，在立法中受到格外地強調，為弘揚倫紀綱常而進行的服制立法空前增多。正所謂「夫明刑弼教，法律一本乎禮經。酌古準今，防範莫逾乎名義。尊卑之分大義凜然」。〔註16〕同時在司法中，尤其是在刑部命案審理中，服制是刑事法中定罪量刑的首要因素和重要標準，服制案件也即親屬相犯案件的處理主要從親屬關係的遠近出發，以「親親」和「尊尊」為基本原則，最為典型的表現就是以尊犯卑，處罰很輕甚至免除處罰，而以卑犯尊則處罰很重。〔註17〕無論是

---

〔註14〕 參見魏道明：《中國古代遺囑繼承制度質疑》，載《歷史研究》2000年第6期；《宋代遺囑徵稅的性質——兼論析產與繼承的區別》，《安徽史學》2023年第1期；《中國古代容隱制度的流變》，《青海社會科學》2020年第6期，《清代對容隱行為的司法處置》，載《青海社會科學》2015年第5期。

〔註15〕 顧元：《服制命案、干分嫁娶與清代衡平司法》，法律出版社2018年版，第56～57頁。

〔註16〕 （清）沈家本：《大清現行刑律案語》（宣統元季秋季法律館印）卷二十四《人命·謀殺人》。

〔註17〕 參見高學強：《服制視野下的清代法律》，法律出版社2018年。

立法層面還是司法實踐中對服制的高度重視和嚴格貫徹，都使得刑法以更為殘酷冷峻的方式端肅社會秩序，制度的異化更與人情物理和普通民眾的日常認知愈發疏離。

由是在筆者對《刑案匯覽》服制類案件的整理過程中逐漸產生了一個疑問，在嚴酷苛刻的法律規範約束下和對儒家倫理高度提倡和重視的社會氛圍中，不少卑幼犯尊長的親屬相犯案例也許並不具備主觀故意，可能是意料之外的突發情況或是一時錯手的過失，面對這樣明顯「可矜」的案例，刑部的審判是否依然是「鐵板一塊」滴水不漏，嚴格按照服制化的律法依法審判呢？答案似乎不是絕對化的。正如《刑案匯覽序》開篇即言：「夫決獄斷刑必衷律例。禪垂邦法，為不易之常經。例準民情，在制宜以善用。我朝欽定《大清律例》范經修纂，至當至精。而其用之也，要在隨時隨事比附變通，期盡乎律例之用，而後可以劑情法之平。」[註18] 在《刑案匯覽》的服制案例中「情法兩平」「情罪允協」的字眼俯拾皆是，可見即使是在案情重大的服制命案中，司法審判也需考慮到「情」「法」的衡平而不僅僅是生硬刻板的法律執行。作為全國的最高司法審判機構刑部，其受理的案件均是情節重大甚至動關生死的刑事要案，在處理這些案件時除了要運用豐富的法律知識和高超的司法技巧，更要考慮到它對全國各地案件的示範和表率作用，也就是一方面要貫徹國家法律的不可侵犯和肅穆莊嚴，另一方面也要昭顯封建國家的德治教化、說服人心。在「執法原情、哀憫慎刑」的司法觀念下，司法官吏們必須對其中的情法關係反覆權衡，以達到「情罪允協」。「天下刑名匯於刑部，凡值省題達各案，刑部詳加核義，苟有可疑，必援彼證此，稱物而類比之，剖析毫釐，律例之用於是乎盡。情與法皆兩得矣。」[註19] 當然，在不同類型案件中「情法」的考量肯定是不同的，如果將刑部案件概括性的分類為一般刑事案件和服制刑事案件，也許司法中的情理表達往往在服制命案的司法裁判過程中更能得到充分體現。因為服制化法律的冷酷不近人情，情與法的衝突在此類案件中尤為明顯，需要在司法中運用技術手段來進行合理化的解釋和衡平。作為儒學士大夫的司法官員們既要維護國家法律的至高無上，也不可能將倫理道德與人情物理完全排除之外，司法技藝的突出表現即是尋找國法與情理的最佳平衡，以實現司法者心目中的社會公義。當然，這只是理想中的司法審判。事實情況中基於案件本身

---

[註18]　《刑案匯覽序》，《刑案匯覽三編》北京古籍出版社 2004 年，第 9 頁。
[註19]　《刑案匯覽序》，《刑案匯覽三編》北京古籍出版社 2004 年，第 9 頁。

的政治意義和社會影響，更出於皇帝對立法權和司法權的高度壟斷，刑事案件尤其是服制命案受到了帝國司法管理上的嚴格控制，有著一整套對司法權的嚴格監控和對司法擅斷的嚴密防範制度，使得「依法判決」成為刑部審案的司法「紅線」，不能越雷池一步。這既是夾簽制度成立的必要條件，更是夾簽制度出現的根本原因。統治者深知，律法過於嚴苛必失公允，悖於情理難以服眾，但即使有特殊情形下的「法外之仁」也必須「皆決於上」，只能由皇帝才有權作出寬恤的裁決。因此在清代服制命案的司法審判中我們就能夠看到的確存在諸如「情可矜憫，夾簽請旨」這一類的特殊司法審判程序。

進而，什麼是「夾簽」？它是如何產生的？它在歷史中的階段性發展是怎樣的？夾簽如何在司法實踐中予以實行？這一制度在清代司法審判中所起到的實際效果如何，有哪些社會因素會對其產生影響？這一制度的存在意義是什麼？就成為本文所想要進行探討的問題。

夾簽在清代法律中的規定主要存在於《大清律例》律文之後的附例之中。《大清律例》草創於順治三年（1646），經歷過康熙、雍正、乾隆三朝修訂後才定型。自雍正三年（1725）《大清律集解》後，律文便成為定本，但附例自乾隆十一年（1746）定為五年一小修，十年一大修後不斷增加，各個版本的條例和條例數都不相同，內容異常複雜，筆者盡可能地進行了搜集作為史料互參。同時中國第一歷史檔案館藏的五朝大清會典也是重要的法律文獻。《大清會典》作為清代典章制度類史料之一種，是記載清代國家體制和各部、院職責權限的權威文獻，在清史研究中佔有重要地位。清代十二帝十三朝 276 年間共編有五部《會典》，分別是康熙朝《大清會典》（康熙二十三年至二十九年 1684～1690）、雍正朝《大清會典》（雍正五年至十年 1727～1732）、乾隆朝《欽定大清會典》《欽定大清會典則例》（乾隆十二年至二十九年 1747～1764）、嘉慶朝《欽定大清會典》《欽定大清會典事例》《欽定大清會典圖》（嘉慶六年至二十三年 1801～1818）、光緒朝《欽定大清會典》《欽定大清會典事例》《欽定大清會典圖》（光緒十二年至二十五年 1886～1899），俱為漢文單行本。由於編纂年代不一，典章制度的增損因革以及則例、事例的刪繁就簡等情況趨於複雜化，對五部《會典》的比較研究仍處於起步階段。所以本文以大清五部會典為基本史料，結合《大清律例》《清實錄》《清史稿》《清代各部院則例》《大清律例通考》《讀例存疑》等清代文獻從制度層面爬梳清代夾簽制度的衍變，為釐清這一制度提供更為堅實的史實依據。

### （三）研究的價值

本文力爭從以下幾個方面體現其研究價值：

首先，對夾籤相關的清代史料文獻進行系統性梳理。關於以清代為代表的中國傳統司法的審判究竟是「訴諸情理」抑或「依法判決」的學術討論自上個世紀八十年代以來一直是國內外法學界研究的熱點問題。中外學術界對中國傳統司法的審判特征和制度構造進行了廣泛、深入的研究，進行了富有理性思辨的理論對峙與學術商榷。〔註20〕在法制史研究不斷拓進的過程中，愈來愈多的法學家開始意識到精湛的法理辨析背後必須要有史學實證的堅實支撐，很多問題的辯論其實是史實即明其意自現。法制史首要的任務應該是先真實的「還原歷史」，其次才能夠準確的「解讀歷史」。因此，本文的要旨並不在於理論的提出和構建，而是從史學實證的角度出發為法律史的研究提供可信的分析依據和良好的智識資源。

其次，對夾籤制度學術研究的初步展開。目前學界對夾籤制度的研究還處於初級階段，雖然夾籤制度在法史研究中只是一個小問題，但以小見大，可以幫助我們更準確地理解清代服制刑案乃至整個清代司法審判的宏觀特徵。現有研究法理思辨有餘而史料實證不足，是一個值得探討的學術問題。對夾籤制度本身的概念、起源、發展演變等基本史實仍存在不少分歧，相關資料的搜集與整理、不同史料的比較與辨別、史實的梳理與考證均較為薄弱。本文是法律社會史的論述，將綜合學科優勢，力圖釐清清代夾籤制度的概念、起源，再現該制度在法史中流變及司法場景中的實踐過程，考量其所起到的實際效果，分析影響夾籤制度運行的諸多社會因素，進而思考其在清代司法審判中的作用及意義，為學界的深入研究奠定學術基礎。

再次，體現法史資源的當代借鑒。包括夾籤制度在內的中國古代司法審判制度都伴隨著帝制中國的結束而完成了它們的歷史使命，而在其中蘊含著的法制對情理的關注、傳統法律思想對當代的影響依然值得回味。在不斷推進當代中國社會主義法律體系建設事業和法制現代化進程中，不僅要提倡「依法治國」，更要使法律的實施能順應國情、貼近民情、契合事理、重視習慣與公序良俗，這才是樹立現代法治理念，完善我國社會主義司法實踐，傳承中華法律文明的一條有效路徑。

---

〔註20〕關於這一問題的研討將在以下的研究綜述中進行介紹，此處不做贅述。

## 二、研究現狀與評述

### （一）研究概況

#### 1. 有關夾簽制度的研究

關於清代夾簽制度，筆者搜集到的現有研究成果還不多見，具有代表性的論文兩篇，即姚暘的《論清代刑案審理中的「夾簽」制度》[註21] 和俞江的《論清代九卿定議——以光緒十二年崔霍氏因瘋砍死本夫案為例》。[註22] 專著中僅有顧元的《服制命案、干分嫁娶與清代衡平司法》[註23] 一書中對清代夾簽制度有相關論述。學者們的論述主要集中在以下幾個方面：

#### （1）關於夾簽制度及操作流程

在《論清代刑案審理中的「夾簽」制度》一文中，姚暘認為夾簽作為清代一種特殊的公文制度和司法補充手段，主要存在於內閣及六部等向皇帝呈交本章的過程中。清中期以後「夾簽」開始被廣泛應用於一些特定重大刑案的審斷中，成為平衡「情」「法」關係的重要砝碼。他將「夾簽」操作的過程總結為三個階段，第一階段為刑部根據條例規定在具有「可矜」情節的特定案件中，在按律例定擬罪刑的同時，於題本相應處加簽。第二階段針對刑部報送的「夾簽」題本，內閣於審核無誤後往往票擬「雙簽」，與原簽一同夾入本內上呈。「雙簽」中，前一簽必為依律之判決，而後一簽內容在多數情況下內容為「九卿定議具奏」或為依律例減擬之判決。第三階段即是皇帝根據本內夾簽情節，對相關案件做出裁決。

俞江的《論清代九卿定議——以光緒十二年崔霍氏因瘋砍死本夫案為例》一文中論及夾簽制度，認為它是刑部和內閣刑科之間在處理特殊的服制命案時因長期的工作慣例而形成的慣例制度，只因長期實行，漸漸出現在了例文中。俞江認為夾簽制度是一種僅在服制命案中卑幼對尊長有重大傷害卻有情輕情節的案件才採用的、適用面極窄的一個特殊制度。其啟用流程是發生比較特殊的服制命案後，仍要求督撫等依律擬罪，但允許法司或內閣夾簽聲請，是

---

〔註21〕姚暘：《論清代刑案審理中的「夾簽」制度》，載《天津社會科學》2009 年第 5 期，第 134～137 頁。

〔註22〕俞江：《論清代九卿定議——以光緒十二年崔霍氏因瘋砍死本夫案為例》，載《法學》2009 年第 1 期，第 137～146 頁。

〔註23〕顧元：《服制命案、干分嫁娶與清代衡平司法》「第二章名分攸關與夾簽聲請：清代服制命案中的嚴格責任與衡平機制」，法律出版社 2018 年，第 149～214 頁。

否減等或重審，則候旨定奪。而「夾雙簽」則是在法司認為情有可原，但沒有律例、甚至沒有成案作為依據，只能由皇帝決定是否法外施恩時才會啟動的更為特殊的情形。在段李氏因瘋毆傷伊夫段廷儒身死一案〔註 24〕中就採取了內閣於題本內夾敘，同時夾「九卿議奏」和「依議斬絕」雙簽的辦法。另外他指出夾簽聲明的內容可以是「九卿定議」抑或「恭候欽定」，列出了明確有「奉旨敕令九卿核擬」的三類案件。〔註 25〕另外他指出對於夾簽後的結果是否減等，並不預設，端賴皇帝臨時決定。他指出夾簽制度的重要性在於它是解決律例規定之外的案件，達到法外衡情，將案件處理的「愜於人心」的最重要手段。

顧元在其專著《服制命案、干分嫁娶與清代衡平司法》一書中指出所謂夾簽聲請，是指在審理情節重大的案件時，若案情中具有較為顯著的「情有可原」情節，可由相應的司法官署在依法擬斷時夾簽注明可矜可憫的情節，請求皇帝予以最終裁決。他指出夾簽必須依法提出、依法裁斷、適用案件嚴格依法確定，其中對「票擬雙簽」的解釋參考了姚暘的主張，並認為單簽與雙簽似乎僅程序上有異，對結果的欽定應該影響不大。他認為「夾簽聲請」作為清代命案中一種十分獨特的制度設計，為立法和司法的衡情酌理開了一扇窗，從而成為清代服制命案中一種非常重要的衡平機制，也是帝制中國司法傳統向來追求「天理國法人情允協」「情法兩平」的衡平手段之一。

（2）夾簽條例的修訂與歷史沿革

姚暘提出夾簽最早被應用於刑案審理始於雍正時期，隨後的乾隆、嘉慶、道光三朝為該制度發展時期，至清末該制度被廢止前，律例中有關「夾簽」的規定尚有 12 條。12 項條例中，7 條定擬於乾隆時期，3 條定擬於嘉慶時期，其餘 2 條定擬於道光時期。（但並未給出具體的條例名稱及內容）他認為在具體實踐中夾簽制度在道光之後已很少再被利用，同治年間清政府將相關案件「變通辦理」，改交王公大臣等會同核擬，實際宣告了刑案「夾簽」制度的終

〔註 24〕 （清）祝慶祺、鮑書芸、潘文舫、何維楷編：《刑案匯覽》卷 32《刑律・人命・戲殺誤殺過失殺人》「因瘋及誤殺夫之案向不夾簽」條。

〔註 25〕 第一類即妻子因瘋毆死本夫的。第二類是本夫捉姦，以及本夫、本婦之有服親屬捉姦，殺死犯姦有服尊長的。另，本夫本婦之祖父母、父母，如捉姦殺死姦夫，倘若被殺姦夫係有服尊長，仍按本律擬罪，但同時參照本夫捉姦例。第三類是有服尊長強姦卑幼之婦未成，被本夫、本婦及其有服親屬忿激致斃，均可「夾簽聲明，奉旨敕下九卿核擬。」詳見俞江：《論清代九卿定議——以光緒十二年崔霍氏因瘋砍死本夫案為例》，載《法學》2009 年第 1 期，第 144 頁。

止。至清末光緒年間重修《大清律例》將全部「夾簽聲請之案」改為「雙請候旨」，「夾簽」徹底退出了清代法制舞臺。文中對「夾簽」適用的範圍特點、量刑特點、時代特點做了一定的分析，對「夾簽」在調和「情」「法」方面的優勢與窘境進行了探討，為後來學者研究「夾簽」制度奠定了基礎。

顧元則根據《讀例存疑》《大清律例根原》等文獻史料的記載，初步認定至清末有效的規定使用夾簽聲請製度的條例共有 18 條。從定型後的夾簽條例來看皆纂定於乾隆朝後，且僅有 2 條纂修於乾隆三十年（1765 年）之前，其他皆定例於乾隆朝後期以降，主要是隨著乾隆朝以後條例修訂增多而出現的，並隨服制方面條例的激增而逐步增多。同時他也對夾簽的依法進行、比例夾簽，適用之刑罰、適用之實踐做了相關探討。他認為夾簽聲請在清代服制命案中的功能和意義不能忽視，是清代服制命案中一種非常重要的衡平機制，是中國法律傳統重要特徵衡平司法的集中體現。

（3）夾簽的適用範圍、時代特點和擴大化傾向

關於夾簽的適用範圍姚暘和顧元都認為，事實上在刑案「夾簽」興起初期，其主要針對的犯罪類型共有三種：「服制」犯罪、「犯罪存留養親」以及「保辜限外身死」。不過隨著時間的推移，有關「存留養親」及「保辜限外身死」的夾簽規定，漸漸被歸入相關全類條例。經過長期發展，清代刑案審理中的「夾簽」最終定型為針對「服制」類犯罪中部分特定犯罪類型的題本處理方式。

雖然在夾簽條例的修訂條目和沿革上存在分歧，但姚暘和顧元都認為夾簽條例在乾隆朝後期以降有激增的趨勢。對此的解釋，姚暘認為夾簽的發展適應了乾隆前期的「緩刑」風氣，同時為矯正「服制」律例過於嚴苛的缺點提供了很大幫助。顧元也認同夾簽制度的出現主要是為了應對因過於強調服制名分而導致的刑罰苛重的問題。此外，兩位學者都認為刑案「夾簽」在誕生後不久（乾隆十五年）便出現了使用擴大化的傾向，使得此後歷代立法者對「夾簽」條例的制定和使用都採取了極為審慎的態度。

2. 清代的服制與法律研究

由於清代夾簽制度是在服制命案的司法實踐中存在的一種特殊制度，因此學界對於清代服制與法律的研究也對本文具有一定的借鑒意義。

瞿同祖先生的《中國法律與中國社會》是法律社會史的開山力作，從家族主義和階級概念兩大中國古代法律的主要特徵出發研究中國古代的法律與社會。書中涉及家族、父權、刑法與家族主義等內容都與服制與法律、社會的關

係有關，為此後研究清代法律提供了極其重要的研究方法和研究範式。〔註 26〕
丁凌華教授的《中國喪服制度史》是一部系統研究中國古代喪服制度發展歷史
的專著，其中有介紹清代喪服制度的部分涉及服制與法律的關係。〔註 27〕馬建
興教授的《喪服制度與傳統法律文化》一書從喪服制度的社會基礎、形成與演
變、守喪制度與傳統法律等方面將喪服制度與傳統法律文化結合起來進行研究，
部分章節涉及了清代的喪服制度研究。魏道明教授的《秩序與情感的衝突——
解讀清代的親屬相犯案件》通過解讀清代親屬相犯案件，探討秩序與情感的衝
突及其解決。在他 2021 年出版的《清代家族內的罪與刑》一書中，從五服制度
的視角解讀清代司法的裁判標準與推理邏輯，以此彰顯中國古代法律倫理化的
特徵。還有 2023 年出版的《虛擬的權利：中國古代容隱制度研究》一書，從史
實考證角度剖析「親親相隱」的容隱制度的概念、起源、流變和實際運作等。
上述著作中對清代服制案件的剖析解讀和研究思路都為本文提供了重要的借
鑒。〔註 28〕高學強教授的《服制視野下的清代法律》以服制為視角，探討服制
在清代的發展演變及其對刑事法、民事法、行政法、司法審判制度和民間社會
的影響，對我們瞭解服制與清代刑事法、服制與清代司法審判制度等內容都有
所幫助。〔註 29〕還有臺灣學者林素英所著《喪服制度的文化意義——以〈儀禮・
喪服〉為討論中心》，主要集中討論了喪服制度的現代意義。〔註 30〕

　　此外，國外關於中國古代喪服制度的研究以日本學者的成果較多。影山誠
一的《喪服總說》是國外學者對中國古代喪服制度進行系統性研究的第一部專
著，其中涉及了對清代服制研究的分析和評價。〔註 31〕穀田孝之的《中國古代
喪服の基礎的研究》對中國古代喪服的形制考述相當完備，但對服制與其他社
會制度的關係甚少論及。〔註 32〕美國學者德克・布迪和克拉倫斯・莫里斯所著

〔註 26〕瞿同祖：《中國法律與中國社會》，商務印書館 2015 年版。

〔註 27〕丁凌華：《中國喪服制度史》商務印書館 2013 年版。

〔註 28〕魏道明：《秩序與情感的衝突——解讀清代的親屬相犯案件》，中國社會科學
　　　　出版社 2013 年。《清代家族內的罪與刑》，社會科學文獻出版社 2021 年。《虛
　　　　擬的權利：中國古代容隱制度研究》，社會科學文獻出版社 2023 年。

〔註 29〕高學強：《服制視野下的清代法律》，法律出版社 2018 年。

〔註 30〕林素英：《喪服制度的文化意義——以〈儀禮・喪服〉為討論中心》，臺北文津
　　　　出版社 2000 年版。

〔註 31〕（日）影山誠一：《喪服總說》，東京大東文化大學東洋研究所昭和 44 年（1969
　　　　年）3 月 25 日版。

〔註 32〕（日）穀田孝之：《中國古代喪服の基礎的研究》，東京風間書房昭和 45 年
　　　　（1970 年）版。

《中華帝國的法律》，以《刑案匯覽》的典型案例為研究對象，結合《大清律例》等的規定進行分析，探討法律運行的實際運行狀態，其研究方法和思考角度為我們深入研究這一問題提供了重要的參考。〔註33〕

### 3. 清代的司法審判研究

以清代為代表的傳統司法體制的構造和司法審判的特徵，一直以來都是學界研究的熱點，「天理・國法・人情」在司法實踐中的側重或是衡平不僅僅是不同學術觀點的磋商，更體現著法律史研究中不同研究範式和進路的差異。

德國社會學家馬克思・韋伯（Max Weber，1864～1920）把帝制中國的法律視為「實質非理性」的法，認為在中國的發展道路上，行政與司法沒有發揮出可以計算的理性功能來，強調中國法律適用最重要的內在性質是「有倫理傾向的世襲制追求的並非形式的法律，而是實質的公正。」〔註34〕依循這一進路，日本學者滋賀秀三將清代民事審判稱為「父母官式的訴訟」或「教諭式的調停」，州縣長官不是依據法律而是按照「中國式的良知」這種缺乏規範化和確定性的東西作為裁決依據。對此，華裔美籍學者黃宗智則提出了不同的觀點，他根據清代淡新、寶坻、巴縣地方檔案為依據，發現絕大多數民事訴訟都是依據《大清律例》作出判決的，據此他主張中國古代對於民事訴訟實際上採取的是依法審判的司法模式。此後，圍繞傳統中國的司法裁判模式與特徵，日、美學者展開了激烈的爭論。

值得注意的是，在學者們的爭論中多以清代的民事審判為核心展開，而對於刑事裁判模式見解並無太大差異。滋賀秀三將清代的司法審判案件分為重罪案件與州縣自理案件，「與重罪案件的立案判決必須嚴格的依據法律進行相對照，在聽訟程序的範圍內可以說知州知縣幾乎完全不受法律拘束。」〔註35〕黃宗智也將傳統司法區分為民事與刑事兩個領域，在「刑事案件主要是依國法審判」這一點上與滋賀基本一致。〔註36〕徐忠明指出無論是否主張民事審判

---

〔註33〕（美）德克・布迪、克拉倫斯・莫里斯：《中華帝國的法律》，江蘇人民出版社 2008 年版。

〔註34〕（德）馬克思・韋伯《儒教與道教》，王容芬譯，商務印書館 1999 年版，第 154～158 頁。

〔註35〕滋賀秀三：《中國法文化的考察——以訴訟的形態為素材》，滋賀秀三等《明清時期的民事審判與民間契約》，王亞新、梁治平編，法律出版社 1998 年，第 13 頁。

〔註36〕黃宗智：《清代的法律、社會與文化：民法的表達與實踐》，上海書店出版社 2001 年版第 11 頁。

「依法判決」的學者,「他們也都承認明清時期的刑事審判基本上是遵循依法判決原則的,甚至劃分出了『民事裁判‧情理』與『刑事裁判‧法律』兩種對立模式。」〔註37〕

　　此後的研究中,不少學者致力於從不同的角度對兩者的觀點進行折衷,以期在更高層面達到統一與融合。何勤華教授在《清代法律淵源考》中認為除了國家法典外,成案、習慣法、情理、律學著作也是清代法律的淵源,並指出:「在中國古代,傳統上國家成文法典主要及於刑事案件,同時也由於民事糾紛細碎繁雜,故在許多場合處理這些訴訟也常常適用民間習慣、人情、天理等。」〔註38〕我國臺灣學者林端認為,我們不應完全按照德國概念法學的理論來考察衡量傳統中國的民事審判,而是應當參考法律多元主義或者「法律多值邏輯」理論來解釋這一問題。〔註39〕徐忠明教授提出了清代司法審判的「形式化」與「實質化」〔註40〕的分類,認為清代中國的刑事案件的裁判比較符合「形式化」的特徵,相對而言民事案件和笞杖案件的裁判比較接近「實質化」的類型。但他也指出在清代,無論是「命盜」案件還是「婚姻、錢債、田土」案件,都表現出律例前提下的情理平衡,只不過兩類案件在「依法」和「依情理」的程度上有所不同。〔註41〕這一觀點是本文重要的理論借鑒之一。王志強教授從法律文化多元的角度,專門研究了清代訴訟中「成案」的論證方法及其效力,指出清代中央刑部和地方官員的司法審判中均存在著情理審斷、情罪相符、準情酌理的情形。〔註42〕此外,顧元教授在其著作《衡平司法與中國傳統法律秩序——兼與英國衡平法比較》《服制命案、干分嫁娶與清代衡平司法》〔註43〕兩本書中系統地闡述了對中國傳統司法中衡平機制和精神的理解和認識,前者著力於關於「衡平」的概念意義及其理論構建,後者立足於案例實證

〔註37〕徐忠明:《明清刑事訴訟「依法判決」之辨正》,載《法商研究》2005 年第 4 期,第 154 頁。

〔註38〕何勤華:《清代法律淵源考》,《中國社會科學》2001 年第 2 期,第 122 頁。

〔註39〕參見林端:《韋伯論中國傳統法律》,臺灣三民書局 2003 年版,第 49～149 頁。

〔註40〕徐忠明教授解釋為即遵循法律作出的裁判與參酌道德人情作出的裁判的分類。

〔註41〕徐忠明:《眾聲喧嘩:明清法律文化的複調敘事》,清華大學出版社 2007 年版,第 339 頁。

〔註42〕王志強:《法律多元視角下的清代國家法》,北京大學出版社 2003 年版。

〔註43〕參見顧元:《衡平司法與中國傳統法律秩序——兼與英國衡平法比較》,中國政法大學出版社 2006 年版;《服制命案、干分嫁娶與清代衡平司法》,法律出版社 2018 年版。

分析和司法文化思考，探討中國傳統司法的價值理念和制度運作。他認為中國傳統文化的基本精神可歸結為和諧和衡平，「國家的統治之要在於其衡平功能的充分發揮。」「（衡平司法）它實際上是一種本土化的法律文化現象，同時也是對本土『天理』『國法』『人情』或『情理法』話語、修辭和實踐的一種提煉和概括，是傳統司法的核心價值理念」，〔註44〕並且將夾簽聲請作為清代衡平司法機制在服制命案審判中的表現，進行了比較深入的理論探討。無論是在理論構建還是在研究進路上，都對本文具有很大的借鑒意義。

　　以清代為代表的中國傳統司法審判特徵的學術討論還在繼續，關於這一問題的討論對我們深入思考夾簽制度的作用和意義頗具借鑒意義。對於「法」的概念，筆者更贊同從法律社會史的角度出發，廣義的法律理解——包括了天理、人情、習俗和法律之類的多種規範。雖然在古人的觀念中天理、國法、人情等各有涵義，但無論從法律意識還是司法實踐，始終在強調三者的融合與兼顧，即使有差異依稀可辨但終無法將其明確切分。所謂考慮司法中的「情法兩盡」，其實只是在考慮兩者的權衡，恐怕這樣的觀點才更貼近古人的傳統認知。

　　當然這絕不意味著中國古代的司法就是「卡迪式」的司法，法律作為一條基本準繩，無論在「命盜類」案件還是「詞訟類」案件〔註45〕中始終貫穿，而情理的考量都只能在一定限度內進行衡平，不同類型的案件情法因素考量不同而已。「重刑輕民、調處息訟」的古代法律傳統，會使得在許多輕微的刑事案件和「細故」的民事案件中「情理」因素所佔的比例更大，司法官可能會更關注個案的合理解決而非「法」的貫徹執行，就像某些學者所說此時法律可能「隱身」但卻始終是重要的參照基準。而在命盜類的刑事案件中「法」佔據主體，可供「情法協調」的空間相對狹小，但也因案而異。如果再對命盜類案件進行進一步的區分為一般的刑事案件和服制類刑事案件，相比之下後者對「情法兩允」的考量無疑應該多於前者，服制命案中夾簽制度的出現在某種程度上也是出於這一考慮的制度設計。

　　清代夾簽制度在法律層面如何構造、司法層面如何執行，是本文想要深入探討的問題，因此關於清代司法制度史的研究也對本文具有重要的借鑒意義。

---

〔註44〕顧元：《服制命案、干分嫁娶與清代衡平司法》，法律出版社 2018 年版，第 44 頁。

〔註45〕大體相當於現代法學中的刑事與民事案件。

鄭秦的《清代司法審判制度研究》一書比較全面地闡釋了清代司法制度的機制和原則，有助於我們全面瞭解中國封建司法體制的概貌。〔註46〕他的另一著作《清代的「服制」命案——刑科題本檔案選編》，有助於我們瞭解清律中「親屬」的概念與清代法律間的關係，選取的 527 例藏於中國歷史第一檔案館的刑科題本「貼黃」全文刊錄，為研究清代「服制」命案提供了第一手的研究材料。〔註47〕此外，臺灣學者那思陸所著《清代中央司法審判制度》，〔註48〕是依據臺灣整理出版的《大清律例》《大清律例會通新纂》《大清律例匯輯便覽》《大清會典》《大清會典事例》等原始史料，採用「史料學派」方法所作的關於清代中央司法審判制度的法史學著作，介紹了清入關前的司法審判制度以及清代中央司法審判機關和司法審判程序，其研究內容與研究方法都值得本文借鑒。

## （二）研究評述

綜上所述，目前學者對於清代夾簽制度已進行了一些初步的探討，取得了開拓性的成果，使得我們對清代夾簽制度有了初步的整體把握。學者們對這一司法史課題的關注，實際上也是對中國傳統司法特性的深入探討，體現著對中國古代司法史新的研究範式和進路的摸索。就現有研究來說，還在以下方面略顯不足：

第一，現有研究都是法律專業學者對夾簽制度的研究，更多注重法理學的理性思辨和價值論證，而在史料實證、史實辨析方面都比較薄弱，現有的論斷史實支撐不足。突出表現即是目前對夾簽制度本身的概念、起源、發展演變以及「票擬雙簽」等概念的認識依然存在較大的差異。

第二，現有研究無論是從法律層面上對夾簽制度的靜態描述，還是從司法實踐層面上對夾簽制度的實際施行進行的動態考察，限於篇幅和所據材料都還不夠深入，留下了一定的研究空間。尚無學者運用法律社會史的方法對夾簽制度的「表達與實踐」——制度設計和社會效果，以及影響夾簽制度運行的諸多社會因素進行分析探討。

第三，現有對夾簽制度的研究主要是依據法律條例和刑部檔案兩個方面

〔註46〕鄭秦：《清代司法審判制度研究》，湖南教育出版社 1988 年版。

〔註47〕鄭秦：《清代的「服制」命案——刑科題本檔案選編》，中國政法大學 2000 年版。

〔註48〕那思陸：《清代中央司法審判制度》，北京大學出版社 2004 年版。

的史料展開，還未見對夾簽文書原始文檔的解讀。作為一種特殊的公文制度，它亦有相應的行政文書規範，是清代行政制度的組成部分。中國第一歷史檔案館館藏有大量清代服制案件的刑科題本，亦有三千多件作為附件的夾簽文書，本文擬嘗試從這一方面進一步拓展對夾簽制度的研究。

前人的論著為接下來的研究奠定了基礎，提供了重要的借鑒和參考。本文主要從以下幾個方面展開對夾簽制度的研究：

第一，通過對《大清律例》《大清會典》《大清律例通考校注》《讀例存疑》等法律文獻中夾簽條例文本的爬梳，以期對這一制度的概念內涵、歷史沿革、階段性發展狀況達到比較清晰和全面的認識。

第二，通過對刑部案例中夾簽程序在司法實踐中的使用和嚴格限制進行深入的分析，把握這一制度在清代司法審判實際中的適用原則和限制原則，研究清代司法審判過程中的法情考量和司法技巧。

第三，結合刑科題本所見夾簽文書及刑部案例分析夾簽制度在清代司法審判中所起到的實際效果，分析影響夾簽制度運行的諸多社會因素，通過該制度考察清代服制命案司法審判的一般特徵。

## 三、寫作方法與思路

### （一）基本方法

#### 1. 歷史文獻法

法律史的研究首先應該是歷史研究，只有真實再現歷史的本貌，才能對其有正確的解讀和分析。因此，本文首先採用歷史文獻法，搜集、整理、甄別、辨析各種史料，以期能夠對夾簽制度的概念內涵、發展歷史脈絡有比較清晰地考證。

#### 2. 案例分析法

搜集檔案、案例彙編及其他文獻中的夾簽案例，再現夾簽制度的司法實踐場景，分析夾簽制度的適用於禁行原則，考察夾簽制度在所起到的實際效果，分析影響夾簽制度運行的諸多社會因素。

#### 3. 學科綜合法

本文是法律社會史的研究著作，兼取歷史學的角度，法學的問題，社會學的方法來展開論述，運用歷史學、法學、社會學學科間的綜合研究，在法律與社會的相互作用中研究夾簽制度的運行、功能和效果，思考其在清代司法審判

中的作用及意義，透過該制度考察清代服制命案司法審判的一般特徵。

## （二）基本思路

　　本文從法律規定和司法實踐兩個層面考察清代夾簽制度。從時代背景入手，依照法律典籍、案例彙編、法律文集等相關資料，嘗試釐清清代夾簽制度的概念內涵、發展變化的歷史脈絡等問題，並以清代案例為基礎，對夾簽制度的司法實踐做進一步的考察，把握這一制度在清代司法審判實際中的適用性原則和禁忌性原則，考察夾簽制度所起到的實際效果，分析影響夾簽制度運行的諸多社會因素，透過該制度考察清代服制命案司法審判的一般特徵，探討其在清代司法審判中的作用及意義。

# 第一章　夾籤的由來及其發展

## 第一節　夾籤的由來

### 一、夾籤、夾籤制度

夾籤，亦稱加籤、夾片等，泛指內閣、六部、理藩院等中央各部院向皇帝呈交本章的附件，是獨立於奏章的籤帖，內容主要是在特定情形下附於本章正文之後的情況說明或是特別請示。

夾籤始於清初，最早是在內閣處理各院部的定議請旨及兩可奏請事務時的行政規定。《清會典》中載有內閣協辦大學士職掌「票擬加籤」，「順治十六年諭……如各衙門本章或定議請旨，或兩可奏請，必須詳酌事情明晰票擬，以候朕裁。」〔註1〕至遲在雍正年間，夾籤就曾用於有可矜情節的刑事命案中，「雍正元年奉旨，嗣後命案內有可矜可恕者，爾等兩擬票籤進呈。」〔註2〕雍正三年（1725）就曾在「殺死姦夫」類案件中予以夾籤，後在乾隆朝被恭纂為夾籤條例。不過在乾隆朝以前，夾籤在法規明文之中甚少出現，對夾籤適用也沒有明確的規定，更多時候其性質類似於約定俗成的行政慣例，在中央各部院

---

〔註1〕 （嘉慶朝）《欽定大清會典事例》卷11《內閣三·職掌·票擬加籤》。（嘉慶朝）
　　　　《欽定大清會典事例》卷11《內閣·職掌》中規定內閣掌票擬，票擬加籤，御
　　　　門進折本，巡幸發遞本報，勾到收發紅本，收貯副本。為了以示與「票擬」的
　　　　區別，內閣常作「票擬加籤」（具體論述見下文）。本文中沿襲這種用法，在清
　　　　代文獻中「加籤」與「夾籤」亦見通用。
〔註2〕 （嘉慶朝）《欽定大清會典事例》卷11《內閣三·職掌·票擬加籤》。

的行政事務中都有所運用。至乾隆朝在《大清會典》中關於夾簽的內容，就涉及了吏部的官員議處、禮部的貢舉磨勘試卷、刑部的犯罪存留養親、理藩院的請賜卹奉等事宜：

> （吏部）其見在議處之外官，自知縣以上，遇有降調革職案件及外任補授之京官，因伊原任內案件議處降調革職者，察明該員從前何官升補及奉有褒嘉諭旨，或經督撫保題並曾奉特旨寬免者，均於本內夾簽進呈。〔註3〕

> （禮部）二十一年諭，向例各省鄉試朱墨卷解送到部……其磨勘諸臣不過按數、按省分派，若不於卷面注明某官某人磨勘字樣以專責成，則已經夾簽者尚知為某人摘出，其未經夾簽者或不過虛應故事，陽博寬厚之名，陰省校閱之煩，而盡心乃事者轉不無觀望，殊失磨勘本意。著以下科為始，磨勘朱卷皆於卷面填寫銜名，俟該部匯卷後，朕別簡人，於每束內量取數卷，特交大臣再詳加校勘呈覽，朕仍於此中覆行收閱。〔註4〕

> （刑部）又覆准孀婦獨子有犯戲殺誤殺等案，如伊母守節已逾二十年者，該督撫察明被殺之人並非孤子，取結聲明具題法司核覆，奏請留養。其鬥毆殺人者，審無謀故別情，該犯之母守節已逾二十年而又年逾五十者，亦准其照例題請法司核覆夾簽入本，恭候欽定。〔註5〕

> （理藩院）雍正三年奏請賜卹奉旨，此等已故夫人其夫或子曾否効力受皇考眷顧之處，朕知之不確難以即行批發，嗣後爾院遇此等賜卹之事，開其夫若子曾否効力受恩事蹟於奏內另行夾簽，仍兩議請旨。〔註6〕

乾隆朝《欽定大清會典事例》中的記載只是部分適用夾簽的情形，實際當中夾簽的使用無疑更為廣泛。在嘉慶朝《欽定大清會典》中有關夾簽的內容大大增加，不僅收錄了內閣、刑部、吏部、禮部、理藩院、兵部、都察院等有關夾簽的行政規定，《大清律例》中已有的乾隆朝與嘉慶朝的夾簽條例也一

---

〔註3〕（乾隆朝）《欽定大清會典則例》卷21《吏部・考功清吏司・本章》。
〔註4〕（乾隆朝）《欽定大清會典則例》卷67《禮部・儀制清吏司・貢舉下》。
〔註5〕（乾隆朝）《欽定大清會典則例》卷125《刑部・欽恤》。
〔註6〕（乾隆朝）《欽定大清會典則例》卷142《理藩院・典屬清吏司》。

併列入。

從乾隆朝前期開始，清政府對夾簽在可矜刑事命案中的使用開始日漸重視起來。皇帝強調凡刑部所報及秋審案件中有可原案情者，內閣要「票擬加簽」：

> （乾隆）七年諭，讞獄必依乎律，律必準乎情理之平。刑部為執法之官，辦理案件，固當執法，而其情節不一，又當參酌核擬，以期歸於平允。人命至重，尤不可不慎也。朕每於刑部所奏重犯，其中稍有一線可原者，或降旨從寬末減，或交九卿定議，皆於法外原情，以示矜恤。但日理萬幾，恐披覽之際，一時或有未周，照簽批發，雖論法不枉，而原情較疏矣。嗣後刑部進呈本章及秋審各案，著大學士等詳閱，其中有應加覆核者，即擬寫雙簽，並將情節聲明進呈，待朕酌量，則周密慎重，益可副朕哀矜庶獄之至意。〔註7〕

乾隆十三年（1748），刑部奏請制定了在服制命案中夾簽的正式條例，「凡毆死有服尊長情輕之案，該督撫按律例定擬，止於案內敘明，不得兩請法司會同核覆，亦照本條擬罪，其兩請舊例一概停止。若覈其所犯情節實可矜憫者，夾簽聲明，恭候欽定」，〔註8〕此條例在其後各朝不斷修改增纂，一直保留使用到了清朝末期。

嘉慶朝《欽定大清會典》中對夾簽制度有了明確的規定，「若夾簽，刑部本內有罪應重辟，或案關服制罪名加重，而覈其情有可原，或死者在保辜限外，例得減等者，刑部另繕夾簽，隨本聲明請旨，皆附焉。」〔註9〕通過此條定性規定，可以得出兩點關鍵信息：首先，夾簽制度是在罪至極刑但「情有可原」的服制類或保辜限外身死類的人命重案中，申請減等的特殊司法程序；其次，夾簽制度中包括刑部夾簽與內閣加簽，簽帖都附於刑部題本之後。從流程上來說一般先由刑部夾簽，然後內閣附票擬加簽。此外，一些具體規定也可補充說明一些問題，如「毆傷及毆死期親以下尊長，或因金刃誤傷，或因迫於威嚇，或死在餘限內外，俱係情輕者。督撫按律例定擬，止於案內敘明，不得兩請。法司核覆亦照本條科罪，若覈其情節實可矜憫者，夾簽聲

---

〔註7〕　（光緒朝）《欽定大清會典事例》卷14《內閣四・職掌・票擬加簽》。

〔註8〕　（清）吳壇：《大清律例通考》卷28《刑律・鬥毆下・毆大功以下尊長》第三條例，馬建石、楊育棠主編《大清律例通考校注》，中國政法大學出版社1992年版，第850頁。

〔註9〕　（嘉慶朝）《欽定大清會典》卷2《內閣・大學士協辦・大學士職掌》。

明，恭候欽定。」〔註10〕進一步強調了督撫只能嚴格按律例定擬，能夠實行夾簽的必須是中央級別法司機構，事實上操作的也就是刑部和內閣。因此，在司法審判中夾簽是一種適用於可矜人命重案，啟用級別非常高的特殊司法程序。

此後，歷朝《大清會典》中所見有關夾簽的增纂內容，大多都是內閣及刑部在審理斷案中使用夾簽的規定。也只有這一類與司法審判有關的夾簽才在《大清律例》中有明確的條例規範。根據《辭海》解釋，制度指在一定歷史條件下形成的政治、經濟、文化等方面的體系。〔註11〕雖然夾簽在各部院事務中都有機會運用，不過唯有司法審判中的夾簽形成了比較規範和具有代表性的制度。

因此，本文所考察的夾簽制度就是清代乾隆朝以降，法律體系中形成的主要針對「情可矜憫」服制命案的一項特殊審判制度，具體實施中包括刑部夾簽及內閣票擬加簽。本文主要從三個維度展開論述：其一是從法律制度層面，即法律體系中有關夾簽制度的各項法律規定和條例。在《大清會典》中，夾簽作為內閣、刑部等中央各院部的職能之一，有相關的行政規定。在《大清律例》中，針對可矜服制命案的審斷，有專門制定的夾簽條例。在此基礎上，我們可以對夾簽制度的法律流程和適用範圍、夾簽條例的修纂情況與階段性特徵等進行爬梳。其二是司法實踐層面，即實際司法運作中的夾簽制度。通過中國第一歷史檔案館藏清代內閣刑科題本，以及《刑案匯覽》系列、《駁案彙編》《刑部比照加減成案》等清代案例彙編，可以對夾簽案件類型的變化、在司法中的適用情況、基本原則及發展態勢進行分析和考察。其三，從社會與法律的層面探討夾簽制度的社會根源，夾簽制度所反映的清代司法體制特徵，夾簽制度的內在張力與社會實效等問題。

## 二、夾簽制度的流程

清代初期臣民奏事的本章原本有題本、奏本兩種。順治時規定：一般臣民上疏用奏本，不用印；各官署公事用題本，用印。題本、奏本均經內閣入奏。康熙年間，又創立了由皇帝與特許臣僚之間的秘密文書發展而來的奏摺，至乾

---

〔註10〕嘉慶朝《欽定大清會典》卷41《刑部‧尚書侍郎職掌》。
〔註11〕夏徵農、陳至立等：《辭海（第六版）縮印版》，上海辭書出版社2010年，第2454頁。

隆成為正式公文。迨乾隆十三年（1748）停止使用奏本，一律改用題本，從此臣僚上達於皇帝的政務文書，就只剩下題本和奏摺兩種形式。

嘉慶朝《欽定大清會典》中將命盜各案詳悉區分，定為何者應題、何者應奏，酌議條款奏准後，行知各督撫遵行：

> 案內謀反大逆但同謀者，謀殺祖父母父母者，妻妾殺夫之祖父母父母者，殺一家非死罪三人及支解人為首者，謀殺期親尊長外祖父母者，採生折割人為首者，子孫毆死祖父母父母者，糾眾行劫在獄罪囚、持械拘殺官弁為首及下手殺官者，尊長謀占家產圖襲官職殺功緦卑幼一家三人者，發遣當差為奴之犯殺死伊管主一家三人者，罪囚由監內結夥反獄、持械拒殺官弁為首及下手殺官者，妻妾因與有服親屬通姦同謀殺死親夫者，卑幼圖財強姦謀殺尊長者，殺一家非死罪二人如死係父祖子孫及服屬期親者，洋盜會匪及強盜拒殺官差罪應斬梟者，俱由部專摺具奏。

> 其餘罪應凌遲斬決梟示之案，及罪應凌遲而情可矜憫例准夾簽聲請者，仍會同三法司具題。至盜劫之案，兼會同大學士詳議。
> 〔註12〕

因此從案件性質上來看，相較而言以奏摺上呈的案件屬於案情重大、罪行尤為惡劣的，這樣的奏摺會直接呈送皇帝，由皇帝直接親筆朱批或交由軍機處承旨。而包括「夾簽聲請」在內的一般命盜案件由督撫以題本即結案報告的形式書面奏報皇帝。

命盜案件需經地方層層審轉至皇帝，這套司法流程就是清代的逐級審轉覆核制度。關於清代的逐級審轉程序，鄭秦教授在其著作《清代司法審判制度研究》一書中有比較詳細的論述：「清代的刑事審判被納入一套嚴格規定的法律程序中，保證了各級權力中心的嚴密控制，特別是皇帝對死刑案件的最終裁決權。」〔註13〕歷代法律中規定了刑事審判處置的「五刑」，即「笞、杖、徒、流、死」五個正刑等級。笞、杖多用於民事案件，徒、流、死是處置刑事案件的主要手段。從審判層級來說，笞、杖刑案件由州縣一級終審。普通徒刑案件由州縣、府道、按察司、督撫四級終審。涉及人命的徒刑案件和流、軍、遣刑

---

〔註12〕（嘉慶朝）《欽定大清會典》卷41《刑部・尚書侍郎職掌》。

〔註13〕鄭秦：《清代司法審判制度研究》，湖南教育出版社 1988 年版，第 144～145 頁。

案件由督撫報送刑部五級終審。所有死刑案件必須經由刑部上報皇帝六審終審，由皇帝予以最終裁斷。故徒刑及以上的案件都要自下而上層層審轉、逐級申報，直到有權作最終判決的審級批准後方能結案，稱之為「逐級審轉覆核制」。最終死刑案件，各省的徒、流、軍、遣刑案件都需要「年終匯題」，作為司法統計資料予以存檔以備核查。〔註14〕

　　夾簽制度就是存在於服制命案在督撫、刑部、皇帝逐級審轉覆核過程中的一種特殊審判程序，同樣體現了皇權專制和高度集權的特徵。原本此類有可原情節的服制命案，督撫可以聲明援例兩請，向皇帝專摺具奏，實際上將依法酌減裁決的權力在某種程度上下放到了地方督撫級別。而乾隆十三年（1748）夾簽條例中明確要以「夾簽」取代過去「兩請」舊例，要求督撫在將案件上報時必須按律定擬，僅可在題本內進行聲明向上級法司申請夾簽，實際將督撫司法的自由裁量權收歸到了中央。刑部及內閣擁有是否予以夾簽的權力，而夾簽能否得到批准的最終裁定權由皇帝掌控。所以，夾簽制度的實質就是要限制法司的自由裁量權，將服制命案的裁決權進一步從地方到中央再到皇帝層層集中。

　　各省題本送達京師經通政司上報，因而稱「通本」。〔註15〕一般情況下，皇帝對通本並不直接作出裁決，而是採納內閣票擬，批覆三法司核擬，「凡通本內應議覆者，則交各部院議奏，或查議、或察議、或議處、或嚴議、或速議、無庸議覆者，則交名部院知道……刑名本罪至斬絞者，由三法司核擬。」〔註16〕清代的三法司包括刑部、大理寺和都察院。不過在實際工作中，刑部是專門掌管司法審判的中央機構，「外省刑案，統由刑部核覆。不會法者，院、寺無由過問，應會法者，亦由刑部主稿。在京訟獄，無論奏諮，俱由刑部審理，而部權特重。」〔註17〕所以「三法司核擬」中刑部起主導作用，法司核

〔註14〕《清史稿》卷144《刑法志三》。

〔註15〕（嘉慶朝）《欽定大清會典事例》卷10《內閣職掌》，「凡各省將軍、督撫、提鎮、學政、鹽政、順天奉天府尹、盛京五部本章，俱齊至通政司，由通政司送閣，為通本」。

〔註16〕（嘉慶朝）《欽定大清會典》卷2《內閣·大學士協辦·大學士職掌》。

〔註17〕《清史稿》卷144《刑法志三》。在這套制度中鄭秦教授強調的一個細節對我們研究清代夾簽制度尤值得關注，那就是在「逐級審轉覆核制」體系下，督撫「專案具題」是向皇帝直接報告而不是刑部，請皇帝發下刑部三法司核擬處理，同時督撫將題本的副本「揭帖」以「諮」名義送達刑部，「外省徒罪案件如有關係人命者，均照軍、流人犯解司審轉督撫，專案諮部核覆，仍令年終匯

擬的工作實際上在題本附件「揭帖」諮送刑部的時候就已經開始了，甚至會出現在正式奉旨「三法司核擬」前刑部的草擬就已經完成的情況。〔註18〕夾簽的實際權力也掌握在刑部手中，刑部會對「情可矜憫」的服制案件先擬定夾簽，再將題本和夾簽一併送院寺核擬。三法司核擬完成後，提出處理意見再具題本上報皇帝，這樣的被稱作「部本」。〔註19〕若三法司核擬一致同意予以夾簽，便保留刑部「部本」之內的夾簽附件，形制多為「單簽」，主要是將案件情節可矜憫之處予以聲明，是否減等恭候欽定。接下來「部本」同樣通過內閣票擬轉呈皇帝批示。

因此一起人命重案實際上在案件審理的不同階段，要經過內閣對「通本」和「部本」的兩次票擬。票擬是內閣處理題本的關鍵環節，即內閣對奏聞於皇帝的題本擬定處理意見供皇帝參考，票擬則繕簽，被稱為「票簽」。內閣票擬對通本和部本有不同的常規處理，如罪至斬絞死刑案件的「通本」題本，內閣通常會票擬「三法司核擬具奏」。三法司核擬後，再以「部本」題報皇帝。大多數報送的普通死刑案件經刑部覆核後依然定擬為「依議」的判決，即維持督撫原判。對於這種情況，內閣一般也是票擬為「依議」等單簽。經皇帝首可後在死刑案件題本上批紅，內容常為：「某某依擬應絞（斬），著監候，秋後處決，餘依議」「某某著即處絞（斬），餘依議」「某某著即凌遲處死，仍梟示，餘依議」等。

當遇到特殊的刑部夾簽案件時，內閣的票擬又有所不同。「夾單有票寫者，有不票寫者，惟刑部夾簽皆不票寫」，〔註20〕此時就涉及「票擬」之外的第二種處理方式──「票擬加簽」，即內閣並不直接對刑部夾簽票擬處理意見，而是依據刑部夾簽「票擬加簽」，此種情況下多為雙簽。〔註21〕事實上，涉及「夾

　　　　題」。強調這一點的主要目的是強調了皇權在清代司法體系中的核心地位，中央部院與地方督撫是同級行政級別，都直接效忠於皇帝，只有皇帝對才有權對死刑和重大政務有最終決定權。同時，逐級上報的審轉覆核制度當然也是出於對地方司法嚴密控制的集權政治需要，在此司法體制下所有人命重案都要經過上一級法司的覆核審理。

〔註18〕參見鄭秦：《清代司法審判制度研究》，湖南教育出版社1988年版，第152頁。
〔註19〕六部本章，及各院府寺監衛門本章，附於六部之後統為部本。
〔註20〕（嘉慶朝）《欽定大清會典》卷2《內閣‧大學士協辦‧大學士職掌》。
〔註21〕據（光緒朝）《欽定大清會典事例》卷14規定「內閣職掌票擬、票擬加簽、御門進折本、巡幸發遞本報、勾到收發紅本、收存揭帖、頒發書籍、收存副本。」

簽」與「雙請」的案件，內閣都會「票擬加簽」。這種雙簽之式是內閣處理刑部夾簽的常規操作。〔註22〕按照《大清會典》所載「向來案關服制罪干斬決人犯，情可矜憫者，俱援例雙請。嗣於乾隆年間，經刑部奏請遇有服制情輕之犯，令該督撫按律定議，法司核覆，亦照本條科罪，惟將所犯情節實可矜憫者，夾簽聲明，有奉特旨改為監候者，有勅交九卿議奏者。」〔註23〕對此類「雙簽」請旨的案件處理方式一般是兩種：一種由皇帝直接下旨決斷，另一種是將一些疑難案件交由六部、都察院、大理寺、通政司等九卿群臣共同商議奏報，即「九卿定議」。〔註24〕由於夾簽案件在性質、案情等方面都具有特殊性，所以相當多數的案件皇帝不會直接決斷，而是需要「九卿定議」來為其提供參考意見。從《清實錄》嘉慶十九年（1814）甲戌秋七月的一個案件記載有助於我們理解這一處理過程：

> 向來辦理關係服制之案，情有可原者，俱係照例具題。刑部於題覆時夾單聲敘，內閣票擬雙簽，朕酌核情罪，覆下九卿定議，議上時改為斬監候，入於情實，歷經辦有成案。上年廣厚於湖南省應行具題聽從母命溺斃胞兄之張僕潮一案，專摺陳奏，曾經降旨駁飭。事在隔省，張映漢寧未聞知。今鄒春發一犯，聽從叔命活埋罪犯應死之胞兄，原與逞兇犯尊者不同，該撫但敘明情罪具題，刑部內閣自必照例聲請。如閣部疏略，朕閱本時覈其情節，亦必降旨飭議，乃該撫輒改用專摺陳奏，殊違定例。張映漢著傳旨申飭，所有鄒春

---

〔註22〕當然內閣票擬雙簽的處理方式不止用於刑部夾簽案件中，而是在各類事務中都會涉及。（嘉慶朝）《欽定大清會典》卷2《內閣·大學士協辦·大學士職掌》中規定「雙簽之式，凡各部院題請事件有應准應駁未敢擅便，或議功議罪議賞議恤可輕可重，處分應議應免，本內雙請候欽定者，大祀中祀皇帝親詣行禮或遣員行禮雙請者，俱照擬票寫雙簽。」另有「三簽」或「四簽」的形式，是由內閣根據題奏事務提供不同等次的處理方式供皇帝備選，「三簽四簽之式，如應准應駁雙請，而准駁之例各有差。功罪恤賞可輕可重，而輕重之等各有差。處分應議應免，而應議之條與應免之例各有差。或案內人數繁多，功罪互有重輕，俱分別票擬三簽四簽。又三法司駁審本，有該督撫等原擬本無舛錯法司誤駁者，除票雙簽外，再票照該督撫所擬完結一簽。」雖然不排除在服制命案中的內閣夾簽中也可能會涉及三簽四簽的形制，但就目前所見實際司法中普遍是內閣票擬雙簽的形式。

〔註23〕（嘉慶朝）《欽定大清會典事例》卷653《刑部·刑律斷獄·有司決囚等第》。

〔註24〕關於九卿定議，俞江認為是清代命案審轉具題中的特別司法程序，適用於有法外量刑情節的服制命案。詳見俞江：《論清代九卿定議——以光緒十二年崔霍氏因瘋砍死本夫案為例》，載《法學》2009年第1期。

發一案，著仍照例具題，以符定制。〔註25〕

從這段記載中我們可以看到夾籤成案的一般流程，首先刑部「夾籤」，後內閣「票擬雙籤」，再經皇帝下發「九卿定議」，其結果一般來說獲得皇帝首可便能減等一級，由「斬決」改為「斬監侯」。另外還可以看到皇帝特別強調了此類夾籤案件應以題本上奏，與奏摺上呈的重大惡性案件要有所區別，因此對以專摺上奏「夾籤」案件的督撫傳旨申飭。

　　此外還有出於「原情」考慮，更為特殊的夾籤流程，便是沒有刑部夾籤，只能由內閣票擬加籤的情況。一類是出現了個別特殊的可矜案件，既沒有律例也沒有成案可供依據，所以這樣的案件刑部無法夾籤聲請。但在三法司核擬具奏後，內閣可以票擬加籤，「三法司核擬罪名，除雙請及夾籤外，其有罪名已定而情節實可矜憫者，照擬事寫一籤，再票九卿定議一籤。」〔註26〕《刑案匯覽》中記載嘉慶十一年（1806）有奉天省民婦段李氏曾因瘋毆傷伊夫段廷儒致斃一案，「嗣後遇有此等婦人因瘋毆死本夫之案，確鑿無疑者，刑部仍按本律定擬具題。著內閣核明於本內夾敘貼標，擬九卿議奏及依議斬決雙籤進呈，候朕定奪。」〔註27〕此案後來於咸豐二年（1852）修纂為「戲殺誤殺過失殺傷人」下的條例。還有一類案件是以這樣處理方式來表達不同的情法考量，如《刑案匯覽》道光四年（1824）說帖中所載：

　　　　南撫題吳開幅聽從伊母勒死胞兄吳開慶一案，又安撫題黃開武聽從伊父勒死胞兄黃開文一案，又陝撫題李三元等聽從伊父活埋胞兄李夢元身死一案，夾籤聲明，並未畫一，交館匯核等因。查聽從父母逼嚇，謀殺期親兄姊，例無夾籤明文。檢查成案，如死係毆詈父母罪犯應死胞兄，該犯係迫於父母之命勉從下手者，該督撫於疏內聲明，本部核議，仍照謀殺期親尊長本律問擬凌遲，援引毆死期功尊長罪干斬決，情可矜憫之例夾籤聲明。如死者並非罪犯應死胞兄，則止於稿內將聽從父母之命勉從下手，不忍致死之情量為聲敘，由內閣票擬雙籤。誠以謀殺期親尊長情罪較重，苟非大有可原，即難率予夾籤，是以向來辦理此等案件，伊兄實係罪犯應死者，即將

---

〔註25〕　《大清仁宗睿皇帝實錄》嘉慶十九年七月。

〔註26〕　（光緒朝）《欽定大清會典事例》卷 2《內閣‧大學士‧協辦大學士職掌》。

〔註27〕　《刑案匯覽》卷 32《刑律‧人命‧戲殺誤殺過失殺人》「因瘋及誤殺夫之案向不夾籤」條，《刑案匯覽全編》法律出版社 2007 年，第 1730 頁。

該犯比例夾簽。若伊兄並非罪犯應死，則止於案內聲明，所以示區
別也。〔註28〕

該貼中記載了三起聽從父母謀殺胞兄的服制案件，處置時予以了不同的夾簽
形式。在法司看來謀殺期親尊長是問擬凌遲的重罪，但由於存在父母之命不可
違的情理前提，最終以「死者是否罪犯該死」而區分了「刑部比例夾簽」和「刑
部不予夾簽、內閣票擬雙簽」的兩種處理方式以示「原情」程度的不同。

　　內閣「票擬雙簽」的簽帖內容一般會有兩種。一種是較為常見的，一帖援
引夾簽條例規定，詳敘案件情節，夾簽請旨；一帖則簡要說明因可原情節刑部
夾簽請旨，內閣票擬雙簽請旨示下。如嘉慶三年（1798）大學士管理刑部事務
和珅處理的這起案件：

　　　　查例載卑幼誤傷尊長致死，罪干斬決者，審非逞兇干犯，仍准敘
明可原情節夾簽請旨等語。此案陸正文因已故胞兄陸正相典出田地，
被胞兄陸正儒贖回，陸正文預分贖一半將來措還原價，後陸正文同伊
子陸位賢並供認農萬里偕赴陸正儒贖回秧地撒種。陸正儒與妻農氏往
阻爭論。陸正儒之子陸飛凰踵至吆喝農萬里不許撒種。陸正文折取柴
樁趕打其侄陸飛凰，適陸正儒上前攔阻，陸文正收手不及誤傷其兄左
太陽殞命。覈其情節雖謗起爭贖產業，但究係趕毆伊侄，並非向兄逞
兇，乃伊兄上前攔阻，該犯收手不及誤傷致斃，是傷由誤中死出不虞，
尚與逞兇干犯兄長者有間，相應照例夾簽恭候欽定。〔註29〕

　　　　查本內陸正文因胞侄陸飛凰爭贖秧苗，扳取柴樁趕打伊侄，適
胞兄陸正儒上前攔阻，該犯收手不及誤傷伊兄殞命。覈其情節，傷
由誤中死出不虞，與逞兇干犯者有間，刑部問擬斬決，夾簽請旨。
是以臣等照例擬寫雙簽進呈，伏候欽定。〔註30〕

　　還有一種是由於曾有歷年成案可供引徵，或者是也有這樣經夾簽後「九卿
定擬」的案件被直接納入條例，因此能夠看到在一些案件中內閣票擬加簽，其
中一簽便直接擬為「九卿定議」。如以下這起乾隆六十年（1795）的案件，內

---

〔註28〕《刑案匯覽》卷43《刑律·鬥毆·毆期親尊長》「聽從父母謀殺胞兄分別夾簽」
　　　　條，《刑案匯覽全編》。法律出版社2007年，第2212頁。
〔註29〕《呈陸正文誤傷伊兄致斃與逞兇干犯兄長有間夾片》，嘉慶三年九月初五日，
　　　　中國第一歷史檔案館館藏清代刑科題本，檔號：02-01-07-08656-007。
〔註30〕《呈陸正文因爭贖秧田誤傷伊兄問擬斬決夾片》，嘉慶三年九月初五日，中國
　　　　第一歷史檔案館館藏清代刑科題本，檔號：02-01-07-08656-006。

閣就直接票擬了「聲明並非有心干犯」和「九卿定議」兩籤：

　　　　查例載卑幼刃傷期親尊長之案，若非有心干犯，或係金刃誤傷
　　及情有可憫者，法司核題時遵照李倫魁案內欽奉諭旨夾籤聲明，候
　　旨定奪等語。乾隆五十七年十一月內，臣部題覆安徽省李倫魁刃傷
　　胞兄李登魁一案，欽奉上諭，諭李倫魁因胞兄李登魁私挖田埂竊放
　　塘水微嫌隙兩次嚷論，及李登魁持棒向毆，該犯輒敢用刀抵格，致
　　傷李登魁右腿倒地，傷輕平復。刑部照該撫所題依律將李倫魁問擬
　　絞決實為允當。但弟兄爭毆致傷情節不一，似李倫魁之挾嫌有心刃
　　傷胞兄者，自當按律立決，若非有心干犯，或係金刃誤傷及情有可
　　憫者，著刑部存記於題核時夾單聲明，引此旨候朕酌奪欽此，欽遵
　　在案。此案劉小隆因貧乏食向期親服孀劉馮氏借糧，劉馮氏應允，
　　劉馮氏之子劉小孝用言阻止，劉小隆村斥其非，劉小孝混罵，劉小
　　隆生氣順取小刀嚇扎劉小孝走往馮氏身後閃避愈加嚷詈。劉小隆持
　　刀趕扎，適馮氏轉身遮護，收手不及誤傷馮氏左後肋業已平復。覈
　　其情節實係一時誤傷並非有心干犯，核與李倫魁案內奉諭旨金刃誤
　　傷夾單聲明之例相符，應照例聲明請旨定奪。〔註31〕

　　　　查向例毆傷有服尊長致死之案，經刑部夾籤聲明並非逞兇干犯
　　者，臣等俱票擬雙籤。今此本內劉小隆因向期親服孀馮氏借糧備伊
　　弟劉小孝組織混罵，劉小隆持刀趕扎誤傷馮氏業經平復。刑部擬以
　　絞決，並遵旨夾籤聲明，是以臣等照例擬籤外添寫九卿定議具奏一
　　籤進呈，伏候欽定。〔註32〕

《大清會典》中對夾入雙籤的次序也作了相應的規定：「凡雙籤次序，如一准
一駁，以准者為第二籤。罪名一輕一重，以輕者為第二籤。處分應議應免，以
寬免者為第二籤。其餘皆以本內聲請之先後為序。」〔註33〕結合籤帖的具體內
容來看，應該來說經刑部和內閣夾籤聲請的服制命案，皇帝一般都不會輕易地

〔註31〕　《奏為山東昌樂縣劉小灤誤傷期親服孀馮氏實係一時誤傷並非有心干犯照例
　　　　　聲明請旨定奪事》，乾隆六十年九月初八日，中國第一歷史檔案館館藏清代刑
　　　　　科題本，檔號 02-01-07-08399-019。
〔註32〕　《奏為山東昌樂縣劉小灤誤傷期親服孀馮氏照例擬籤外添寫九卿定議具奏一
　　　　　籤進呈事》，乾隆六十年九月初八日，中國第一歷史檔案館館藏清代刑科題本，
　　　　　檔號：02-01-07-08399-018。
〔註33〕　（嘉慶朝）《欽定大清會典》卷2《內閣·大學士協辦大學士職掌》。

予以直接否決，至少都是要經朝堂臣議的。

## 三、夾簽制度的適用範圍

關於夾簽制度的適用範圍，已有學者進行了相關論述，姚暘和顧元都認為在刑案「夾簽」興起初期，主要適用於以下三種案件情形：「犯罪存留養親」「保辜限外身死」以及「服制」犯罪。〔註34〕

首先來看「犯罪存留養親」門下夾簽條例的修訂情況。根據《大清會典》的記載，在乾隆十一年（1746）時「犯罪存留養親」條例內是有「夾簽」內容的：

> 「孀婦獨子有犯戲殺誤殺等案，如伊母守節已逾二十年者，該督撫查明被殺之人並非孤子，取結聲明具題，法司核覆奏請留養，其鬥毆殺人者，審無謀故別情，該犯之母守節已逾二十年而又年逾五十者，亦准其照例題請，**法司核覆，夾簽入本，恭候欽定**。如恩准留養，俱照例枷責，追給埋葬銀兩。至犯該軍流徒罪，除姦盜誘拐行兇及有關倫理擾害地方者照例科斷外，其無知誤犯者，該督撫查明，將果係獨子及伊母守節已逾二十年之處聲明報部詳覈，照例分別枷責，仍令按季匯題。謹案此條乾隆十一年定」〔註35〕

但在乾隆三十二年（1767）改定此條例時卻不復見「夾簽入本，恭候欽定」的內容，改為了「將應侍緣由於本內聲敘」。〔註36〕清代吳壇所著《大清律例通考》中收錄的「犯罪存留養親第七條例文」亦只見乾隆三十二年（1767）改定後的條例。該條例下所注此條例係乾隆八年（1743）因案生例，乾隆十一年（1746）纂立為專條。對於為何刪去了有關「夾簽」的內容，吳氏的解釋為：

> 其例文內「年逾五十者」句下，原係「亦准其照例題請，法司核覆。夾簽入本，恭候欽定。如蒙恩准留養，俱照例枷責，追給埋

---

〔註34〕 參見姚暘：《論清代刑案審理中的「夾簽」制度》，載《天津社會科學》2009年第5期，第134～137頁。顧元：《服制命案、干分嫁娶與清代衡平司法》，法律出版社2018年，第149～214頁。

〔註35〕 （嘉慶朝）《欽定大清會典事例》卷589《刑部·名例律·犯罪存留養親》。

〔註36〕 「孀婦獨子有犯戲殺誤殺等案，如伊母守節已逾二十年者，該督撫查明被殺之人並非孤子，取結聲明具題，法司核覆，奏請留養。其鬥毆殺人者，審無謀、故別情，該犯之母守節已逾二十年而又年逾五十者，定案時，亦准將應侍緣由於本內聲敘。至犯該軍流徒罪，除姦盜、誘拐、行兇及有關倫理、擾害地方者，照例科斷外；其無知誤犯者，該督撫查明，將果係獨子及伊母守節已逾二十年之處，聲明報部詳覈，照例分別枷責，仍令按季匯題。謹案此條乾隆三十二年改定。」（嘉慶朝）《欽定大清會典事例》卷589《刑部·名例律·犯罪存留養親》。

葬銀兩」等語。查乾隆二十七年定例，兄親老丁單及孀婦獨子鬥毆

殺人之案，令該督撫於定案時，止將應侍緣由於本內聲敘，統俟秋

審時取結報部，九卿核擬分別辦理。乾隆三十二年館修，遵照後例

改正，其枷責追埋亦已另有專條，毋庸覆載，擬刪。」〔註37〕

通過吳氏所注可見，由於在乾隆二十七年（1762）的條例中，已經明確規定了
這類「犯罪存留養親」的案件已不能夠由督撫題請「夾簽」，而只能於題本中
聲敘應侍原由，統一俟於秋審時由九卿核擬辦理。〔註38〕因此，至少從乾隆二
十七年（1762）時在司法實踐中「犯罪存留養親」類案件已不能再適用「夾簽」，
所以乾隆三十二年（1767）從條例中進行了規整和刪除。此後所見清代案例中
涉及「犯罪存留養親」的「夾簽」案例，實際上都是以服制案件為前提條件的。

　　關於夾簽條例在「保辜限外身死」類案件中的變化情況，筆者根據嘉慶朝
《欽定大清會典事例》《讀例存疑》《大清律例根原》中的記載，整理如下：

表格 1-1　關於「保辜限外身死」的夾簽條例變化

| 時　間 | 條例內容 | 修訂情況 |
|---|---|---|
| 乾隆二十三年（1758） | 卑幼毆緦麻尊長，於保辜餘限外身死，按其所毆傷罪在徒流以下者，於斬候本律減一等，杖一百流三千里。其原毆傷重至篤疾者，擬絞監候。毆小功以上尊長，如罪應斬決者，雖死於辜限之外，仍照本律定擬，臨時酌量情節，夾簽聲明 | 謹案此條定於乾隆二十三年（1758）載「毆大功以下尊長」門內 |
| 乾隆四十八年（1783） | 卑幼毆傷緦麻尊長，餘限內果因本傷身死，仍擬死罪，奏請定奪。如蒙寬減，減為杖一百，發邊遠充軍。若在餘限外身死，按其所毆傷罪在徒流以下者，於斬候本罪減一等，杖一百，流三千里。其原毆傷重至篤疾者，擬絞監候。毆小功以上尊長，如罪應斬決者，雖死於餘限之外，仍照本律定擬，臨時酌量情節，夾簽聲明 | 乾隆二十三年（1758）條例係卑幼毆緦麻尊長，於保辜餘限外身死之條例，載「毆大功以下尊長」門內。乾隆三十一年（1766）制定了卑幼毆傷緦麻尊長，於保辜餘限內身死之條例，載「保辜限內」門內；此二條原例，雖有死於限內、限外之別，但同屬毆傷緦麻尊長之例，乾隆四十八年（1783）並為一條，入於「毆大功以下尊長」門內 |

〔註37〕（清）吳壇：《大清律例通考》，馬建石、楊育棠主編：《大清律例通考校注》，
　　　　中國政法大學出版社，1992 年版，第 244～245 頁。

〔註38〕這裡的九卿核擬應該是指「九卿會審」，而非「九卿定議」。

－31－

| 乾隆五十七年（1792） | 卑幼刃傷期親尊長之案，如釁起挾嫌有心刃傷者，依律問擬絞決，毋庸聲請。若非有心干犯，或係金刃誤傷，及情有可憫者，法司核題時遵照李倫魁案內欽奉諭旨，夾簽聲明，候旨定奪 | 此條乾隆五十七年遵旨定例於「毆期親尊長」門下。乾隆五十七年（1792）十一月內，刑部題覆安徽省李倫魁因微嫌刃傷胞兄李登魁一案。雖李登魁傷輕平復，刑部照該撫所題依弟刃傷胞兄不論輕重絞決律，將李倫魁問擬絞決，以重倫紀而儆凶頑。後皇帝示下：「弟兄爭毆致傷情節不一，似此案李倫魁之釁起挾嫌、有心刃傷胞兄者，自當按律予以立決。非有心干犯，或係金刃誤傷及情有可憫者，著交刑部存記，於題核時夾單聲明，引此旨候朕酌奪，以昭情法之平。」〔註39〕欽遵在案，後恭纂為例，以便遵行。再查卑幼誤傷伯叔父母、姑等項尊屬致死，罪干斬決之犯，審非逞凶干犯，例准敘明可原情節，夾簽請旨。今金刃誤傷胞兄及情有可憫者，既應夾簽請旨，則於別項期親尊屬有犯，自應一例辦理。謹擬將「刃傷胞兄」之處，改為「卑幼刃傷期親尊長之案」，纂入例文，以昭賅備 |
| --- | --- | --- |
| 嘉慶六年（1801） | 卑幼刃傷期親尊長、尊屬及外祖父母之案，如釁起挾嫌有心刃傷者，依律問擬絞決，毋庸聲請。若非有心干犯，或係金刃誤傷，及情有可憫者，法司核題時遵照李倫魁案內欽奉諭旨，夾簽聲明，候旨定奪 | 嘉慶六年（1801），刃傷尊長罪應絞決，律指期親尊長、外祖父母而言。原條例內，止稱期親尊長，殊屬窒漏。應增入「及外祖父母」，仍於「毆期親尊長」門內 |
| 嘉慶十一年（1806） | 卑幼毆傷緦麻尊長尊屬，餘限內果因本傷身死，仍擬死罪奏請定奪。如蒙寬減，減為杖一百發邊遠充軍。若在餘限外身死，按其所毆傷罪在徒流以下者，於斬候本罪上減一等，杖一百流三千里。其原毆傷重至篤疾者，擬絞監候 | 嘉慶十一年（1806）將「毆期親尊長」門內嘉慶六年（1801）之條例，移入「毆大功以下尊長」門內，與乾隆四十八年（1783）之條例修並〔註40〕 |

〔註39〕《大清律例根原》卷87《刑律·人命·毆期親尊長》，郭成偉編，國家清史編纂委員會文獻叢刊，上海辭書出版社2012年版，第1398頁。

〔註40〕乾隆至嘉慶年間條例及修訂情況引自（嘉慶朝）《欽定大清會典事例》卷633《刑部·刑律鬥毆·毆大功以下尊長》。

| | | |
|---|---|---|
| | 毆傷期功尊長尊屬正餘限內身死者，照舊例辦理。其在餘限外身死之案，如刃傷期親尊長尊屬，並以手足他物毆至折肢瞎目，及毆大功小功尊長尊屬至篤疾者，仍依傷罪本律問擬絞決。訊非有心干犯，或係誤傷及情有可憫者，俱擬絞監候。若係折傷並手足他物毆傷，本罪止應徒流者，既在餘限之外因傷斃命，均擬絞監候，秋審時統歸服制冊內擬入情實。其卑幼刃傷期親尊長尊屬及外祖父母之案，如釁起挾嫌有心刃傷者，依律問擬絞決。若訊非有心干犯，或係金刃誤傷，及情有可憫者，俱擬絞監候，**均毋庸夾籤聲請** | |
| 咸豐二年（1852） | 卑幼毆傷緦麻尊長、尊屬，餘限內果因本傷身死，仍擬死罪。奏請定奪。如蒙寬減，減為杖一百，發邊遠充軍。若在餘限外身死，按其所毆傷罪在徒流以下者，於斬候本罪上減一等，杖一百、流三千里。其原毆傷重至篤疾者，擬絞監候。毆傷功服尊長、尊屬，正、餘限內身死者，照舊辦理。其在餘限外身死之案，如毆大功小功尊長、尊屬至篤疾者，仍依傷罪本律，問擬絞決。訊非有心干犯，或係誤傷，及情有可憫者，**俱擬絞監候**。若係折傷並手足他物毆傷，本罪止應徒、流者，既在餘限之外，因傷斃命，均擬絞監候，秋審時統歸服制冊內，擬入情實辦理 | 咸豐二年（1852）將嘉慶十一年（1806）條例中期親一層摘出，另為一條，移入「毆期親尊長」門〔註41〕 |
| 咸豐二年（1852） | 毆傷期親尊長、尊屬及外祖父母，正餘限內身死者，照舊辦理。其在餘限外身死之案，如係金刃致傷，並以手足他物毆至折肢瞎目者，仍依傷罪本律問擬絞決。凡非有心干 | 此條繫咸豐二年（1852），由「毆大功尊長」門分出，在「毆期親尊長」門內另立專條〔註42〕 |

---

〔註41〕　（清）薛允升：《讀例存疑》卷36《刑律‧鬥毆下‧毆大功以下尊長》。
〔註42〕　（清）薛允升：《讀例存疑》卷37《刑律‧鬥毆下‧毆期親尊長》。

> 犯，或係誤傷及情有可憫者，**俱擬絞監候**。若係折傷並手足他物毆傷，本罪止應徒流者，既在餘限之外因傷斃命，均擬絞監候。秋審時統歸服制冊內，擬入情實。其刃傷並折肢瞎目傷而未死之案，如釁起挾嫌，有心致傷者，依律問擬絞決，若凡非有心干犯，若係誤傷及情有可憫者，俱擬絞監候，**均毋庸夾簽聲請**

　　值得特別指出的是，關於「保辜限外身死」的夾簽條例其實也都是針對服制命案的。可以看到，在乾隆二十三年（1758）和乾隆四十八年（1783）的條例中都還有「保辜限外身死」酌情夾簽的內容，迨嘉慶十一年（1806）將條例規並修改，刪除了夾簽聲請的內容，再到後來咸豐二年（1852）毆大功以下尊長和毆期親尊長門內的「保辜限外身死」中都不再有夾簽有關內容。也就是事實上，在嘉慶十一年（1806）後在「保辜限外身死」的法律規定中就不復見到「夾簽」了。

　　之所以嘉慶十一年（1806）要修改「保辜限外身死」中的夾簽條例，依據的是嘉慶七年（1802）一道保辜限外身死的服制案件諭旨：

> 　　嘉慶七年，安徽巡撫題民人孫登扎傷胞兄孫梅餘限外身死，將孫登依律擬斬立決，夾簽聲請可否，將孫登改照刃傷胞兄本律問擬絞決一案。奉旨刑部題覆安徽省民人孫登扎傷胞兄孫梅餘限外身死夾簽聲請一本，現已依擬將該犯著即處絞矣。向來尋常刃傷各案，如在保辜正餘限外身死者，祇科傷罪。至有關服制之案，雖與尋常刃傷案犯不同，但限內外，究當示以區別。嗣後遇有卑幼刃傷期親尊長，在保辜正餘限內身死者，仍照舊辦理外，若死在餘限之外即照刃傷本律問擬絞決。其刃傷期親尊長尊屬律應問擬絞決之犯，如訊非有心干犯，或係金刃誤傷及情有可憫者，俱著問擬絞候，均無庸夾簽聲請。著刑部纂入例冊遵行。〔註43〕

嘉慶七年（1802）刑部以常人間的保辜限外身死者與保辜限內有所區別，因此服制案件中認為也應當有所區分，將可矜之刃傷期親尊長尊屬律應問擬絞決之犯俱著問擬絞候，勿庸夾簽聲請。又嘉慶九年（1804）十二月內，直隸

---

〔註43〕　（嘉慶朝）《欽定大清會典事例》卷633《刑律・鬥毆・毆大功以下尊長》。

總督顏檢題民人米文新誤咬期親服叔米寬手指，餘限外因傷潰死一案，後經刑部議請：

> 嗣後，卑幼毆傷期功尊長、尊屬，正、餘限內身死者照舊辦理外，其在餘限外身死之案，如刃傷期親尊長、尊屬，並以手足、他物毆至折肢、瞎目，及毆大功、小功尊長、尊屬至篤疾者，仍依傷罪本律問擬絞決。訊非有心干犯，或係誤傷及情有可憫者，俱擬絞監候。若係折傷並手足、他物毆傷，本罪止應徒、流者，既在餘限之外因傷斃命，均應擬絞監候。秋審時統歸於服制冊內，擬入情實等因奏准在案。是原例兩條內「夾籤聲請」之處，均應修改明晰，並應請後條移並前條例內，以資引用。〔註44〕

刑部請旨進一步明確了可矜的服制類保辜限外身死案件俱擬絞監候，入秋審服制冊內擬入情實，不再「夾籤聲請」。

　　因此嘉慶十一年（1806）修例，卑幼毆小功以上尊長可矜夾籤之例已改為「刃傷期親尊長尊屬，並以手足他物毆至折肢瞎目，及毆大功小功尊長尊屬至篤疾者」「刃傷期親尊長尊屬及外祖父母之案」俱擬絞監候，亦特別強調了「毋庸夾籤聲請」，此後在「保辜限外身死」類服制案件中已經不再有夾籤的相關內容。對於此條薛氏還曾注云：「毆打人，限外身死，即不擬抵，此古法也。今鬥毆律內，亦無傷係尊長不准保辜之文，則正限外，餘限內身死之案，似亦應量從末減，未便仍擬立決。例內並未議及，亦無夾籤聲請之語，殊嫌參差。」〔註45〕認為此條中沒有傷係尊長限外身死夾籤聲請的內容，與古法限外身死不擬抵有所參差。實際上是嘉慶朝時刑部在條例修訂的過程中將此類「保辜限外身死」的服制案件直接減擬為斬監候，或許法司認為這樣的修改使得此類案件在處理時更為明確，而將夾籤的內容刪去了。

　　綜上所述，夾籤制度從乾隆朝定制之初涉及了「犯罪存留養親」「保辜限外身死」以及「服制」犯罪三種類型。不過在後來的發展過程中，「犯罪存留養親」「保辜限外身死」中的夾籤條例失去了獨立存在的意義而被逐漸刪並，清代刑案審理中的夾籤制度最終定型為針對以卑犯尊類服制命案的特定司法審判方式。

---

〔註44〕　《大清律例根原》卷86《刑律‧鬥毆下‧毆期親尊長》，郭成偉編，國家清史編纂委員會文獻叢刊，上海辭書出版社 2012 年版，第 1386～1387 頁。

〔註45〕　（清）薛允升：《讀例存疑》卷36《刑律‧鬥毆下‧毆大功以下尊長》。

## 第二節　夾簽條例的制定與沿革

### 一、夾簽條例的出現

　　夾簽條例的制訂始於乾隆朝，如前所述，實際上在此之前夾簽作為一種行政慣例運就已經運用於包括服制案件在內的司法實踐中。《讀例存疑》所載一則「殺死姦夫」的夾簽條例，「凡姦夫自殺其夫，姦婦雖不知情，而當時喊救與事後即行首告，將姦夫指拿到官，尚有不忍致死其夫之心者，仍照本律定擬。該督撫於疏內聲明，法司核擬時夾簽請旨」，薛氏所注「此條繫乾隆四十二年，遵照雍正三年原奉諭旨，恭纂為例」。〔註46〕查閱雍正朝《大清會典》，我們找到了這條諭旨：

> 　　雍正三年諭，姦夫殺死親夫，姦婦雖不知情，而親夫之死，實由其已經失節與人通姦之故，擬以絞罪，此律固不可改。但本婦一聞姦夫殺害本夫，即行喊叫，將姦夫指拿，尚有不忍死其夫之心，猶屬可憫。若將此等婦人按律擬罪，而必致之死，恐將來有犯此等事情之人畏法律之嚴，反隱匿而不肯自行出首。嗣後如有此等情事，仍照律定擬，加簽呈覽。〔註47〕

此諭可以間接說明雍正時期夾簽就曾被應用於服制刑案的審理，只不過當時還並未被正式撰為條例。

　　根據清代吳壇所著《大清律例通考》，最早的「夾簽」條例見於乾隆十三年（1748），「凡毆死有服尊長情輕之案，該督撫按律例定擬，止於案內敘明，不得兩請，法司會同核覆，亦照本條擬罪，其兩請舊例一概停止。若覈其所犯情節實可矜憫者，夾簽聲明，恭候欽定。」〔註48〕在《大清律例根原》中亦見此條例，後附注云「此條例係乾隆十三年七月內，臣部奏請定例，應纂輯以便遵行。」〔註49〕

　　嘉慶六年（1801）律例館對該條例內容進行了增修，使規定更加明晰。與

---

〔註46〕　（清）薛允升：《讀例存疑》卷 32.《刑律・人命》。
〔註47〕　（雍正朝）《大清會典》卷 174《刑律・人命》。
〔註48〕　（清）吳壇：《大清律例通考》卷 28《刑律・鬥毆下・毆大功以下尊長》第三條例，馬建石、楊育棠主編《大清律例通考校注》，中國政法大學出版社 1992 年版，第 850 頁。
〔註49〕　《大清律例根原》卷 86《刑律・鬥毆下・毆大功以下尊長》，郭成偉編：國家清史編纂委員會文獻叢刊，上海辭書出版社 2012 年版，第 1381 頁。

嘉慶六年修例後內容類似的條例也見於薛允升《讀例存疑》一書中，〔註50〕薛氏在該條例下所注「此條繫乾隆十三年，刑部奏准定例。嘉慶六年修改。道光二年改定。」〔註51〕亦是該書中所見最早的夾簽條例。

此外，筆者在中國第一歷史檔案館藏清代刑科題本中曾查閱到乾隆十四年（1749）、乾隆十五年（1750）等署理刑部・阿克敦所經辦的多份夾簽文書中都提到於乾隆十三年（1748）夾簽定例以取代兩請：

> 查乾隆十三年七月內經臣部奏准，凡事關服制者於案內呈，內不得聲明兩請，應照本律專一擬定罪名，其兩請舊例俱行停止。倘其中實在情可憫疑，臣等於本內夾簽聲明恭候欽定等語。今此案藍國秀因向毆堂弟藍國禮，不期伯母曾氏自外甫入，扁擔適下，因而誤傷，越四日殞命。是藍國秀並無干犯尊長情節，其毆傷魯氏身死之處實由失誤所致，與逞兇干犯尊長身死者有間，相應遵照原奏聲敘緣由夾簽請旨。〔註52〕

> 查乾隆十三年七月內經臣部奏准，凡事關服制者止於案呈內敘明情節，不得聲明兩請，應照本律定擬。其中情可憫疑，臣等於本內夾簽欽定等語。今王錫重因李孔武用石擲毆，王錫重拾石回擊，不意誤傷胞兄王錫公右額角殞命，傷由過失非毆兄，情稍可原相應遵照原奏聲敘緣由夾簽請旨。〔註53〕

在這兩份夾簽文書中均明確提及到了乾隆十三年（1748）服制案件的兩請舊例

---

〔註50〕 凡毆死本宗期功尊長，罪干斬決之案，若係情輕，（如卑幼實係被毆，情急抵格，無心適傷致斃之類。）該督撫按律例定擬，止於案內將並非有心干犯各情節，分晰敘明，不得兩請。法司會同核覆，亦照本條擬罪，覈其所犯情節實可矜憫者，夾簽聲明，恭候欽定。若與尊長互鬥，係有心干犯，毆打致斃者，亦於案內將有心干犯之處，詳細敘明，即按律擬以斬決。其毆死本宗緦麻及外姻小功、緦麻尊長者，照例擬斬監候，毋庸夾簽聲明。（惟救父情切，及本夫殺姦毆死緦麻尊長，或毆傷緦麻尊長，餘限外身死之案，隨本聲請量減，不在此例。）

〔註51〕 （清）薛允升：《讀例存疑》卷33《刑律・鬥毆下・毆大功以下尊長》。

〔註52〕 《呈江西民人藍國秀誤傷斃伯母曾氏一案實由失誤所致聲敘緣由夾簽請旨事夾簽》，乾隆十四年七月十六日，中國第一歷史檔案館藏清代內閣刑科題本，檔號：02-01-07-04968-007。

〔註53〕 《呈湖南民王錫重誤傷致斃胞兄王錫公一案聲敘可原情節夾簽》，乾隆十五年七月初六日，中國第一歷史檔案館藏清代內閣刑科題本，檔號：02-01-07-05006-015。

俱行停止，刑部於本內夾簽恭候欽定等語。因此幾則材料相互參看，基本可以確定夾簽條例最初制定的時間是在乾隆十三年（1748）。

另外值得注意的是，在這幾份材料中都有「不得兩請」「兩請舊例俱行停止」的表述，說明在「夾簽」條例出現之前，服制案件的審斷依照舊例是以「兩請」的方式處理的。這一點從嘉慶朝《大清會典》中的記載也可以得到驗證：「（嘉慶）十二年諭，大學士會同刑部議奏，服制及盜劫案件，勅交大學士九卿會議者，酌擬核實辦理一折。向來案關服制罪干斬決人犯，情可矜憫者，俱援例雙請。嗣於乾隆年間，經刑部奏請遇有服制情輕之犯，令該督撫按律定義，法司核覆，亦照本條科罪，惟將所犯情節實可矜憫者，夾簽聲明，有奉特旨改為監候者，有勅交九卿議奏者。」〔註54〕何為「兩請」，為什麼要以「夾簽」定例的方式來替代過去的「兩請」舊例，瞭解這一問題有助於我們進一步理解「夾簽」條例出現的原因。

所謂「兩請」，是指兩議請旨，從形式上一般是指在奏章內聲明關於某一案件的特殊情況，奏請皇帝兩議定奪。同「夾簽」的性質類似，「兩請」作為行政慣例在正式制定條例前應該也已經被運用於包括司法審判等中央部院的各類事務中了。不過所見的清末兩請條例主要內容都是關於有「救親情切」特殊情節的刑事命案，附於《刑律‧鬥毆下‧父祖被毆》門內，整理如下：

表格 1-2　清代「兩請」條例

| 序號 | 條例內容 | 出　處 |
|---|---|---|
| 1 | 人命案內，如有祖父母、父母及夫被人毆打，實係事在危急，其子孫及妻救護情切，因而毆死人者，於疏內聲明，分別減等，援例兩請，候旨定奪。其或祖父母、父母及夫與人口角，主令子孫及妻將人毆打致死，或祖父母、父母及夫先與人尋釁，其子孫及妻踵至助勢，共毆斃命，俱仍照各本律科斷，不得援危急救護之例概擬減等〔註55〕 | 《大清律例》卷28《刑律‧鬥毆‧父祖被毆》 |

〔註54〕（嘉慶朝）《欽定大清會典事例》卷653《刑律‧斷獄‧有司決囚等第》。

〔註55〕《大清律例》卷28《刑律‧鬥毆下‧父祖被毆》條例1251，張榮錚、劉勇強、金懋初點校，天津古籍出版社1993年版，第501頁。清代吳壇《大清律例通考》中注「此條繫雍正元年原例，雍正五年律例館奏准附律」。薛允升《讀例存疑》中備註「此條繫雍正五年例。乾隆五年、三十八年修改，五十九年改定」。

| 2 | 祖父母、父母被本宗緦麻尊長及外姻小功緦麻尊長毆打，實係事在危急，卑幼情切救護，因而毆死尊長者，於疏內聲明，減為杖一百，發邊遠充軍，照例兩請，候旨定奪。若並非事在危急，仍照律擬罪，秋審時覈其情節，入於緩決。致父母被卑幼毆打，實係事在危急，救護情切，因而毆死卑幼，罪應絞候者，於疏內聲明，減為杖一百，流三千里，候旨定奪。如毆殺卑幼，罪不應抵者，各於毆殺卑幼本律上減一等，仍斷給財產一半養贍。若並非事在危急仍照毆殺卑幼各本律問擬。均不得濫引此例〔註56〕 | 《大清律例》卷28《刑律·鬥毆·父祖被毆》 |
|---|---|---|
| 3 | 救親毆斃人命之案，除聽從父母主令，將人毆死，或父母先與人尋釁，助勢共毆，其理曲肇釁累父母被毆，已復逞兇致斃人命者，雖死係犯親卑幼，父母業經受傷，應仍將兇犯各照本律定擬，不准聲請減等外，若無前項情節，確由救親起釁，如死者係犯親本宗外姻有服卑幼，先將尊長毆傷，共子目擊父母受傷，情急救護，將其致斃，不論是否實係事在危急，及有無互毆情形，定案時，仍照本律定擬。援引孟傳冉案內欽奉諭旨聲明，照例兩請，候旨定奪。其並非犯親卑幼，及父母並未傷之案，應仍分別是否事在危急，照例定擬。如案係謀故殺及火器殺人，並死係兇犯有服尊長，雖釁起救親，均仍各照本律問擬，不得援例聲請〔註57〕 | 《讀例存疑》卷37《刑律·鬥毆·父祖被毆》 |

　　從現存的清末兩請條例內容上來看，主要是涉及父祖被毆、救親情切的特定情形，其前提是父祖並非尋釁，在被毆的危急情形下，子孫情切救護致傷人命。值得注意的是兩請條例在擬定時針對的案件涵括父祖被毆情形下的常人相犯和親屬相犯兩種性質類型，如表1-2中條例1主要是涉及凡人案件，條例2主要針對本宗緦麻尊長及外姻小功緦麻尊長的服制案件。從定例時間來看，兩請條例出現於夾籤條例之前，目前所見最早的兩請條例制定於雍正五年（1727），〔註58〕主要針對的是父祖被毆的常人相犯類案件，而具有救親情切的服制類兩請條例則制定於嘉慶八年（1803）。〔註59〕

　　事實上在「夾籤」被正式擬為條例之前，情可矜憫的毆死尊長服制命案多是以「兩請」的司法形式予以審判，在清代刑科題本中就可以看到多起以「兩

---

〔註56〕《大清律例》卷28《刑律·鬥毆下·父祖被毆》條例1251，張榮錚、劉勇強、金懋初點校：天津古籍出版社1993年版，第501頁。薛允升《讀例存疑》中備註「此條繫嘉慶八年，刑部奏准定例。道光三年增定」。
〔註57〕（清）薛允升：《讀例存疑》卷37《刑律·鬥毆下·父祖被毆》，注云「此條繫同治九年，刑部奏准定例。」
〔註58〕參見表1-2條例1注釋。
〔註59〕參見表1-2條例2注釋。

請」處置的救親情切的服制類案件。直到乾隆十三年（1748）夾簽條例制定以後，乾隆十六年（1751）律例館以「有關服制兩請之例業已不行」為由對「戲殺誤殺過失殺傷人」及「毆期親尊長」門內的兩請條例進行了整理刪除。〔註60〕自此毆死有服尊長類的服制案件中「兩請」之例就正式被「夾簽」條例所取代。

因此自夾簽條例制定後，在法律條文上對兩者作出了明確的區分規定，有關服制命案的「兩請」之例都已被「夾簽」所取代。經過整理刪除，乾隆十六年（1751）後的「兩請」之例就只見於「父祖被毆」條例中。不過由於家族聚居以及家族組織的事業化傾向，增加了親屬之間發生糾紛的概率。〔註61〕在不少以卑犯尊的親屬相犯類案件中亦存在「救親情切」的特殊情節。由於夾簽條例主要針對的是直系尊長及小功以上宗親尊長等，而服制更遠的緦麻尊長及外姻小功尊長等則無相對應的條例。也許出於這樣的考量，嘉慶八年（1803）刑部又奏准定立了親屬相犯類案件中兩請條例（表1-2條例2）。這樣一來，兩請條例實際上就成為在有救親情節的服制案件中對夾簽條例的補充，兩者所針對的案件類型也有了明確的區分：夾簽條例主要針對的是罪至斬、絞的期親及大功以下尊長的服制案件，而兩請條例主要針對罪至徒流的緦麻尊長、外姻小功緦麻尊長的服制案件及凡人相犯類案件。嘉慶朝《欽定大清會典》中的這段記載更有助於我們理解兩請和夾簽在法律上的區分和遞進關係：

> 又如祖父母、父母被有服親屬毆打，止宜救解，不得還毆，若還毆者依服制科罪。倘實係事在危急，卑幼情切救護因而毆死尊長者，於疏內聲明減為邊遠充軍，照例兩請候旨定奪。又如毆傷及毆死期親以下尊長，或因金刃誤傷，或因迫於威嚇，或死在餘限內外，俱係情輕者，督撫按律例定擬，止於案內敘明，不得兩請。法司核覆亦照本條科罪。若覈其情節實可矜憫者，夾簽聲明，恭候欽定。秋審時服制攸關之犯，俱入情實另冊進呈。其改緩減等，皆大學士與部臣會議具奏。〔註62〕

---

〔註60〕 參見（清）吳壇：《大清律例通考》卷26《刑律・人命・戲殺誤殺過失殺傷人》已刪例文，卷28《刑律・鬥毆下・毆期親尊長》已刪例文，馬建石、楊育棠主編：《大清律例通考校注》，中國政法大學出版社1992年版，第803頁和第855頁。

〔註61〕 魏道明：《秩序與情感的衝突：解讀清代的親屬相犯案件》，中國社會科學出版社2003年，第232～233頁。

〔註62〕 （嘉慶朝）《欽定大清會典》卷41《刑部・尚書侍郎職掌》。

除了從條例內容上將不同等級的服制案件以「夾簽」和「兩請」的方式區分開來，「夾簽」之所以會在司法實踐中逐漸替代「兩請」，根本在於這兩種司法審判形式題請級別和性質上的不同。「兩請」的題請級別在督撫一級，乾隆八年（1743）就曾專門制定條例：

> 任毆期親伯叔至死，該督撫俱依律定擬，如果情有可原者，止將案情聲明，法司詳覈，奏請定奪。倘有濫引舊案兩請，該督撫交部議處。謹案此條乾隆八年定。四十一年毆傷期親伯叔案內，奉旨照律量減一等聲請，改定新例，將此條刪除。〔註63〕

從該條例的內容上就可以看到，督撫是兩請的主體，也就是各省督撫可以根據現有的法律及成案作出減等的司法判斷，向皇帝奏請「兩議請旨」。從性質上來說，「兩請」實際上賦予了各省督撫援例減等的司法裁量權。而「夾簽」的要求則是地方督撫必須按律擬斷，只能於題本內聲敘所矜情由，題請夾簽，能夠予以「夾簽」的必須是中央級別的刑部及內閣等司法部門。所以也就不難理解「夾簽」之所以要逐漸取代「兩請」，其實質是將特殊情形下服制案件的裁決權進一步地從地方督撫一級收歸中央。「夾簽」被視為是特殊的法外之仁，是只有皇帝才能擁有的獨有權力。因此，「夾簽」實際是有清一代皇權與中央集權日漸集中強化的又一注腳。

## 二、夾簽條例的纂修情況

清朝入關後，從順治元年（1644）開始，「詳譯明律，參以國制」，著手法典的制定，經順治、康熙和雍正三朝的修撰，法典逐漸趨於穩定。乾隆皇帝即位後，繼續命臣工對前朝律文及成例進行重新編定，乾隆五年（1740）完成，定名為《欽定大清律例》，成為清代最為系統和成熟的成文法典。此後「律」被確定為「祖宗成憲」，直到清末法制改革之前都未有變動；而「例」則定期編纂作為對「律」的補漏拾遺。因此，制定於乾隆十三年（1748）的「夾簽」法條並不見於律文正文當中，而是在附於律文之後的條例中。這既是夾簽從司法實踐到被納入法律條例，是清代法律制度不斷發展完備的表現，也與夾簽屬於法律規定下「法外之仁」的特殊性質有關。

清代對《大清律例》中條例的修纂期限，乾隆元年（1736）原定每隔三年增補纂修條例。乾隆十一年（1746）內閣等衙門議改五年一小修，十年一大修，

---

〔註63〕（嘉慶朝）《欽定大清會典事例》卷633《刑律·鬥毆·毆期親尊長》。

成為定制。順治二年設立了專門的律例館，乾隆七年（1742）隸屬於刑部，專門負責條例的修纂。起初該館並非常設機構，每到條例纂修年限，由刑部臨時委命館員，後改作常設機關主責修例。清代據有記載可考的修例活動約計三十餘次，條例的數量不斷增加，康熙初年為 321 條，雍正三年為 824 條，至同治九年增至 1892 條之多。瞿同祖先生曾論及這一問題：「明清律在頒布以後雖不再修訂，但兩朝都因時制宜，隨時纂例。例之所以越來越多是由於這樣的指導思想：古人認為罰必當罪，各種情況，各種身份，特別是服制，必須加以區別，而定罪名，力求確切不移，情罪相當，以便執法者依律例判罪，不致有出入分歧，不採取概括主義，而採取列舉主義。但情偽無窮，而法典中的律文不足以包羅萬象，恐法外遺姦，或情罪不當，因此針對不同的情況而有例。」〔註64〕這一論斷對理解夾簽條例的修纂尤為適用，正是由於有清一代對服制法律的高度重視使得在可矜服制命案中的情法未便允協，而此時夾簽例文作為清律的補充，通過不斷地修訂完善，律例相輔，使整個清代法律體系保持了相對穩定又兼具靈活的衡平體系。

筆者將《大清律例》《大清五朝會典》中記載的歷代夾簽條例情況與《大清律例通考校注》《大清律例根原》《讀例存疑》《清實錄》以及清代內閣刑科題本等史料文獻互證比對，嘗試對保留至清末光緒朝《大清律例》中仍然有效的 18 條夾簽條例在清代各朝制定及撰修的情況進行爬梳。〔註65〕

條例 1
刑律·鬥毆·毆大功以下尊長
乾隆十三年（1748）

　　　凡毆死有服尊長情輕之案，該督、撫按律例定擬，止於案內敘明，不得兩請。法司會同核覆，亦照本條擬罪，其兩請舊例，一概停止。若覈其情節實可矜憫者，夾簽聲明，恭候欽定。

〔註64〕瞿同祖：《清律的繼承和變化》，《歷史研究》1980 年第 4 期，第 136～137 頁。
〔註65〕條例內容、纂修時間及修訂情況等整理自：《大清律例》，張榮錚、劉勇強、金懋初點校，天津古籍出版社 1993 年版；《大清律例》，田濤、鄭秦點校，法律出版社 1999 年版；《大清五朝會典》，中國第一歷史檔案館《清代檔案文獻數據庫》；（清）薛允升：《讀例存疑》，國家圖書館藏關旭十一年翰帽齋刊本；馬建石、楊育棠主編：《大清律例通考校注》，中國政法大學出版社；1992 年版；郭成偉編：《大清律例根原》，國家清史編纂委員會文獻叢刊，上海辭書出版社 2012 年版；《清實錄》，中華書局 2012 年版；清代內閣刑科題本，中國第一歷史檔案館館藏。為便於比對，特將條例修改之處以字體加粗顯示。

根據嘉慶朝《大清會典》《大清律例通考》及《大清律例根原》三方史料互參，
此條例係乾隆十三年（1748）七月內，刑部奏請定例，乾隆十六年館修入律。
亦是目前為止所見最早的夾簽條例。

嘉慶六年（1801）

> 凡毆死**本宗期功尊長罪關斬決之案**，如係情輕，該督、撫按律
> 例定擬，止於案內敘明，不得兩請。法司會同核覆，亦照本條擬罪。
> 其兩請舊例，一概停止。若覈其所犯情節實可矜憫者，夾簽聲明，
> 恭候欽定。**若毆死本宗緦麻及外姻小功、緦麻尊長者，照律擬斬監**
> **候，毋庸夾簽聲明。惟救父情切及本夫殺姦，毆死緦麻尊長，或毆**
> **傷緦麻尊長，餘限外身死之案，隨本聲請量減，不在此例。**

嘉慶六年（1801）律例館將原條例首句「有服尊長」四字改為「本宗期功尊長」，
是為了說明夾簽條例專門針對毆死本宗期功尊長律應斬決者而言。若本宗緦
麻尊長，外姻小功、緦麻尊長，律應斬候者俱照殺死緦麻尊長本律擬斬監候，
不在夾簽聲請之列。救父情切及辜限外身死之案隨本減軍、本夫殺死蔑倫尊長
之案隨本減流例有專門的條例規定，所以也不屬於夾簽聲請的範疇。

道光二年（1822）

> 凡毆死本宗期功尊長罪干斬決之案，若係情輕，**如卑幼實係被**
> **毆，情急抵格，無心適傷致斃之類。**該督撫按律例定擬，止於案內
> **將並非有心干犯各情節分析敘明**，不得兩請，法司會同核覆，亦照
> 本例條擬罪。覈其所犯情節實可矜憫者，夾簽聲明，恭候欽定。**若**
> **與尊長互鬥，係有心干犯，毆打致斃者，亦於案內將有心干犯之處，**
> **詳細敘明，即按律擬以斬決。**其毆死本宗緦麻及外姻小功、緦麻尊
> 長者，照例擬斬監候，毋庸夾簽聲明。惟救父情切，及本夫殺姦，
> 毆死緦麻尊長，或毆傷緦麻尊長，餘限外身死之案，隨本聲請量減，
> 不在此例。

因原條例內只規定了「情輕」及「情節實可矜憫」可以夾簽聲請，並未要求說
明「是否有心干犯」，以致各省督撫辦理卑幼毆死本宗期功尊長罪干斬決之案
屢有分歧辦理不一：有將不應夾簽之案，遽行聲請；也有將應行夾簽之案，不
行聲敘者；還往往有抵格情形轉重為之聲請，抵戳情形轉輕而不為聲請者。因
此道光二年（1822）二月內，刑部議議定，毆死期功尊長之案應否夾簽，必須
以是否有心干犯為斷，要求督撫必須於案內將「並非有心干犯」抑或「有心干

犯」予以明確的說明。刑部還增注說明何種情形屬於情輕，督撫可以據此申請夾簽。

## 條例 2
### 刑律・鬥毆・毆期親尊長
### 乾隆十八年（1753）

> 凡卑幼誤傷尊長至死，罪干斬決，審非逞兇干犯，仍准敘明可原情節，夾簽請旨。其有本犯父母因而自戕殞命者俱改擬絞決，毋庸量請末減。

此條例係乾隆十八年（1753）五月內，刑部議覆升任安徽巡撫張師載題斬犯袁大山誤扎胞姊一案中所奉諭旨，乾隆二十一年（1756）恭纂為例。因袁大山一案專指弟、妹誤傷兄、姊而言，定例時特擬為「卑幼誤傷尊長」，以便引用。

## 條例 3
### 刑律・人命・殺死姦夫
### 乾隆二十一年（1756）

> 有服尊長姦卑幼之婦，本夫捉姦殺死姦夫，除犯時不知照律勿論外，其於姦所親獲姦夫姦婦登時殺死者，及非登時又非姦所，或已就拘執而殺者，皆照卑幼毆故殺尊長本律治罪。該督撫於疏內聲明，法司核實擬時夾簽請旨。傷者，均勿論。

按照律文規定「凡妻妾與人姦通，本夫於姦所親獲姦夫、姦婦，登時殺死者，勿論。」〔註66〕律文中強調「親獲」，則姦有憑據；強調「登時」，則事出倉卒，因為此條律文中並沒有特別說明是否有針對凡人、親屬的區分，所以按律只要滿足「親獲」「登時」條件，即使親屬也應當勿論。但在法司看來，雖然尊長與卑幼通姦瀆倫傷化，本夫登時捕殺，究盡屬於服制攸關，未便與凡人一律勿論。所以乾隆六年（1741），刑部議覆河南按察使沈起元所奏，凡本夫捉姦殺死尊長之案，臨時酌量奏請欽定。乾隆二十一年（1756）館修條例，分別擬定了本夫捉姦殺死有服尊長夾簽條例（條例3）和本夫本婦之伯叔、兄弟及有服

---

〔註66〕《大清律例》卷 26《刑律・人命・殺死姦夫》，田濤、鄭秦點校，法律出版社 1999 年版，第 423 頁。為了更準確的反映條例纂修情況，這裡選取了乾隆五年《大清律例》的點校版本。其餘未特予說明的則選用了《大清律例》，張榮錚、劉勇強、金懋初點校，天津古籍出版社 1993 年版，以道光六年《大清律例》為底本的版本，特此說明。

親屬捉姦殺死有服尊長夾簽條例（條例4），以便引用。

**乾隆四十三年（1778）**

> 凡有服尊長姦卑幼之婦，本夫捉姦殺死姦夫者，仍照律擬罪，法司夾簽聲明，奉旨敕下九卿定擬，刑部會同九卿核議量從末減者，如係期親減為擬斬監候，功服減為杖一百、流三千里。若殺係緦麻尊長，亦仍照毆、故本律擬罪，法司於核擬時夾簽聲明，量減為杖一百、流二千里，恭候欽定。

此條繫乾隆三十二年（1767）九月刑部奏明，凡有卑幼捕姦殺死亂倫尊長，奉旨九卿定擬之案，分別期、功服制擬罪。乾隆三十四年（1769）八月，廣東巡撫李侍堯審題案件，劉五滿與緦麻服侄劉見有之妻鄒氏通姦，被劉見有殺死姦夫、姦婦，廣東巡撫將劉見有依律擬斬監候。刑部核覆時駁議，要求廣東巡撫應將該犯依律定擬斬決，再以捉姦殺死緦麻尊申請夾簽。後刑部予以夾簽，並將對劉見有的處置改為杖一百、流二千里，經皇帝奏准在案。乾隆四十三年（1778）館修，纂為條例，以便遵行。

**乾隆五十三年（1788）**

> 有服尊長姦卑幼之婦，本夫捉姦殺死姦夫，除犯時不知，及止毆傷者，均照律勿論外；其於姦所親獲姦夫、姦婦，登時殺死者，及非登時又非姦所，或已就拘執而殺者，皆照卑幼毆、故殺尊長本律擬罪。法司夾簽聲明，奉旨賴下九卿定擬，刑部會同九卿核議量從末減者，如係期親減為擬斬監候；功服減為杖一百、流三千里；若殺係緦麻尊長，亦仍照毆、故本律擬罪，法司於核擬時，夾簽聲明，量減為杖一百、流二千里。恭候欽定。

因乾隆二十一年（1756）與四十三年（1778）所定條例都是關於尊長姦卑幼之婦，仍照律擬罪，夾簽聲請之例，因此並作一條。同時為使法條更加明晰，援引更有依據，將本夫捉姦，殺死姦夫姦婦者，列為一條（條例3）；將本夫之父母殺姦，例得與本夫同論者，列為一條（條例7）。

**嘉慶六年（1801）**

> 本夫捉姦，殺死犯姦有服尊長之案，除犯姦不知，及止毆傷者，均照律勿論外；其於姦所親獲姦夫、姦婦，登時殺死者，或姦所而非登時，及非登時又非姦所，或已就拘執而殺，**如係期、功尊長**，皆照卑幼毆、故殺尊長本律擬罪。法司夾簽聲明，奉旨勒下九卿核

擬，量從末減者，期親減為擬斬監候，功服減為杖一百、流三千里。
若殺係本宗緦麻尊長，亦仍照毆、故本律擬罪。法司於核擬時，**隨
本聲明**，量減為杖一百、流二千里。恭候欽定。

按照之前制定的本夫捉姦殺死尊長的夾簽條例，減罪等級以服制遠近為斷。因
為之前條例內已將期親、功服俱准夾簽聲明，期親減為斬監侯，功服改為流三
千里。若殺死緦麻尊長則隨本聲明，減為流二千里，不需要再夾簽聲請，因此
將相關內容予以刪除。這進一步說明夾簽適用的只能是罪干斬絞的服制命案。

　　嘉慶十四年（1809）

本夫捉姦，殺死犯姦有服尊長之案，除犯姦不知，及止毆傷者，
均照律勿論外；其於姦所親獲姦夫、姦婦，登時殺死者，或姦所而
非登時，及非登時又非姦所，或已就拘執而殺，如係期、功尊長，
皆照卑幼毆故殺尊長本律擬罪。法司夾簽聲明，奉旨勅下九卿核擬，
量從末減者，期親，減為擬斬監候；功服，減為杖一百、流三千里；
若殺係**本宗緦麻及外姻功緦尊長**，亦仍照毆、故本律擬罪。法司於
核擬時，隨本聲明量減為杖一百、流二千里。恭候欽定。

因毆死外姻功緦尊長，與毆死本宗緦麻尊長罪同，故添入了「及外姻功緦尊
長」。

　　道光十四年（1834）

本夫捉姦，殺死犯姦有服尊長之案，除犯時不知，**依凡人一例
定擬**，及止毆傷者，仍予勿論外，若於姦所親獲姦夫姦婦，登時殺
死者，或姦所而非登時，及非登時又非姦所，或已就拘執而殺，如
係本宗期功尊長，均照卑幼毆故殺尊長本律擬罪，法司夾簽聲明。
奉旨敕下九卿核擬，量從末減者，期親減為擬斬監候，功服減為杖
一百、流三千里。若殺係本宗緦麻及外姻功緦尊長，亦仍照毆故本
律擬罪。法司於核擬時，隨本聲明量減為杖一百、流二千里。恭候
欽定。

根據律文規定本夫捉姦殺死姦夫例內，惟姦所、登時勿論，其非姦所、登時，
則有擬杖、擬徒、擬絞之分。至本夫捉姦殺死犯姦尊長之案，如果依原例一概
予以勿論，相較凡人罪名反輕，不足以昭平允。因此道光十四年（1834）七月，
刑部將「本夫捉姦殺死犯姦尊長」（條例 3）及「有服親屬捉姦殺死犯姦尊長」
（條例 4）二例內的「犯時不知及止毆傷者，均照律勿論」，俱改為：「犯時不

知，依凡人一例定擬。及止毆傷者，勿論」，以免參差。

### 條例 4
### 刑律・人命・殺死姦夫
### 乾隆二十一年（1756）

> 本夫、本婦之伯叔、兄弟及有服親屬，皆許捉姦。如有登時殺
> 死姦夫、姦婦者，並依夜無故入人家已就拘執而擅殺律科罪；傷者，
> 勿論。若非登時，以鬥殺論。但卑幼不得殺尊長，殺則依毆、故殺
> 尊長本律定擬。法司核擬時，按其情節夾簽請旨。尊長殺卑幼，照
> 服制輕重科罪。

條例 3 同條例 4，最初制定都在乾隆朝二十一年（1756）。條例 4 例文原係順治三年（1646）附於律文之後的注。雍正元年（1723）重修律例，將注語摘出以為例。其原文為：「本夫之兄弟，及有服親屬，或同居人，應捕人，皆許捉姦。其婦人之父母、伯叔、姑、兄姊、外祖父母，捕姦殺傷姦夫者，與本夫同。但卑幼不得殺尊長；犯，則依故殺伯叔母、姑、兄姊律科罪。尊長殺卑幼，照服制輕重科罪。」〔註67〕

乾隆五年（1740）館修，以本夫之兄弟及有服親屬固應皆許捉姦，至同居之人，則未必都屬同姓服親。若因其同居竟許捉姦，於情理未協，於是將例內「同居人」或「應捕人」刪去。另外，條例內關於本夫及有服親屬捉姦，如有殺傷者如何治罪沒有規定，所以於「皆許捉姦」下增撰：如有登時殺傷者，並依已就拘執而擅殺傷律；若非登時殺傷，依鬥殺傷論。

乾隆二十一年（1756）法司對例文內未明晰者數處，又進行了修纂：

原條例內所謂伯叔母、姑、兄姊者，指姦婦則不宜有「兄」字；指姦夫不宜有「伯叔母、姑、姊」字；兼姦夫、姦婦言，則尊長不止伯叔母、姑、兄姊而已。定例時將本夫親屬捉姦，擬定罪名時分別以拘執、鬥殺科斷；而於婦人之親屬捉姦，則云與本夫同，視同等親屬，但從服制角度婦與夫相去懸殊。因此刪繁就簡，改為「本夫、本婦之伯叔、兄弟及有服親屬」。

原例所謂婦人之父母、伯叔、姑、兄姊、外祖父母，捕姦殺傷姦夫者，與本夫同，若有並殺姦婦者，是「與本夫同」抑或依「尊長殺卑幼」律科罪存有疑問。若於與本夫同，則照律「勿論」，與下文「依尊長殺卑幼律科罪」句不

---

〔註67〕馬建石、楊育棠主編：《大清律例通考校注》，中國政法大學出版社 1992 年版，第 783 頁。

符；若依尊長殺卑幼條，又與本夫殺姦勿論之律有異。故一併改為「殺死姦夫、姦婦者」。同時原例上文中「殺傷姦夫者，與本夫同」與下文「犯，則依故殺伯叔母、姑、兄姊律科罪」定罪不一，故刪去「殺傷姦夫者，與本夫同」。

此外尊長犯姦，屬於斬候重辟之罪。法司認為既予卑幼以捉姦之權，自難禁其必不致傷。乾隆二十年（1755），刑部議覆原任蘇州巡撫莊有恭題，蔡通捉姦刃傷胞叔蔡奕凡一案，聲明傷者照律勿論，題准通行在案。故例內注明「傷則勿論」，以免牽混。

查捕姦而殺，有激於義忿有心殺之者，亦有姦夫拒捕格鬥邂近致死者。若卑幼因別事干犯尊長，尚有鬥殺、故殺之分，而捉姦致死，一概論以故殺，情罪不一。故將「卑幼不得殺尊長；犯，則依故殺伯叔母、姑、兄姊律科罪」改為「卑幼不得殺尊長；殺，則依毆、故殺尊長本律定擬」。

**乾隆五十三年（1788）**

> 本夫本婦之伯叔、兄弟及有服親屬，皆許捉姦。如有登時殺死姦夫及姦婦者，並依夜無故入人家已就拘執而擅殺律科罪，**杖一百、徒三年；傷者，勿論。非登時而殺，依擅殺罪人律，擬絞監候。若捕獲姦夫，或因他故致斃者，仍依謀、故論。如犯姦有據，姦夫逞兇拒捕，雖非登時，俱依罪人拒捕科斷。至卑幼不得殺尊長，殺，則依毆、故殺尊長本律定擬。法司核擬時，按其情節夾簽請旨。尊長殺卑幼，無論謀、故，悉按服制輕重，以鬥殺科罪。**

乾隆五十三年（1788）律例館根據已有的「本夫及有服親屬捉姦，已離姦所，非登時殺死」治罪之例與原條例進行了整理合併。將親屬捉姦，分別是否姦所登時殺死姦夫之處予以的不同處罰，在條例中予以清晰劃分說明。

**乾隆六十年（1795）**

乾隆六十年（1795），將「尊長殺卑幼，無論謀、故，悉按服制輕重，以鬥殺科罪。」分出，另為一條。

**嘉慶六年（1801）**

> 本夫本婦有服親屬捉姦，殺死犯姦尊長之案，除犯時不知，及止毆傷者，均照律勿論外，**如殺死本宗期功尊長，無論是否登時，皆照卑幼毆、故殺期功尊長本律擬罪。法司夾簽聲明，奉旨勑下九卿核擬，量從末減者，期親及本宗大功小功，均減為擬斬監候。若殺係本宗緦麻及外姻功緦尊長，亦仍照毆故殺本律擬罪，法司於核**

擬時，如係登時殺死者，亦夾簽聲明，奉旨勒下九卿核擬，減為杖
一百流三千里，若殺非登時，各依本律核擬，毋庸夾簽聲明。

嘉慶六年（1801），律例館將原條例內殺死常人，及殺死有服尊長分別治罪之
例予以分析，另列條例。原例稱「卑幼不得殺尊長；殺，則依毆、故殺尊長本
律定擬，夾簽請旨」，並未將服制詳悉聲敘，凡因捉姦殺死尊長者，如本宗期、
功、緦麻、外姻功、緦卑幼，俱得夾簽請旨，過於寬縱不足以懲淫凶而伸義忿。
刑部認為本宗期、功，罪干斬決，因情節甚輕，夾簽聲請例意改為斬候。至本
宗緦麻、外姻功、緦殺死有服尊長，本律即應斬候，如一概照例夾簽請旨量減
擬流，使得服輕卑幼因姦殺死尊長概免抵償，似無所區別。根據親屬捉姦殺死
常人，有登時、非登時之不同，擬罪有滿徒、絞候之各異，則殺死本宗緦麻、
外姻功緦尊長，也應該有登時、非登時的不同量刑，以示等差。至此，法律規
定中將親屬捉姦殺死姦夫治罪，擬以常人為一條，有服尊長為一條，有服卑幼
為一條，法條更為明晰。

道光十四年（1834）

本夫、本婦有服親屬捉姦，殺死犯姦尊長之案，除犯時不知，
**依凡人一例定擬**，及止毆傷者，仍予勿論外；如殺死本宗期、功尊
長，無論是否登時，皆照卑幼毆、故殺期、功尊長本律擬罪，法司
夾簽聲明，奉旨敕下九卿核擬，量從末減者，期親及本宗大功、小
功均減為擬斬監候。若殺係本宗緦麻及外姻功、緦尊長，亦仍照毆、
故殺本律擬罪。法司於核擬時，如係登時殺死者，亦夾簽聲明，奉
旨敕下九卿核擬，減為杖一百、流三千里。若殺非登時，各依本律
核擬，毋庸夾簽聲明。

此條例緣於道光十四年（1834）四川總督鄂山諮稱，殺死姦夫門內本夫、本婦
有服親屬捉姦，殺死犯姦尊長之案，原條例內稱「犯時不知者，照律勿論」，
認為雖然尊長名分攸關不可輕相干犯，但其既不自愛與服屬通姦，在捉姦之卑
幼實出意料之外，故因此而殺死尊長，如係犯時不知，即與凡人同論。查凡人
親屬〔註68〕捉姦，登時殺死姦夫，例應杖一百、徒三年，並無「勿論」之條。
原條例律內所稱「犯時不知，照律勿論」之語，是嘉慶六年（1801）仿照本夫

---

〔註68〕 即指無服親屬。在清代的司法實踐中，服製圖未標明的無服外親之間的殺傷
　　　　皆按常人相犯來處置。詳見魏道明：《秩序與情感的衝突：解讀清代的親屬相
　　　　犯案件》，中國社會科學出版社 2003 年，第 7～8 頁。

捉姦，殺死犯姦尊長之例添入。而凡人殺姦之案，只有本夫姦所、登時將姦夫殺死律得勿論，其親屬登時殺死姦夫，例應擬徒；如非登時，即應擬絞，並無「勿論」之例。且死係尊長究與凡人不同，縱因其犯時不知，尚非有心干犯，亦只可照凡人一例問擬。若輕易予以勿論，使得捉姦殺死尊長，較捉姦殺死凡人罪名反輕，不足以昭平允。因此於犯時不知下，增入「依凡人一例定擬」句。

咸豐二年（1852）

咸豐二年（1852），於本夫、本婦有服親屬句內，添一之字，即為「本夫、本婦之有服親屬」。

## 條例 5
### 刑律・鬥毆・毆期親尊長
### 乾隆四十一年（1776）

> 凡胞姪毆傷伯叔之案，審係父母被伯叔毆打垂斃，實係情切救護者，照律擬以杖一百、流二千里。刑部夾簽聲明，量減一等，奏請定奪。

此條繫乾隆四十一年（1776）十一月內，刑部議覆直隸總督周元理題唐縣民於添位等毆死胞兄於添金，於添金之子於瑞救父毆傷胞叔於添位一案。刑部以於瑞聞父被毆垂斃，用棍救護致傷伊叔，實屬救父情切，與尋常姪毆伯叔者不同，可量從末減。後經刑部另行定議，將於瑞改照姪毆傷伯叔傷者杖一百、流二千里上減一等，杖一百、徒三年，後皇帝奏准定例。乾隆四十三年（1778）館修入律。

### 嘉慶六年（1801）

> **期親卑幼毆傷伯叔等尊屬**，審係父母被伯叔、**父母、姑、外祖父母**毆打，情切救護者，照律擬以杖一百、流二千里，刑部夾簽聲明，量減一等，奏請定奪。

查毆傷期親尊長，罪應擬流，律指伯叔父母、姑及外祖父母數項。原條例內，僅列伯叔，有所遺漏。嘉慶六年（1801）於條例內增入「伯叔父母、姑及外祖父母」。

## 條例 6
### 刑律・人命・殺死姦夫
### 乾隆四十三年（1778）

> 凡姦夫自殺其夫，姦婦雖不知情，而當時喊救與事後即行首告，

將姦夫指拿到官，尚有不忍致死其夫之心者，仍照本律定擬。該督
撫於疏內聲明，法司核擬時夾籤請旨。

刑部辦理姦夫自殺其夫，姦婦雖不知情，而當時喊救與事後即行首告。將姦夫
指拿到官，不忍致死其夫之案，歷經遵照雍正三年（1725）原奉諭旨，聲明夾
籤，邀恩減等，辦理在案，乾隆四十三年（1778）恭纂入例，以便遵行。

### 條例 7
### 刑律・人命・殺死姦夫
### 乾隆五十三年（1788）

凡本夫、本婦之父母，如有捉姦殺死姦夫、姦婦者，其應擬罪
名，悉與本夫同科。倘死係有服尊長，仍按本律擬罪，亦照本夫之
例，一體夾籤聲明，分別遞減。

乾隆五十三年（1788），刑部查「殺死姦夫」門內律載「姦夫自殺其夫，姦婦
雖不知情，絞監候。」又例載「姦夫殺死夫之父母，以便往來者，姦婦雖不知
情，亦絞監候」等語，按此姦夫殺本夫及夫之父母處罰相同。是以本夫、本婦
之父母，如有捉姦殺死姦夫、姦婦，例得與本夫同論。又查乾隆二十二年（1757）
十月，浙江巡撫楊廷璋以本夫、本婦之父母，於姦所登時殺死姦夫，是否與本
夫一例擬罪之處諮請部示。刑部以本夫、本婦之父母若親見其女、其媳與人姦
淫，登時殺死，自應與本夫同置勿論，諮覆在案。因此將「本夫之父母殺姦，
例得與本夫同論者」明增入例。

### 嘉慶六年（1801）

凡本夫、本婦之**祖父母**、父母，如有捉姦，殺死姦夫者，其應
擬罪名，悉與本夫同科。**若止殺姦婦者，不必科以罪名。**倘被殺姦
夫係有服尊長，仍按本律擬罪，亦照本夫之例，一體夾籤聲明，分
別遞減。

嘉慶二年（1797），刑部核覆代辦四川總督刑部侍郎英善審題，周俸瀦姦拐李
世楷之女同逃，被李世楷拿獲，登時毆傷李二姐身死一案。地方督撫將李世楷
比照本夫杖八十例，擬以杖八十諮部核覆。後欽奉諭旨：「父母毆斃無辜子女，
予以杖罪，尚為慎重人命起見。今李二姐既係犯姦，即屬有罪之人。李世楷將
伊女毆斃，係出於義忿，尚有何罪？雖所擬杖罪，聲明遇赦援免，但究不應以
杖罪科斷。嗣後，遇有似此情節者，其父母竟不必科以罪名，並著刑部將此例

刪除，以昭平允。餘依議。欽此。」〔註69〕欽遵在案。於是條例內將「姦婦」二字刪除，並聲敘若止殺姦婦者，不必科以罪名，以免歧異。又查本夫之父母捉姦殺死姦婦，與本婦之父母捉姦殺死姦婦者，同係激於義忿，亦應毋庸科以罪名。又律稱父母者，祖父母同，於是並添入「祖父母」字樣。

### 條例 8
### 刑律·人命·殺死姦夫
### 乾隆五十六年（1791）

> 凡卑幼因圖姦有服親屬，被尊長忿激致死，審有確據，無論謀故，悉照擅殺罪人，各按服制於毆殺卑幼本律例上，減一等定擬。至為從、在場幫毆有傷之犯，除係死者有服卑幼，仍照卑幼不得殺尊長之例，依毆故殺尊長本律定擬，法司核擬時夾簽，請旨辦理外，其餘無論凡人尊長，概照鬥殺餘人律定擬。

此條繫乾隆五十年（1785）三月內，四川總督保寧諮曹履潔因大功服弟曹富潔圖姦伊媳杜氏未成，怒將致斃。後刑部將曹履潔審依罪人已就拘執而擅殺，以鬥殺論，依律擬流。又據安徽巡撫書麟題楊心悅因胞弟楊永振圖姦大功嬸嬸祝氏未成，一時忿激將其毆砍斃命。刑部將楊心悅審依故殺胞弟律，擬絞監候。以上二案，皆係尊長因卑幼圖姦起釁有心致死，而一則以擅殺定擬，一則照服制科罪，辦理殊未畫一。後乾隆五十六年（1791）刑部以卑幼圖姦有服親屬瀆倫傷化。尊長一時激忿因而殺斃，若仍照尋常謀、故一律全科，有違教化之義，因此請旨議定：嗣後凡卑幼圖姦有服親屬，被尊長忿激致死，審有確據，無論謀、故，悉照擅殺，以鬥殺律各按服制定擬。

### 條例 9
### 刑律·人命·毆祖父母父母
### 嘉慶五年（1800）

> 子孫過失殺祖父母、父母之案，定案時仍照本例問擬絞決。法司覈其情節，凡彈射禽獸、投擲磚瓦，除耳目所可及者毋庸夾簽聲明外，如投擲隔於牆壁，彈射障於林木，以及駕船、乘馬、升高、舉重，實係力不能施、勢難自主，與耳目不及、思慮不到之律注相

〔註69〕《大清律例根原》卷76《刑律·人命·殺死姦夫》，郭成偉編，國家清史編纂委員會文獻叢刊，上海辭書出版社2012年版，第1214頁。

符者，准將可原情節，照服制情輕之例，夾簽聲明，恭候欽定。如
蒙聖恩准其減等，再減為杖一百、流三千里。至妻、妾過失殺夫，
奴、婢過失殺家長，亦照此例辦理。

過失殺人律注云：「過失惟耳目所不及、思慮所不到。如彈射禽獸、因事投擲
磚瓦不期而殺人；或因升高陟險，足有蹉跌，累及同伴；或駕船駛風，乘馬驚
走，馳車下坡，勢不能止；或共舉重物，力不能制。凡初無害人之意而偶致殺
人者，皆準鬥殺罪依律收贖」〔註70〕等語。因此向來刑部辦理過失殺人之案，
俱以律注為斷。平人律得收贖，而子孫之於父祖固較平人為重，則律應滿流。
嘉慶五年（1800），刑部認為究係倫理所關，所以將過失情形再為詳加區別。
彈射禽獸、投擲磚瓦二項，本係可以殺傷人之物，又出自其人之手，其事究能
自主。如在平人尚可原情寬貸，若因而戕及祖父母、父母，即使出於無心，作
為子孫也無顏偷生視息於人世。如乾隆二十八年（1763），山西民人鄭凌黑夜
放槍捕賊，誤傷伊母身死，終擬以絞決，著為定例。故條例中規定「耳目所可
及者，毋庸夾簽聲明」。

　　嘉慶四年（1799），直隸民婦張周氏用信石拌飯毒鼠，致伊夫誤食身死一
案，刑部以其究係出於無心擬以絞決，夾簽請旨將該氏改照本律滿流，並請將
子孫過失殺祖父母、父母，妾與奴婢過失殺家長，均照舊律夾簽辦理，奏准通
行。嘉慶五年（1800）崔三與伊父對面鋸解木板，木身搖動兼因風勢吹猛，將
支架小木猝然滑脫，致大木倒壓伊父身上，受傷身死。刑部認為核與律注，耳
目不及、思慮不到之義正相符合，照例擬絞立決，將該犯情可矜憫之處夾簽聲
請，奉旨准其減為杖一百、流三千里，欽遵在案。至妻之於夫、妾與奴婢之於
家長，亦即照此一律辦理，嘉慶五年（1800）纂輯為例，以便遵行。

　　**嘉慶十一年（1806）**

　　　　子孫過失殺祖父母、父母之案，定案時仍照本例問擬絞決。法
　　司覈其情節，實係耳目所不及，思慮所不到，與律注相符者，准將
　　可原情節，照服制情輕之例，夾簽聲明，恭候欽定，**改為擬絞監候。**
　　至妻、妾過失殺夫，奴、婢過失殺家長，亦照此例辦理。

嘉慶十一年（1806），刑部認為過失殺人，非意料所及，在平人律得收贖。至
子孫之於父祖，殺出無心，究由防備不謹所致，是以定例改擬絞決，其情可矜

─────────────────

〔註70〕《大清律例》卷26《刑律・人命・戲殺誤殺過失殺傷人》，田濤、鄭秦點校，
　　　　法律出版社1999年版，第433頁。

憫者，仍准夾簽聲明。但倫紀攸關，若因殺由過失，遽得聲請減流亦屬寬縱；若婦女照律收贖，竟得脫然無罪，未為允協。且與服制情輕之案夾簽聲請，由立決改為監候者，亦覺辦理參差。於是刑部奏請將例內聲請減流之處，改為擬絞監候。其妻妾過失殺夫，奴婢過失殺家長，亦照此辦理。

道光六年（1826）

此條原載「毆祖父母父母」門內，道光六年（1826）移附「戲殺誤殺過失殺傷人」門。

### 刑律・人命・戲殺誤殺過失殺傷人
道光二十三年（1843）

> 子孫過失殺祖父母、父母，**及子孫之婦過失殺夫之祖父母、父母**，定案時仍照本例問擬絞決。法司覈其情節，實係耳目所不及、思慮所不到，與律注相符者，准將可原情節，照服制情輕之例，夾簽聲明，恭候欽定，改為擬絞監候。至妻妾過失殺夫，奴、婢過失殺家長，亦照此例辦理。

道光二十三年（1843）六月，刑部核覆廣西巡撫周之琦諮隆安縣民婦乃陳氏用砒拌飯毒鼠，致其姑乃潘氏誤食身死一案。此案地方巡撫提出：子孫過失殺祖父母、父母及妻過失殺夫之祖父母、父母，過去律均滿流。而嘉慶十一年（1806）子孫過失殺祖父母、父母定例已改為擬絞決，其妻過失殺夫及妾與奴婢過失殺家長，亦均照子孫例一體改為絞決。惟妻過失殺夫之祖父母、父母，乃止定律滿流，例內並未一併議及，諮部核示。刑部核擬後認為子孫之婦名分與子孫並重，於夫之祖父母、父母有犯應悉照子孫辦理。至子孫之婦過失殺夫之祖父母、父母，雖定律罪止擬流，例內並無絞決明文。惟誤殺、誤傷祖父母父母，並有犯姦盜致祖父母、父母戕生被害，以及罪犯應死，謀殺人事情敗露，暨違犯教令，致令自盡各條，子孫之婦悉與子孫同科，則過失殺一條亦當劃一辦理。此案應即照子孫過失殺例，問擬絞決，夾簽聲請，最終此案以乃陳氏在監病故改諮完結。刑部將子孫之婦過失殺夫之祖父母、父母，於例內添纂明晰，以諮引用。

### 條例 10
### 刑律・人命・殺死姦夫
嘉慶六年（1801）

> 有服尊長強姦卑幼之婦未成，被本夫、本婦忿激致斃，係本宗

期、功卑幼罪應斬決者，無論登時、事後，均照毆死尊長情輕之例，夾簽聲明。如係本宗緦麻、外姻功、緦卑幼，除事後毆斃，仍照毆、故殺尊長本律問擬斬候外；若登時忿激致斃，定案時依律問擬，法司核擬，隨案減為杖一百、流三千里。

嘉慶五年（1800）四川總督保勒審題周新兆強姦緦麻侄婦劉氏未成，被本夫周開儒捉拿毆傷身死一案。該督撫稱尊長與緦麻以上親之妻通姦，例應充軍。今周新兆強姦周開儒之妻劉氏未成，服屬緦麻，按例亦應充軍。雖罪名相等，而周開儒殺由義忿，亦與殺姦事同一致。平人殺死強姦未成之罪人，擬罪既經從寬，則殺死強姦未成之尊長，衡情而論，似亦得在聲明之列，諮部核示。

刑部議稱，查毆死有服尊長情輕之案，覈其所犯情節實可矜憫者，例得夾簽聲明改擬斬候，此專指服屬期、功罪干斬決者而言。至緦麻卑幼毆死尊長情輕之案，因罪止斬候，即不在夾簽之列。而殺姦條內，本夫因捉姦殺死姦夫，如殺係緦麻尊長例得隨案聲請，減為流二千里。其緦麻尊長強姦卑幼之婦未成，致被卑幼殺死，例內亦向無聲明減等之條。法律中謂已成姦者為姦夫，未成姦者為罪人，今周新兆強姦緦麻侄婦未成固屬瀆倫傷化，終究未便與和姦已成本夫殺死緦麻尊長之案同科，流二千里。但周開儒屬登時瞥見義忿致斃，在平人登時毆死強姦未成罪人例應杖一百、徒三年；如期、功尊長強姦卑幼之婦未成，如被期、功卑幼忿激致斃罪應斬決者，即得按毆死尊長情輕之例夾簽聲明，改擬斬候。而本宗緦麻及外姻功、緦卑幼，如有登時忿激致斃強姦未成之尊長，因本律止係斬候，而不得聲請量減，殊未平允。因此刑部奏請嗣後凡尊長姦卑幼之婦未成，除事後被卑幼毆死者，仍照律例分別定擬外。其本夫及本婦登時忿激致斃，凡本宗緦麻外姻功、緦卑幼，按律罪應斬候者，法司於核擬時，隨案聲請，量減為杖一百、流三千里，纂輯為例，以便遵行。

又查毆死尊長，分別事後、登時斟酌問擬，係專指本宗緦麻、外姻功、緦卑幼，律應斬候者而言。若本宗期、功卑幼毆死尊長，罪干斬決者，查係情輕之案，向來辦理俱不論事後、登時，並准夾簽聲明，改為斬候。所以例內明確「無論登時、事後」。

條例 11

刑律・鬥毆・毆期親尊長

嘉慶六年（1801）

期親弟妹毆死兄姊之案，如死者淫惡滅倫，復毆詈父母，經父

母喝令毆斃者,定案時仍照律擬罪。法司核擬時,照王仲貴之案,隨本改擬杖一百、流三千里,請旨定奪。其毆斃罪犯應死兄姊,與王仲貴案內情節未符者,仍照毆死尊長情輕之例,照律擬罪,夾簽聲明,不得濫引此例。

嘉慶五年(1800),刑部題覆直隸總督胡季堂審題王仲貴聽從伊父王尚才主使,毆傷胞兄王仲香身死一案。此案刑部依期親弟妹毆死兄姊情節輕者,定擬斬決,夾簽聲明。而皇帝認為此案案情特殊,王仲香淫兇殘忍,調戲伊弟妻張氏欲圖強姦已屬亂倫傷化,迨經伊父王尚才斥詈不服將其揪倒欲毆,尤屬目無倫紀。王仲貴曾代為央求尚有不忍致死其兄之心,究因王尚才不允,王仲貴始用石毆傷王仲香致斃,迴非逞兇干犯,因此發下諭旨認為刑部照原題依弟毆兄本律擬斬立決,殊失情理之平,且與維持風化之義未協。命將所有王仲貴一犯,著即改為杖一百、流三千里,不必再交九卿核議。且嗣後,遇有此等死者自犯蔑倫之案,著刑部核議奏明請旨。根據嘉慶帝批示,刑部將已、未入秋審服制案內,凡毆斃罪犯應死尊長之劉元書等五十一起案件開單進呈,奏請減等。後將與王仲貴之案相同,緩決十一次之劉元書及緩決八次至二次不等之易紹蘭、賴瑞瓏、林太翊、張潮、岳自強、孟加奇、冀國海、王爾景、黎南山、康珍、耿煊、宋登舉、韓浩修、餘名高、韓遇盛等共十六犯,俱著准其減等。其陳義等三十四起,及未入秋審之令狐開保一起均著交刑部,俟秋審兩次免勾,改入緩決二三次後,再行請旨減等。

但同時,刑部慮及此等服制命案,其死者實係忤親不孝,或淫亂蔑倫,罪犯應死。雖以倫紀攸關,仍將該犯按律問擬不足以昭平允。但人心詐偽多端,倘干犯兄長之人,因其兄本犯應死之罪概與減等,或有父母愛憐少子,遇傷斃兄長之案,裝點情節,誘罪於已死之兄,以保全其逞兇少之弟,亦不可不防微杜漸。因此嘉慶六年(1801)刑部將與王仲貴案內情節未符者之案,「仍照毆死尊長情輕之例照律擬罪,夾簽聲明,不得濫引此例」,一併纂輯入例。

## 條例 12
### 刑律・鬥毆・毆大功以下尊長
### 嘉慶六年(1801)

凡聽從下手毆本宗小功、大功兄姊及尊屬至死者,審係迫於尊長威嚇,勉從下手,避迟至死者,照威力主使律,為從減等擬流。

若尊長僅令毆打,而輒行迭毆、多傷至死者,將下手之犯擬斬監候。

　　　　至聽從下手毆死期親尊長、尊屬之案，仍擬斬立決，夾簽聲請。其
　　　　聽從下手毆死緦麻尊長、尊屬之案，依律減等擬流。

乾隆十一年（1746）刑部奏稱：威力主使，毆死凡人，將主使之人為首，絞候；
聽從下手之人為從，減等擬流。若毆死期親胞兄，則不分首、從，俱擬斬決。
至毆死大功兄一條，自應分別首、從，但究係服制攸關未便依照凡人例為從，
一體擬流，使毆死功服尊長與毆死凡人毫無區別，殊未平允。因此奏定條例：
「凡聽從下手毆本宗小功、大功兄姊及尊屬至死者，除實係迫於尊長威嚇勉從
下手、邂逅至死者，仍照律減等科晰外，若尊長僅令毆打，而輒行迭毆、多傷
致死者，將下手之犯擬斬監候。」

　　嘉慶六年（1801），查例內「照律減等科斷」句，係指「照威力主使律，
為從減等」而言，恐未經明晰援引致歧誤，予以明確增改。又增入「聽從下手
毆死期親尊長者，仍擬斬立決，夾簽聲請」和「聽從毆死緦麻尊長、尊屬者，
仍照律減等擬流」的內容，以便引用。

　　**嘉慶十一年**（1806）

　　　　凡聽從下手毆本宗小功、大功兄姊及尊屬至死者，**除主使之尊
　　　長仍各按服制以為首科斷外**，**下手之犯**，審係迫於尊長威嚇勉從下
　　　手、邂逅至死者，照威力主使律，為從減等擬流。若尊長僅令毆打，
　　　輒行疊毆，多傷至死者，將下手之犯擬斬監候。至聽從下手毆死期
　　　親尊長、尊屬之案，仍擬斬立決，夾簽聲請。其聽從下手毆死緦麻
　　　尊長、尊屬之案，依律減等擬流。

此條於乾隆十一年（1746）定例時，例內並未有「聲敘主使」之文，各省辦理
有按服制將主使之人以為首科斷者，亦有照餘人定擬者，辦理殊未畫一。刑部
認為將聽從下手之卑幼，既以為從定擬，則主使之尊長，自應各按服制，仍以
為首論。因此，例內添入「主使之尊長，仍各按服制以為首科斷」之語，以資
引用。

　　**刑律・鬥毆・毆期親尊長**
　　**道光四年**（1824）

　　　　期親卑幼聽從尊長，共毆期親尊長、尊屬致死，若主使之尊長
　　　亦係死者之期親卑幼，如聽從其父共毆胞伯，及聽從次兄共毆長兄
　　　致死之類。律應不分首、從者，各依本律問擬。覈其情節，實可矜
　　　憫者，仍援例夾簽聲請。其聽從尊長主使，勉從下手共毆，以次期

親尊長致死，如聽從胞伯共毆胞叔，及聽從長兄共毆次兄致死之類。係尊長下手傷重致死，卑幼幫毆傷輕，或兩卑幼聽從尊長主使共毆，內一卑幼傷重致死，一卑幼傷輕，或內有凡人聽從幫毆，係凡人下手傷重致死，承審官悉心研訊，或取有生供，或供證確鑿，除下手傷重致死之犯，各照本律、本例分別問擬外，下手傷輕之卑幼，依律止科傷罪。如係刃傷折肢，仍依律例分別問擬絞決、絞候，不得以主使為從再行減等。

道光四年（1824）十二月二十日，因御史萬方雍奏稱刑部審擬文元毆死胞侄伊克唐阿一案內引律失當，皇帝派托律等查核，後奏稱訊明伊克唐阿致死之由係胞伯文元毆傷所致，伊弟奇里繃阿實止聽從幫毆有傷，應將奇里繃阿照毆傷期親尊長本律擬徒。刑部照致死胞兄律擬以斬決，仍照聽從下手之例夾簽聲明，係屬錯誤。著刑部將奇里繃阿照毆傷期親尊長本律改為杖一百、徒三年，係旗人，照例折枷鞭責發落。經刑部核覆，聽從尊長共毆期親尊長案內，下手傷輕之卑幼，止科傷罪，係乾隆四十五年通行，未經纂入例冊，以致辦理參差，奏請纂定條例，以資引用。同時刑部聲明，此等聽從尊長共毆尊長、尊屬致死之案，若非取有生供或供證確鑿，恐啟諉卸之弊，應於例內添敘明晰，以防其漸，因此合併陳明。實際上是將嘉慶十一年（1806）條例中毆死期親尊長、尊屬的內容在「毆期親尊長」門內單獨制定了條例。

道光十四年（1834）

期親卑幼聽從尊長主使，共毆以次尊長、尊屬致死之案，無論下手輕重，悉照本律問擬斬決。法司核擬時，夾簽聲請，恭候欽定。不得將下手傷輕之犯，止科傷罪。

道光十四年（1834）二月內，江西道監察御史俞焜奏以申明律義以重倫紀上書，請將「聽從尊長毆死期親尊長之案，仍遵不分首、從本律，照例夾簽聲請」。〔註71〕刑部支持了該意見，認為卑幼共毆期親尊長至死，按律無論傷之輕重，均應問擬騈首。至聽從尊長共毆以次尊長，律內雖未指明，然以《名例律》所載「共犯罪而首、從，本罪各別，各依本律首、從論」之意推之，自應將主使之尊長，依毆死卑幼各本律論；聽從共毆之卑幼，依毆死期親尊長不分首、從本律論。期親卑幼共毆尊長致死，按律原應不分首、從皆斬，嗣因聽從尊長主

---

〔註71〕《大清律例根原》卷87《刑律・人命・毆期親尊長》，郭成偉編，國家清史編纂委員會文獻叢刊，上海辭書出版社2012年版，第1405頁。

使共毆，較之尋常共毆之案微有區別，始於定律之外，另立下手傷輕，止科傷罪之條，已屬衡情酌定。惟是卑幼之於尊長服制攸關，一經毆傷，即於按律治罪，況於幫毆有傷之後，復目擊尊長被毆致死，其情較之僅止毆傷者情節更重。如若因其幫毆傷輕，遂與僅止毆傷並未致死者一律同科，誠不足以示區別。況人心變幻多端，條例愈繁則趨避愈巧。恐有子侄與弟毆死胞叔、胞兄，其父母、伯叔、胞兄必有出而承認主使，以脫其子侄與弟之罪者，不可不防微杜漸。自應仍照定律辦理，較為允當。因此奏請另纂專條，並將道光四年（1824）所定條例刪除，以免淆混。

### 刑律·鬥毆·毆大功以下尊長

### 咸豐七年（1857）

> 凡聽從下手毆本宗小功大功兄姊，及尊屬至死者，除主使之尊長，仍各按服制以為首科斷外，下手之犯係迫於尊長威嚇，勉從下手，邂逅至死者，照威力主使律，為從減等擬流。若尊長僅令毆打，輒行疊毆，多傷至死者，下手之犯擬斬監候，其聽從下手毆死緦麻尊長、尊屬之案，依律減等擬流。

### 刑律·鬥毆·毆期親尊長

### 咸豐七年（1857）

> 期親卑幼聽從尊長主使，共毆以次尊長、尊屬致死之案，**訊係迫於尊長威嚇勉從下手，邂逅致死者**，仍照本律問擬斬決。法司核擬時，夾簽聲請，恭候欽定。不得將下手傷輕之犯，止科傷罪。**如尊長僅令毆打，輒行疊毆、多傷至死者，即照本律問擬，不准聲請。**

咸豐七年（1857），將「毆大功以下尊長」門聽從下手條內摘出聽從毆死期尊等語別行修改，對「毆大功以下尊長」和「毆期親尊長」內的兩則條例都進行了整理修纂。

「毆期親尊長」門內條例是根據咸豐七年御史王德固奏請，聽從尊長主使，毆死期親尊長、尊屬，如係迫於尊長威嚇勉從下手邂逅致死者仍准夾簽；若尊長僅令毆打輒行疊毆多傷致死者不准聲請，即照本律問擬。刑部為扶植倫常起見，對原條例進行了改纂。

### 同治九年（1870）

原例保留改定。

## 條例 13
### 刑律・人命・殺死姦夫
道光十三年（1808）

> 有服尊長強姦卑幼之婦未成，被本夫、本婦有服親屬登時忿激
> 致斃，係緦麻卑幼，定案時依律問擬，法司核擬，夾簽聲明，奉旨
> 勒下九卿核擬，減為杖一百發近邊充軍。若殺非登時，仍照毆、故
> 殺本律問擬，毋庸聲請。如係期、功卑幼，無論是否登時，各按服
> 制擬罪，夾簽聲明，奉旨勒下九卿核擬，減為擬斬監候。

此條繫嘉慶十三年（1808）九月內署廣東巡撫吳熊光題惠來縣民吳阿堂，因侄
女吳阿娥被緦麻服兄吳耀川強姦未成，致傷吳耀川身死一案，該撫將吳阿堂依
毆本宗緦麻尊長至死律擬斬監候，援引殺死和姦已成緦麻尊長聲請減流之例，
諮候部議。後經刑部酌議，有服親屬殺死和姦已成之緦麻尊長係照本夫減二等
問擬，則殺死強姦未成之緦麻尊長，亦應照本夫殺死之罪減二等。經九卿定擬，
將吳阿堂減為杖一百，發近邊充軍，纂輯為例，以便引用。再查期、功卑幼殺
死強姦未成之尊長，亦例無明文，所以將期、功卑幼，無論是否登時，各按服
制擬罪，夾簽聲明，奉旨賴下九卿核擬，均減為擬斬監候。一併添纂明晰，以
便遵辦。

## 條例 14
### 刑律・人命・戲殺誤殺過失殺傷人
道光二十五年（1845）

> 因瘋致斃期功尊長、尊屬一命，或尊長、尊屬一家二命內一命
> 係兇犯有服卑幼，律不應抵，或於致斃尊長、尊屬之外，復另斃平
> 人一命及二命非一家者，俱仍按致死期功尊長、尊屬本律問擬，准
> 其比引情輕之例，夾簽聲請，候旨定奪。若致斃期功尊長、尊屬一
> 家二命，或二命非一家但均屬期功尊長、尊屬。或一家二命內一命
> 分屬卑幼而罪應絞抵，或於致斃尊長、尊屬之外，復另斃旁人一家
> 二命及三命而非一家者，俱即按律擬斬立決，不准夾簽聲請。

道光二十五年（1845）四月，刑部議覆原任陝甘總督富呢揚阿題報，秦安縣民
李進朱因瘋致死胞兄李朱糞兒、親嫂秦氏、伊妻劉氏，並毆傷胞侄李習兒平復
一案。該督以此案三死一傷且內有尊長一命，情節較重，將該犯擬以斬決，毋

庸夾簽聲請，諮部核示。後經刑部詳查歷年成案，因瘋致斃尊長、尊屬者，皆原其瘋發無知，與有心干犯不同，俱比照情輕之例，夾簽聲請。即使其致斃尊長之外，另有殺死旁人者，亦因致斃旁人係屬輕罪，仍從重依毆死尊長本律擬斬夾簽，並無另有加重明文。惟查定例因瘋殺死平人一命始終瘋迷者，只照過失殺人律收贖，永遠鎖錮。其到案驗係瘋迷、複審供吐明晰者，即應照鬥殺擬抵。至連斃二命以上，及殺死一家二命並一家三命以上，則又擬以斬、絞監候，秋審俱入情實。是殺死平人之案，尚以致斃人數較多遞加治罪，而致斃有服尊長之案，因例無明文轉致無所限制，殊不足以昭平允。今該犯李進朱因瘋連斃三命，若因其兄妻秦氏及伊妻劉氏二命，均罪止擬絞，從重依毆死胞兄律問擬斬決，仍准其比例聲請，邀恩量減，似覺無所區別。該督請將該犯按律斬決，毋庸夾簽聲請，衡情論罪，尚屬允當。後將李進朱一犯，應依弟毆胞兄死者斬律，擬斬立決，毋庸夾簽聲請，纂輯為例，以資引用。

**咸豐八年（1858）**

> 因瘋致斃期功尊長、尊屬一命，或尊長、尊屬一家二命內一命係兇犯有服卑幼，律不應抵，或於致斃尊長、尊屬之外，復另斃平人一命，俱仍按致死期功尊長、尊屬本律問擬，准其比引輕重之例，夾簽聲請，候旨定奪。若致斃期功尊長、尊屬一家二命，或二命非一家但均屬期功尊長、尊屬，或一家二命內一命分屬卑幼而罪應絞抵，或於致斃尊長、尊屬之外，**復另斃平人二命，無論是否一家，**俱按律擬斬立決，不准夾簽聲請。

咸豐八年（1858），刑部認為向來因瘋連斃人命案犯，係平人非一家二命者，俱擬絞監候，入於情實。而致斃期功尊長尊屬一命，另斃平人一命者，則援服制之例擬斬，夾簽聲請，殊不平允。如果連斃三命，內有期功尊長尊屬一命者，亦可援引服制之例夾簽，更覺寬縱。因此刑部題請，嗣後此項人犯，除連殺平人非一家三命，或一家二命者，仍照例入於情實；致斃服制一命，復另斃平人一命者，仍照例夾簽聲請；其餘所有因瘋致斃平人非一家二命之犯，著改入緩決辦理，以昭畫一而示持平。其致斃期功尊長尊屬一命，另斃平人二命之犯，無論是否一家，俱著按律擬斬立決，毋庸夾簽聲請，以重人命。

**同治九年（1870）**

原例保留改定。

### 條例 15
### 刑律‧人命‧戲殺誤殺過失殺傷人
咸豐二年（1852）

> 凡婦人毆傷本夫致死，罪干斬決之案，審係瘋發無知，或係誤傷及情有可憫者，該督、撫按律例定擬，於案內將並非有心干犯各情節，分析敘明，法司會同核覆，援引嘉慶十一年段李氏案內所奉諭旨具題，仍照本條擬罪，毋庸夾簽，內閣核明，於本內夾敘說帖，票擬九卿議奏，及依議斬決雙簽進呈，恭候欽定。

嘉慶十一年（1806）刑部題覆奉天省民婦段李氏曾因瘋毆傷伊夫段廷儒致斃一案，刑部以妻之於夫服屬三年，其因瘋毆死及誤殺可矜者均按本律定擬，概不夾簽，將該氏問擬斬決。而皇帝認為似此平素並無凌犯，實係一時瘋發毆夫致斃者，究屬一線可原。命嗣後遇有此等婦人因瘋致斃本夫之案，刑部仍按本律定擬具題。著內閣核明於本內夾敘說帖，票擬九卿議奏及依議斬決雙簽進呈。咸豐二年（1852）恭纂為例，實際是規定了刑部不予夾簽，內閣票擬雙簽的特殊夾簽程序。

### 條例 16
### 刑律‧鬥毆‧毆大功以下尊長
咸豐七年（1857）

> 致死期、功尊長尊屬，除與他人鬥毆誤傷致斃，或被尊長揪扭，刀械交加，身受多傷，無處躲避，實係徒手抵格，適傷致斃，或死者罪犯應死及淫惡滅倫，並救親情切各項情節，仍准夾簽外。其餘持械抵格，情同互鬥，概從本律，問擬斬決，不得以被毆抵格、奪刀自戳等詞，曲為開脫，夾簽聲請。

咸豐七年（1857）御史王德固因服制案內捏改供情，強案就例，屢禁不止，奏請將毆死期、功尊長夾簽之案分別辦理，建議嗣後致死功服尊長，若係情輕並非有心干犯仍準照例夾簽；其致死期親尊長尊屬，除與他人鬥毆誤傷致斃，或死者淫惡蔑倫毆由義憤，及救親情切實係事在危急各項情節仍准夾簽外，其餘如被毆抵格奪刀自戳等案一概不准夾簽聲請。刑部議覆認為期親與功服擬罪本有輕重，如故殺之案功服罪止斬決，期親則罪至凌遲。而情節可矜夾簽聲請一條必以情節之輕重為斷，不應以期功之服制為衡，該御史請以期功服制為夾簽不夾簽之分，似未允協。為此刑部制定了致死期、功尊長尊屬得以夾簽的具

體情節限制，條例規定外的其餘持械抵格情同互毆者，一概從本律問擬斬決，不得以被毆抵格奪刀自戳等詞曲為開脫，夾簽聲請。

同治九年（1870）

原例保留擬定。

**條例 17**

**刑律・鬥毆・毆大功以下尊長**

咸豐八年（1858）

> 致斃平人一命，復致斃期功尊長、尊屬之案，除另斃之命，律不應抵，或例得隨本減流，並誤殺、擅殺、戲殺、毆死妻及卑幼，暨秋審應入可矜等項，及例內指明被殺之尊屬、尊長，罪犯應死，淫惡滅倫，並救親情切，聽從尊長主使毆斃，仍按服制擬罪，准將可原情節，夾簽聲請外，其餘另犯謀、故、鬥殺，復致斃期功尊屬、尊長，雖係誤殺情輕，亦不准夾簽聲請，以重倫常。

此條繫咸豐八年（1858），刑部核覆四川總督宗室有鳳題准定例。薛允升《讀例存疑》中注此例為致斃尊長應准夾簽之犯，復另斃旁人一命而設，與因瘋殺斃尊長一條參看。

同治九年（1870）

原例保留擬定。

**條例 18**

**刑律・鬥毆・毆大功以下尊長**

咸豐九年（1859）

> 卑幼毆死本宗功服尊長、尊屬之案，於敘案後毋庸添入詰非有心致死句，專用「實屬有心干犯」勘語，以免牽混。其例內載明情輕，如「被毆抵格，無心適傷」之類，仍於勘語內聲明「並非有心干犯」，以便分別夾簽。

此條繫咸豐九年（1859），刑部具題甘肅狄道州民人楊同居兒等共毆降服胞兄楊梅身死一案。該案楊同居兒係楊梅降服大功胞弟，該犯當伊兄撳按之時，輒用木車輻條上向冒毆，已屬互鬥，並非耳目所不及，與誤傷致斃者迥異。該犯被毆時並不懇求掙避，一經動手還毆，即屬有心干犯，至原奏內所稱詰非有心致死，係專指非故殺而言。因該省原題勘語前後兩歧，刑部奏請嗣後各省題本

務將勘語分別敘明，以免牽混。楊同居兒仍照刑部原議，著即處斬，欽奉論旨，恭纂為例。

同治九年（1870）

原例保留定擬。

值得說明的是以上所整理出的是目前可考的清末夾簽條例。實際當中的夾簽條例數量可能不止於此，因為從乾隆朝夾簽條例的訂立之後歷經纂修、移改、刪並等，其變化情況比較複雜。縱觀以上條例在各朝的編纂情況，我們可以看出清代夾簽條例在立法修纂過程中的一般特徵：

首先，條例多為因案生例，在司法實踐中對條例不斷進行完善，內容更為具體詳備，更加明確嚴謹具有針對性，體現了高度的立法水平。如條例 1 的修訂，從乾隆朝初制定時內容相對籠統，只談及「毆死有服尊長情輕之案」。至嘉慶朝修纂時進一步明確了夾簽制度所針對的特定案件——「本宗期功尊長罪關斬決之案」，同時還將毆死緦麻尊長等毋庸夾簽但可隨本聲請量減的特殊情形列於條例。至道光朝修訂時則更為具體的將何謂「情輕」情節於例內添注「如卑幼實係被毆，情急抵格，無心適傷致斃之類」，並要求將「並非有心干犯」或「有心干犯」必須於案內明確敘明，便於明晰審斷。再如，在殺死姦夫門內的條例3、條例 4 和條例 7 實際上分別規定了針對捉姦殺死有服尊長案內本夫，本夫本婦之伯叔、兄弟及有服親屬，以及本夫之父母三類特定人群的夾簽條例。條例 10 和條例 13 實際上是針對有服尊長強姦卑幼之婦未成案內，被本夫本婦，及本夫本婦有服親屬，登時、及非登時忿激致斃時的不同處置予以具體規定，使其更為明晰便於斷案引用。

其次，條例相對律文更富於靈活變通，條例內容在不斷的修改、移并、移改、續纂、刪除的過程中，也在不斷的刪繁就簡更為概括精練，在司法中更具指導性和可操作性。如條例 2 因弟、妹誤傷兄、姊之案例而上升為條例，定例之時就將同類型的案件情形一併概況在內擬為「卑幼誤傷尊長」，使其在司法中具有更為廣泛的適用性。條例 3 在乾隆五十三年（1788）修訂時將之前的夾簽條例和夾簽後如何減等的條例合併為一條，形成為更為完整明晰的條文。在條例 3 和條例 4 中，靈活地對登時、非登時、姦所、非姦所等不同情況進行比對，予以相應的不同處罰，形成了對律文的有益補充和輔助。條例 9 原定於「毆祖父母父母」門下，嘉慶年間修訂時參照過失殺人律注將條例內容進行了

精簡，後於道光年間將其並歸於「戲殺誤殺過失殺人」門下，歸置更為合理，便於引用，如此種種隨處可見。

再次，夾簽制度本就針對服制命案，在定罪及量刑中都充分體現以服制為斷的顯著特徵，是服制立法的典型表現。首先在定罪時，《大清律例》在《刑律·鬥毆》內依照服制專門闢出「毆大功以下尊長」和「毆期親尊長」兩律門，在具體夾簽條例修訂過程中，法司也會注意將兩律門的條例進行分析。如嘉慶年間制訂條例 12 時包含了聽從下手毆死功服、期親尊長及緦麻尊長的內容，咸豐年間修訂時將聽從下手毆死期親尊長的內容摘出，歸於「毆期親尊長」門內另行修改。不過，實際上在「毆大功以下尊長」門內的條例 1、條例 16、條例 17 中仍然涵括了毆期親尊長的內容。其次在量刑中，更嚴格以服制為斷，如條例 3、條例 4、條例 10、條例 13 的規定裏，分別按照期親、功服、本宗緦麻、外姻功緦等服制明確規定了夾簽之後的不同減等處罰，其處罰是依據「服制逾近，處罰愈重；服制愈遠，減等愈多」的原則，按照服制分別遞減。

### 三、夾簽條例的階段性特徵

按照律門對清末光緒朝《大清律例》中依然保留有效的 18 條夾簽條例進行歸類，主要集中在《刑律·人命·殺死姦夫》（7 條，條例 3、4、6、7、8、10、13），《刑律·人命·戲殺誤殺過失殺人》（3 條，條例 9、14、15），《刑律·鬥毆下·毆大功以下尊長》（4 條，條例 1、16、17、18），《刑律·鬥毆下·毆期親尊長》（4 條，條例 2、5、11、12）四門類中。我們還可以借助表格梳理清末夾簽條例制定和纂修的大致情況，便於從宏觀上把握其階段性特點。根據前論試將清代夾簽制定與修訂情況的數字統計如表格 1-3。

根據表格 1-3（見第 66 頁）統計，在有清一代夾簽條例內容的發展過程中，我們可以注意到「殺死姦夫」門下的夾簽條例始終占比較大，在各個時期都曾有過纂修，其主要的制例和定例活動集中於乾隆、嘉慶、道光三朝。同樣「毆期親尊長」門下的夾簽條例，其制定和定例活動也主要在乾隆至道光三朝。所以，在不同歷史時期夾簽條例的發展在內容上是有所側重的，在乾隆朝、嘉慶朝主要集中於「殺死姦夫」和「毆期親尊長」門下；從道光朝以降，「戲殺誤殺過失殺人」及「毆大功以下尊長」門下的夾簽條例逐步發展起來。

### 表格 1-3　清代夾簽條例纂修情況的數字統計

| 項目 | 乾隆制例 | 乾隆定例 | 嘉慶前例 | 嘉慶制例 | 嘉慶修例 | 嘉慶定例 | 道光前例 | 道光制例 | 道光修例 | 道光定例 | 咸豐前例 | 咸豐制例 | 咸豐修例 | 咸豐定例 | 同治前例 | 同治改定 |
|---|---|---|---|---|---|---|---|---|---|---|---|---|---|---|---|---|
| 殺死姦夫 | 5 | 2 | 2 | 2 | 3 | 3 | 5 | | 2 | 1 | 6 | | 1 | 1 | 7 | |
| 戲殺誤殺過失殺人 | | | | 1 | | | | 1 | 1 | 1 | 1 | 1 | 1 | 1 | 2 | 1 |
| 毆大功以下尊長 | 1 | | | | 1 | | | | | | 1 | 3 | | | 1 | 3 |
| 毆期親尊長 | 2 | 1 | 1 | 1 | 1 | 2 | 3 | 1 | 1 | | 4 | | | | 3 | 1 |
| 合計 | 8 | 3 | 3 | 4 | 5 | 5 | 8 | 2 | 4 | 2 | 12 | 4 | 2 | 2 | 13 | 5 |
| | 8 | | 12 | | | | 14 | | | | 18 | | | | 18 | |

備註：制例是指最初制定條例。前例是指保留下來的前朝定例。修例泛指修改條例。定例是指於本朝制例或修例後再未變動的條例，也就是業已成熟的固定下來的條例。

從夾簽條例的數量上來看，從乾隆朝至同治朝總體趨勢是逐步增加的，至咸豐朝到同治朝其數目趨於穩定。根據夾簽條例在各朝內容和條目的發展情況，可以將夾簽條例的發展分為五個階段：

第一階段是起始階段。乾隆十三年（1748）開始制定夾簽條例，從數量上來看制例最多的也是在乾隆朝共 8 條，而且其中有 3 條（「殺死姦夫」2 條，「毆期親尊長」1 條）於乾隆朝制定後就再未做修改，保留至清末。從律門上已經涉及了刑律・人命・殺死姦夫（5 條），刑律・鬥毆下・毆大功以下尊長（1 條），刑律・鬥毆下・毆期親尊長（2 條），內容都是關於有可矜情節的卑幼有犯尊長的服制命案。因此乾隆朝時期作為夾簽條例出現的起始階段，從性質和內容上都為夾簽條例劃定了基本範圍，奠定了此後發展的基調。

第二階段是發展充實階段。嘉慶一朝實際上是清代夾簽條例發展變動最明顯的時期，嘉慶朝的 12 條條例中除了保留了乾隆朝的 3 條條例外（「殺死姦夫」2 條，「毆期親尊長」1 條），修改了 5 條（「殺死姦夫」3 條，「毆大功以下尊長」1 條，「毆期親尊長」1 條），新制定了 4 條（「殺死姦夫」2 條，「戲殺誤殺過失殺人」1 條，「毆期親尊長」1 條）。因此嘉慶朝夾簽條例的發展明顯具有三個特點：其一是其定例和修例數量在清代歷朝中都是最多的，也是夾簽條例內容變

化最大的一段時期。之前所述「保辜限外身死」夾簽條例的刪改也是在嘉慶年間。其二，在「戲殺誤殺過失殺人」門內首次制定了夾簽條例，此後夾簽條例的門類便固定下來，無出《刑律‧人命‧殺死姦夫》《刑律‧人命‧戲殺誤殺過失殺人》《刑律‧鬥毆下‧毆大功以下尊長》和《刑律‧鬥毆下‧毆期親尊長》四類門外。其三，定例於嘉慶朝保留至清末的夾簽條例數量多達 5 條，是清代定例最多的朝代，其中 3 條是於嘉慶朝改定（「殺死姦夫」1 條，「毆期親尊長」2 條），2 條是嘉慶朝創制的（「殺死姦夫」2 條）。因此，夾簽條例從內容和數量上都在嘉慶朝得到了較大的發展，其主體已初步形成。

第三階段是基本定型階段。存於道光朝的 14 條條例中，保留了前朝的 8 條，修例 4 條（「殺死姦夫」2 條，「戲殺誤殺過失殺人」1 條，「毆大功以下尊長」1 條），制例 2 條（「戲殺誤殺過失殺人」1 條，「毆期親尊長」1 條）。道光朝夾簽條例的發展特點主要表現為：首先，對前朝制定的夾簽條例大部分保留，主體與範圍都與前朝保持一致，沒有大的變動。其次，定例於道光朝保留至清末的夾簽條例共 3 條，都是在前朝條例基礎上改定而成（「殺死姦夫」1 條，「戲殺誤殺過失殺人」1 條，「毆大功以下尊長」1 條）。至道光朝，定型成熟的夾簽條例已達 11 條（前例 8 條，修例 3 條），夾簽條例的法律主體和法律範圍都已經基本定型下來。

第四階段是補充規範階段。咸豐一朝共有 18 條夾簽條例，其中保留了前朝的 12 條（其中有「毆期親尊長」1 條為咸豐朝保留，同治朝改定），修改前例 2 條（「殺死姦夫」1 條，「戲殺誤殺過失殺人」1 條），制例 4 條（「戲殺誤殺過失殺人」1 條，「毆大功以下尊長」3 條）。咸豐朝定型下來的夾簽條例有 2 條（修例「殺死姦夫」1 條，制例「戲殺誤殺過失殺人」1 條），至此定例下來的已有 13 條。咸豐朝夾簽條例發展的特點是：首先，繼承了道光朝夾簽條例的主體不變，大部分都是保留了前朝的夾簽條例。其次，除了乾隆一朝外，咸豐朝是制例比較多的朝代共計 4 條，而且內容相對集中，有 3 條都是「毆大功以下尊長」門下夾簽條例的增撰。由於多是因案生例，條例內容上適用夾簽的情況敘述得特別詳細並將類似情形下不得夾簽的情況都寫入了條例中，還有關於夾簽案件申報專用術語的規定條例。因此，這一時期制定的夾簽條例多是對原有條例的補充和規範，顯得尤為謹慎。

第五階段是衰落階段。同治九年（1870）修例之後，定期修例的傳統便被打破了，截止清末法制改革前再無修例之事。主要原因是在鴉片戰爭之後，清

政府面臨內憂外患，不得不把主要精力都集中於如何緩解嚴重的統治危機上，對日漸繁瑣、整修困難的修例工作無暇顧及，一再拖延。同時此時西學東漸，國人把更多的注意力放到了學習西方、挽救民族危機上，對修例之事關注甚少。同治年間沒有新制定的夾簽條例，除了保留了前朝的 13 條，另改定了 5 條（「戲殺誤殺過失殺人」1 條，「毆大功以下尊長」3 條，「毆期親尊長」1 條）。值得注意的是，雖然同治年間定型的夾簽條例在數量上多達 5 條，但實際上其中有 2 條（「戲殺誤殺過失殺人」與「毆期親尊長」門內各 1 條）均為道光年間制定，咸豐朝原例保留，同治朝改定；另有「毆大功以下尊長」3 條皆為咸豐年間制定，同治朝續纂。鑒於當時的歷史背景，以及光緒朝《大清會典》《大清律例根原》《讀例存疑》等文獻記載，可以看到這裡所謂的「改定」與「續纂」，實際上條例實質內容的修訂有限，其實更多只是「保留」了前朝條例。正如薛允升所論：「凡條例應增應減者五年小修一次、十年大修一次，歷經遵辦在案。同治九年修例餘亦濫廁期間，然不過遵照前次小修成法于欽奉諭旨及內外臣工所奏准者依類編入，其舊例仍存而弗論。自時厥後，不特未大修也，即小修亦迄未舉行。」〔註72〕因此，至同治一朝，夾簽條例的內容其實固化了。此後，雖然這 18 條夾簽條例始終保留在《大清律例》中，同時在清代刑科題本、《刑案匯覽》系列等案例彙編中也依然可見道光以降乃至光緒朝的夾簽案例，但其「司法衡平」的法律作用已經相當有限，只是作為皇權至上的象徵保留清末，直至消亡。

---

〔註72〕（清）薛允升：《讀例存疑・自序》。

# 第二章　清代司法運作中的夾簽

　　目前在中國第一歷史檔案館藏內閣全宗刑科題本中，能夠查閱到三千餘件與夾簽有關的內閣、刑部、戶部、都察院等各部院及各地督撫的刑事案件題本（即「部本」和「通本」）、夾簽文書原件等史料文獻，為我們研究夾簽制度提供了珍貴的原始檔案資料。

　　筆者所見附有夾簽的題本及夾簽文本形制一般如下：題本為白紙墨書，封面上居中上部會有一小字「題」，右上角自上而下會有一行大字即「朱批」，是關於此案件的最終處理結果，一般內容為「三法司核擬具奏」，或「九卿議奏」，或「部駁甚是依議」，或「×××改為應斬著監候秋後處決，餘依議」「×××依擬應絞著監候秋後處決，餘依議」等。接下來是題本正文，主要關於本案的詳細審斷過程，內容非常詳細字數往往多達數千。正文之後會附上此案宗的時間、處理過該案的從中央到地方官員的官職、姓名等名單。接下來是「貼黃」，即該題本的內容簡介，字數一般在幾百字左右，字體與題本正文同，概括了本案的主要案情、案件性質、擬罪量刑的主要依據和參考意見。最後部分是該題本的滿文正文，封底從左上角自上而下為滿文大字的「朱批」。夾簽文書並不列於題本原件之內，而是作為題本的附件，獨立附於題本，應該是夾於題本貼黃之後的活頁。夾簽文書與題本大小相當，僅書漢文，內中文字都比較簡潔，只在百餘字，主要內容一般首先按照「斷罪引律」的要求將所依據的律條進行說明，然後對本案當中「情可矜憫」的情節進行說明，聲敘與夾簽之例相符，夾簽請旨恭候欽定。

　　除了中國第一歷史檔案館藏刑科題本外，清代還有大量的史料文獻和案例彙編，如《大清會典》《清史稿》《刑案匯覽》《駁案彙編》《刑部比照加減成

案》等，筆者將在這些檔案文獻整理的基礎上，從司法實踐層面出發，結合具體案例對自乾隆朝至光緒朝的清代服制命案審判中夾簽制度的適用情況、基本原則、發展軌跡等進行分析與考察。

# 第一節　夾簽案件的類型

## 一、早期的案件類型

在夾簽條例定制之初，在司法實際當中的使用其實並不局限於服制案件。如前所述，在乾隆朝制定夾簽條例之前，夾簽作為一種行政慣例在清代中央各部院的事務處理中都可能被用到。不過此時沒有明確的夾簽規定，實際行政過程中使用的可能也比較少，並未形成規範的夾簽制度。直到乾隆朝，夾簽在實際中的運用更為常見，並日益受到重視。目前，從中國第一歷史檔案館藏刑科題本及《刑案匯覽》系列等清代案例彙編中所見的早期夾簽案例，基本都是乾隆年間的案件。

據筆者所考，最早關於服制案件的夾簽條例制定於乾隆十三年（1748），時任署理刑部尚書章佳・阿克敦。章佳・阿克敦（1685～1756），字仲和，一字立恒，又字恒岩，滿洲正藍旗人，是歷經康熙、雍正、乾隆三朝的清代名臣，頗有學識才幹，其政治生涯也幾經沉浮。從乾隆十三年（1748）七月擢署刑部尚書到乾隆二十年（1755）致仕辭官，正是阿克敦最後從政的七年亦是夾簽條例開始制定並初步形成為制度的階段，因此從其處理的夾簽案件中，可以反映出夾簽條例制定之初在司法實踐中的使用情況。筆者在中國第一歷史檔案館藏刑科題本中，搜集到了自乾隆十二年（1747 年）至乾隆十八年（1753 年）刑部尚書阿克敦處理的 17 起附有夾簽的案件，簡列如下：

表格 2-3　中國第一歷史檔案館所藏：乾隆十二年至乾隆十八年
　　　　　　（1747～1753）章佳・阿克敦處置夾簽案件

| 序號 | 題　名 | 時　間 | 檔　號 | 案件類型 |
|---|---|---|---|---|
| 1 | 呈廣東龍門縣民旋西疇毆傷旋達化保辜限外身死案請留養夾簽 | 乾隆十二年三月十三日 | 02-01-07-04835-011 | 存留養親 |
| 2 | 呈湖南會同縣民羅良生因田界糾紛毆斃羅美生案絞罪與留養例符請准留養事夾片 | 乾隆十三年十二月十五日 | 02-01-07-04922-013 | 存留養親 |

| 3 | 呈廣東高要縣民陳烈毆斃陳第魁案因孀母獨子照例準留養事夾簽 | 乾隆十四年三月二十一日 | 02-01-07-04943-013 | 存留養親 |
|---|---|---|---|---|
| 4 | 呈江西民人藍國秀誤傷斃伯母曾氏一案實由失誤所致聲敘緣由夾簽請旨事夾簽 | 乾隆十四年七月十六日 | 02-01-07-04968-007 | 服制命案 |
| 5 | 呈福建民人藍力傷斃胞兄藍家注一案係百有餘日始致身死相應聲敘請旨事夾簽 | 乾隆十四年七月二十五日 | 02-01-07-04969-007 | 保辜限外 |
| 6 | 呈湖南辰州府民滕有伯因救母情切毆斃胞兄滕有文非逞兇毆死聲敘事夾簽 | 乾隆十四年十二月十二日 | 02-01-07-04948-005 | 服制命案 |
| 7 | 呈浙江已革武生方引達傷斃胞兄方引申一案核明可原情節夾簽 | 乾隆十五年三月初三日 | 02-01-07-04990-007 | 服制命案 |
| 8 | 呈雲南蒙自縣民孫老三毆斃羅板賢案擬絞之孫老二因情聲請留養夾簽 | 乾隆十五年七月初六日 | 02-01-07-05016-016 | 存留養親 |
| 9 | 呈湖南民王錫重誤傷致斃胞兄王錫公一案聲敘可原情節夾簽 | 乾隆十五年七月初六日 | 02-01-07-05006-015 | 服制命案 |
| 10 | 呈湖北民人蕭文盛護父奪棍傷斃胞叔蕭朝選一案聲敘可原情節夾簽 | 乾隆十五年七月初十日 | 02-01-07-05006-013 | 服制命案 |
| 11 | 呈會審江西都昌縣民人石應選因索還公拼銀兩糾紛護母傷斃胞兄石汝厚一案夾簽 | 乾隆十六年閏五月初十日 | 02-01-07-05080-004 | 服制命案 |
| 12 | 呈為湖北江陵縣民人陳玉傷斃王在中一案依例請留養事夾簽 | 乾隆十六年十月二十六日 | 02-01-07-05058-006 | 存留養親 |
| 13 | 呈貴州普定縣民烏蒙推跌李貴身死一案並無謀故別情應准留養夾簽 | 乾隆十七年二月十八日 | 02-01-07-05114-005 | 存留養親 |
| 14 | 呈前署長壽縣事試用知縣盧之岳等員議處票簽 | 乾隆十八年三月十三日 | 02-01-07-05176-007 | 官員議處 |
| 15 | 呈此案那成傷斃胞兄那偉因救母情切照例聲明事夾片 | 乾隆十八年四月十七日 | 02-01-07-05184-006 | 服制命案 |
| 16 | 呈陝西富平縣民張士英煙袋戳傷張成舉身死一案並非逞兇干犯事夾簽 | 乾隆十八年五月初三日 | 02-01-07-05199-007 | 存留養親 |
| 17 | 呈此案廖有照與留養之例相符照例聲明事夾簽 | 乾隆十八年五月十六日 | 02-01-07-05175-005 | 存留養親 |

　　首先，可以看到儘管乾隆十三年（1748）律例館正式定擬了針對服制案件的夾簽條例，但根據時任刑部尚書阿克敦從乾隆十二年（1747）到乾隆十八年（1753）處理的夾簽案件中，涉及的案件類型就包括有「犯罪存留養親」（案1、2、3、8、12、13、16、17），「服制」犯罪（案4、6、7、9、10、11、15）、「保辜限外身死」（案5）及官員議處（案14）四大類。可見條例制定初期，在實際司法過程中依然延續了法律定例之前的行政慣例，在一定的類型案件中夾簽是被廣義使用的。

　　另一方面，在服制命案的審判中，「夾簽」開始取代「兩請」，成為具有針對性的一項司法制度。如前所述，夾簽條例制定的直接目的是為了取代服制命案中的「兩請」舊例，這一點從清代刑科題本的記載上亦可得到驗證。在乾隆十三年（1748）之前，可以見到數起有救親情切的服制案件兩請的題本，既有各省巡撫的通本，如乾隆八年（1743）江西巡撫陳弘謀《題為審理上高縣民江烏苟因賒肉糾紛救父情切傷斃胞兄江慶可案依律擬斬監候請旨事》〔註1〕乾隆十年（1745）安徽巡撫魏定國《題為審理壽州民人史蕃因索欠糾紛扎傷史章身死按律擬斬決係救護情切恭請聖奪事》〔註2〕等；亦有刑部的部本，如乾隆九年（1744）《題為會審雲南昆明縣人賈如珠因索欠啟釁救父情切戳斃胞兄賈如珩按律擬斬立決依例兩請事》〔註3〕《題為會審江西民人吳昱四因地界糾紛救父情切傷斃魏權吳煦六按律擬斬候援例兩請事》〔註4〕等。而在乾隆十三年（1748）後，這一類救親情切的可矜服制案件都是以刑部夾簽的方式處理的。在上表所列乾隆十二年（1747）至乾隆十八年（1753）刑部尚書阿克敦處理的夾簽案件中，就有數起有救親情節的夾簽案件（案6、10、11、15）。我們可以將性質類似的乾隆十年（1745）與乾隆十

〔註1〕　《題為審理上高縣民江烏苟因賒肉糾紛救父情切傷斃胞兄江慶可案依律擬斬監候請旨事》，乾隆八年十月十三日，中國第一歷史檔案館館藏清代刑科題本，檔號：02-01-07-04607-005。

〔註2〕　《題為審理壽州民人史蕃因索欠糾紛扎傷史章身死案律擬斬決係救護情切恭請聖奪事》，乾隆十年六月二十六日，中國第一歷史檔案館館藏清代刑科題本，檔號：02-01-07-04736-005。

〔註3〕　《題為會審雲南昆明縣人賈如珠因索欠啟釁救父情切戳斃胞兄賈如珩案律擬斬立決依例兩請事》，乾隆九年六月初七日，中國第一歷史檔案館館藏清代刑科題本，檔號：02-01-07-04680-005。

〔註4〕　《題為會審江西民人吳昱四因地界糾紛救父情切傷斃胞叔吳煦六案律擬斬候援例兩請事》，乾隆九年十二月初四日，中國第一歷史檔案館館藏清代刑科題本，檔號：02-01-07-04681-007。

四年（1749）案6的案件對照來看。

　　乾隆十年（1745）六月二十六日，安徽巡撫魏定國呈遞了關於審理壽州民人史蕃因索欠糾紛扎傷史章身死按律擬斬決，係救護情切故案內聲明請旨的題本，貼黃〔註5〕如下：

　　　　巡撫安慶等處地方提督軍務都察院右副都御史加二級，降一級又降一級留任臣魏定國謹題為扎死子命事。該臣看得壽州史蕃扎身死一案，緣史蕃係史章大功服弟，素無仇隙，史章之父史楊芳即史蕃之父史銘芳之胞兄，楊芳等有父遺瓦草房一所，係伊父公掄存日，給與陳丁二壻居住，嗣公掄外孫陳鐸齡丁瑤將房典出，復又轉典與高建極為業。乾隆八年三月內，史楊芳、史銘芳知覺，遂將此房立契賣給建極議價三拾二兩，扣除陳鐸齡等前已得隨典價銀十九兩二錢，仍應找銀十二兩八錢，除陸續交付史銘芳收受外，尚欠銀九錢未楚。史楊芳向史銘芳索分前銀，史銘芳因父母亡故未葬，欲將此銀以為葬親之資，不肯分給楊芳使用。率楊芳挾嫌，於乾隆八年十二月十二日命子史章拉去史銘芳驢頭不還，至二十一日史蕃路過楊芳門首，亦將楊芳之馬拉回己家，冀圖挾馬索驢。史章知而忿怒，即同弟史球、子史仁各持棍械前赴索馬，適史銘芳坐於門首，斥責其非因，其不避即持爬柄打傷史球左眼胞。史章等更肆咆哮時，史蕃同弟史三在家，聽聞史章等與伊父吵打，史蕃即持薄刀槍奔出護父，史三持棍隨後。史蕃甫至門外，見史章等眾人持棍圖斃伊父，恐父被傷，情急將槍拋去冀圖嚇散，不期史章見史蕃走出上前迎鬥，兩相湊合，適中史章心坎跌地至夜殞命。複審供認不諱，史蕃合依毆大功兄死者斬律，應擬斬立決，照例先行刺字。史球依不應重律杖八十先行折責發落，索拉驢馬飭各歸還具領。史銘芳收存房價應作葬親費用，史蕃之父史銘芳按被期親服任史章等持棍圖斃，事在危急且聞伊父叫喊侄子打叔意為趕救，見父被圍惟恐受傷，情急拋槍原冀嚇散，適史章迎鬥致被誤中心坎斃命，實係救護情切，與持槍凶扎者不同，相應聲明統聽部議恭請聖奪。除供冊送部外，臣謹具題伏乞皇上睿鑒敕下三法司核擬施行，謹題請

---

〔註5〕貼黃，即題本正文之後所附的案情提要，內容主要是將正文內容精練概括為百餘字的案情簡介。

旨。〔註6〕

此案死者史章為犯罪人史蕃的大功服兄，二人父輩史楊芳與史銘芳因賣房銀錢產生糾紛。後史章等人持棍前往史銘芳家索馬，雙方產生爭鬥。史蕃見其父被人持棍相圍，情急救父意拋槍將眾人嚇散，不料史章正好迎前相鬥，誤中心坎斃命。安徽巡撫在題本中詳述了案情經過，並特別指出「查例載父母被人毆打實係事在危急，伊子救護情切，因而毆死人者，於疏內聲明援例兩請候旨定奪等語。今史蕃之父史銘芳被期親服侄史章等持棍圍繞，事在危急，且聞伊父叫喊侄子打叔，急為趨救，見父被圍，惟恐受傷，情急拋槍原冀嚇散，適史章迎鬥致誤中心坎斃命。實係救護情切與持槍凶扎者不同，相應聲明統聽部議，恭請聖奪。除供冊送部查核外，臣謹具題伏乞皇上睿鑒，敕下三法司核擬應行。」該巡撫一方面裁斷「史蕃合依毆大功兄死者斬律，應擬斬立決」，同時又以「救親情切」的可矜情節將此案於題本內進行兩請。後此案皇帝下詔三法司核擬具奏。四個月後，乾隆十年（1745）十二月十三日刑部提交了《題為會審安徽壽州民史蕃因伊父被索銀起釁護父傷斃胞兄史章一案依律斬決核情減等請旨事》，〔註7〕最終得以減等處置。

乾隆十四年（1749）署理刑部尚書阿克敦處理了與之性質類似、有救親情切的服制案件（表2-1案6），呈交了《題為會審湖南辰州府民騰有伯因房屋糾紛救母毆斃胞兄騰有文案依律擬斬立決等請旨事》的題本，貼黃如下：

> 刑部等衙門、經筵日講官、起居注太子少保、協辦大學士、署刑部尚書、職掌翰林院事、鑲白旗漢軍都統、臣阿克敦等謹題為稟報事。該臣等會看得騰有伯毆傷大功服兄騰有文身死一案。據南撫開奏，號稱緣騰有伯之父弟兄四人，長騰元如次騰坤如三騰貴如四騰添如，各分屋而居。騰貴如、騰坤如屋被回祿將四分公米蓋造茅房同住，迨後騰貴如及騰坤如之子騰有明起造瓦屋另居。騰貴如之母劉氏護將所存茅房歸還長四兩房以抵公料。騰貴如不允，攜妻田氏子騰有伯、騰老三往折茅房木料，騰添如之子騰有文、騰元如之

〔註6〕《題為審理壽州民人史蕃因索欠糾紛扎傷史章身死按律擬斬決係救護情切恭請聖奪事》，乾隆十年六月二十六日，中國第一歷史檔案館館藏清代刑科題本，檔號：01-07-04736-005。

〔註7〕《題為會審安徽壽州民史蕃因伊父被索銀起釁護父傷斃胞兄史章一案依律斬決核情減等請旨事》，乾隆十年十二月十三日，中國第一歷史檔案館館藏清代刑科題本，檔號：02-01-007-016593-0004。

子騰有爵出阻。田氏向前理剖，騰有文棍毆田氏右手食指，田氏喊
痛，騰有伯趕護棍毆騰有文左肐肘，騰有文隨勢肘格，又毆棍頭並
傷右眼胞。騰有伯護母走避，騰有文追毆，田氏畏懼奔走失跌，擦
傷右額角。騰有伯正欲往扶，見騰有文揚棍趕至，急以棍抵格，不
虞中傷騰有文頂心倒地擦傷右耳根左臂膊。繼時騰有爵亦將騰老三
推跌刮傷右耳輪，滕老三起身趕拉騰有爵，復棍毆滕老三左手食指，
騰貴如趕上棍毆騰有爵髮際並鼻樑二處。騰有爵奔跌擦傷額頭右面。
騰有文傷重殞命，屢審不諱，將騰有伯擬斬立決，照例先行刺字。
騰貴如擬杖等因具題前來。

　　應如該巡撫所題，騰有伯合依卑幼毆本宗大功兄死者斬決律應
擬斬立決。再該撫疏稱騰有伯因救母毆死大功服兄，情節遵例於案
呈內敘明等語。查該犯雖因伊母田氏被騰有文棍上追毆失跌，復揚
棍趕至欲毆以致情急抵格中傷致死，但服制攸關，未便議減，應將
該撫聲敘之處毋庸議。該撫疏稱騰貴如除毆期親任騰有爵非折傷以
上，律得勿論外，其不遵母命，率領妻子拆屋釀成人命，令儂子孫
違犯祖父母父母教令律杖一百，到官在恩詔以前應邀寬免。騰有爵
毆大功服弟並非折傷應免議等語。查騰貴如違背母命拆屋，肇釁雖
事在恩詔以前，犯係不孝，杖罪不應准其寬免，餘均應如該撫所題
完結，臣等未敢擅便，謹題請旨。〔註8〕

此案的性質與乾隆十年（1745）的案件性質類似，犯罪人騰有伯與死者騰有文
乃大功服弟兄，因父輩房屋糾紛產生爭鬥，騰有伯因護母情切以棍抵格，致傷
騰有文頂心殞命。由於這是刑部的「部本」，沒有看到此案該巡撫的題本原件，
但從題本中所述「應如該巡撫所題，騰有伯合依卑幼毆本宗大功兄死者斬決律
應擬斬立決」等語可知，巡撫在此案供呈的「通本」中應該是依律擬以斬立決，
僅將救母情節於案內呈明。值得注意的是，儘管刑部在題本中所述「服制攸關，
未便議減，應將該撫聲敘之處毋庸議」，但或許是意見並未完全統一，此題本
封頁上仍然朱批「九卿議奏」，說明皇帝將此案交由「九卿定議」，其最終的處
置還是夾簽上奏，所以依然能夠見到此題本所附夾簽：

---

〔註8〕　《題為會審湖南辰州府民騰有伯因房屋糾紛救母毆斃胞兄騰有文案依律擬斬
　　　　立決等請旨事》，乾隆十四年十二月十二日，中國國家第一歷史檔案館館藏清
　　　　代刑科題本，檔號：02-01-07-04948-004。

　　查乾隆十三年七月內經臣部奏准，凡事關服制者，止可敘入案呈，不得聲明兩請，應照本律專一擬定罪名，其兩請舊例俱行停止。倘其中實在情可憫疑，臣等於本內夾簽聲明恭候欽定等語。今滕有伯因伊父大功兄滕有義毆傷伊母田氏手指前往救護，棍毆滕有文左胠肘，滕有文復行趕毆，田氏慌奔跌地，滕有伯正在攬扶，滕有文復揚棍趕毆滕有伯，一時情切以棍抵格，致傷滕有文頂心斃命。該犯因救母所致，與逞兇毆死大功兄者有間，應遵照原奏聲敘緣由夾簽請旨。〔註9〕

不出意外的話，此案最終應該也能夠得到相應的減輕處罰。同樣兩起有可矜的救親情節的服制案件，一起以兩請的方式審斷，一起則是以夾簽的程序裁決，所依據的便是乾隆十三年（1748）七月制定的夾簽條例，並且自此以後此類服制案件的司法處置多是「夾簽」，正是體現了夾簽條例制定後在司法實踐中逐漸落實的過程，以及清政府對於服制案件的重視和清代司法權高度集中的特徵。

## 二、案件類型的轉變

　　至嘉慶朝，夾簽條例主要增修的時間集中於嘉慶六年（1801 年）至嘉慶十四年（1809 年）這近十年間，夾簽制度的主體在這一時期已初步具備。這一時期刑部尚書者為愛新覺羅・長麟，字牧庵，滿洲正藍旗人，歷任刑部侍郎、山東巡撫、兩廣總督、雲貴總督等職，是乾隆、嘉慶兩朝大臣。根據中國第一歷史檔案館藏刑科檔案，搜集到了從嘉慶七年（1802）到嘉慶十四年（1809）長麟管理刑部事務處理過的 16 起夾簽案件，可以幫助我們瞭解在這一時期夾簽制度在司法實際中的實施情況，列表如下：

表格 2-4　中國第一歷史檔案館所藏：嘉慶七年至嘉慶十四年（1802～1809）愛新覺羅・長麟處置夾簽案件

| 序號 | 題　名 | 時　間 | 檔　號 | 案件類型 |
|---|---|---|---|---|
| 1 | 呈為楊勝華被疑撿拾錢文追毆服叔楊昌文身死與逞兇干犯有間事夾簽 | 嘉慶七年九月初三日 | 02-02-007-025863-0011 | 服制案件 |
| 2 | 呈四川眉州民人李應超傷斃小功堂兄李應秀可矜情節夾簽 | 嘉慶八年八月初十日 | 02-01-007-025938-0010 | 服制案件 |

---

〔註9〕　《呈湖南辰州府民滕有伯因救母情切毆斃胞兄滕有文非逞兇毆死聲敘事夾簽》，乾隆十四年十二月十二日，中國國家第一歷史檔案館館藏清代刑科題本，檔號：02-01-07-04948-005。

| 3 | 呈為直隸龍門縣回民李進與李榮宗父子爭毆誤傷堂伯母馬氏致死非有心逞兇干犯聲明事夾簽 | 嘉慶九年三月初十日 | 02-01-007-026042-0012 | 服制案件 |
|---|---|---|---|---|
| 4 | 呈為貴州黎平府楊老八傷斃謝昌賢擬絞議駁事夾簽 | 嘉慶九年七月三十日 | 02-01-007-026021-0010 | 刑部駁案 |
| 5 | 呈為江蘇高郵州民蔣國盛誤傷胞兄蔣國民身死非逞兇干犯照例夾簽 | 嘉慶九年九月初六日 | 02-01-007-026047-0003 | 服制案件 |
| 6 | 呈王四迫於母命勒斃胞兄情節與聲請之例相符改為斬候夾簽 | 嘉慶十年九月十三日 | 02-01-007-026139-0021 | 服制案件 |
| | 呈王四從母命將王大幫勒致死情罪可矜夾簽 | 嘉慶十年九月十三日 | 02-01-007-026139-0022 | |
| 7 | 呈為聲明本內王二致傷胞兄王廷貴抽風身死並非逞兇干犯依例改為斬監候夾簽 | 嘉慶十一年八月二十五日 | 02-01-007-026292-0007 | 服制案件 |
| | 呈為聲明王二致傷胞兄王廷貴抽風身死情節實可矜憫夾簽 | 嘉慶十一年八月二十五日 | 02-01-007-026292-0008 | |
| 8 | 呈貴州天柱縣民舒新隆擲傷胞叔舒奠猷身死一案添寫九卿定議簽進夾片 | 嘉慶九年九月初六日 | 02-01-07-09032-022 | 服制案件 |
| 9 | 呈山東滕縣民韓樸擲傷大功兄韓榮身死一案覈其情節實可矜憫照例聲明夾片 | 嘉慶十年九月十二日 | 02-01-07-09114-009 | 服制案件 |
| | 呈查明山東滕縣民韓樸擲傷大功兄韓榮身死情節改擬斬監候夾片 | 嘉慶十年九月十二日 | 02-01-07-09114-010 | |
| 10 | 呈陳隨喜聽聞父被毆喊饒致傷胞伯陳海俊因風身死並非逞兇干犯夾簽 | 嘉慶十二年七月十九日 | 02-01-007-026356-0012 | 服制案件 |
| 11 | 呈湖北當陽縣民陳正楠因砍樹糾紛誤斃陳立相一案並非無故逞兇事夾片 | 嘉慶十二年八月二十九日 | 02-01-07-09238-021 | 存疑 |
| 12 | 呈王谷太因胞叔王進貴斥毆伊母劉氏將其毆傷致死一案夾片 | 嘉慶十二年九月初七日 | 02-01-07-09220-006 | 服制案件 |
| 13 | 呈晉省薩拉齊廳客民溫金柱子鬥毆誤扎黨兄溫金良子實情聲明夾片 | 嘉慶十三年七月二十四日 | 02-01-07-09275-014 | 服制案件 |
| 14 | 呈陝西西安縣民張秀林誤傷胞兄張娜並非逞兇可原情節夾簽 | 嘉慶十三年八月二十五日 | 02-01-007-026562-0002 | 服制案件 |
| 15 | 呈為四川西昌縣民童宗貴與鄭榮爭角誤傷胞兄童宗孔身死照例夾簽 | 嘉慶十四年七月二十八日 | 02-01-007-026670-0015 | 服制案件 |
| 16 | 呈為直隸建昌縣住民郭文有傷斃胞兄郭文起非逞兇干犯照例夾簽 | 嘉慶十四年八月二十一日 | 02-01-007-026676-0013 | 服制案件 |

　　雖未見得能夠將這一階段長麟處理的全部夾簽案件收錄其中，但在某種程度上的確可以反映出在嘉慶朝前期司法實踐中夾簽制度的適用情況，基本能夠確定的是此時作為刑部尚書長麟所處理的大多數夾簽案件都是以卑犯尊的服制案件。因此從乾隆朝至嘉慶朝，伴隨夾簽條例的進一步發展，夾簽制度在司法實際中經歷了從廣義使用到逐步定型為主要針對服制案件的轉變。除了在夾簽案件的內容上發生了變化，還可以看到刑部夾簽的形制上也發生了變化，除了單簽外也出現了雙簽的情況（見案6、7、9），內容一般一簽是聲明夾簽，一簽是夾簽後減等後的處置或九卿議奏。此種雙簽在嘉慶及以後的朝代中也時有所見，或許這是伴隨夾簽案件增多後，為了更便於皇帝裁決，刑部便在一些有成案可循或條例有相關規定的案件處置中的做法。

## 第二節　服制案件中的適用

### 一、初期的謹慎使用

　　夾簽在服制案件中的適用情況，在清代各朝受統治者對夾簽的重視程度、夾簽條例的制定情況、當時的社會環境等因素影響不盡相同。所幸有清一代有著非常豐富的法律史料文牘，我們可以通過清代刑科題本、《刑案匯覽》系列等對夾簽在各朝服制案件中的適用情況做一深入瞭解。

　　乾隆朝為夾簽條例的創制初期，雖然在服制命案的審判中已經日漸重視夾簽的作用，不過此時對夾簽在司法實際中的使用還是非常謹慎的。無論在清代刑科題本中還是《刑案匯覽》之類的案例彙編中，所見的乾隆朝服制命案中有關夾簽案件都相對較少，《刑案匯覽》中乾隆朝只收錄了四則與夾簽有關的案件說帖。由於此時尚未制定「戲殺誤殺過失殺人」門下的夾簽條例，所以這一時期服制夾簽案件的類型，主要集中於「殺死姦夫」「毆大功以下尊長」和「毆期親尊長」門下。祝氏等刑部老吏在編纂《刑案匯覽》等書時，要充分考慮到其中收錄案件的典型性與示範性，因此所收錄的乾隆朝案件基本都是嚴格以已有的夾簽條例及之前已審斷的成案為依據進行審斷的，通過這些典型案件有助於我們瞭解在夾簽條例制定早期在服制案件司法實際中使用的一些情況。

　　**帖1　乾隆五十七年（1792）說帖**
　　廣西司查例載：姦夫自殺其夫，姦婦雖不知情而當時喊救，與

事後即行首告，將姦夫指拿到官，尚有不忍致死其夫之心者，仍照
本律定擬。該督撫於疏內聲明法司核擬時夾簽請旨等語。此條繫雍
正三年欽奉諭旨，以此等當時喊救，指拿姦夫之婦人，若仍照律擬
絞，恐將來有犯轉致畏罪不肯出首，是以諭令夾簽聲明，量予減等，
係專指姦夫謀殺本夫案內之姦婦而言。若本夫捉姦，姦夫情急拒捕，
殺死本夫之案，乾隆十四年湖南按察使條奏，以本夫死於謀殺與死
於拒捕而殺，同由該婦犯姦所致，請將姦婦概照姦夫自殺其夫律擬
絞監候。經本部以捉姦拒殺，並非因不便於姦，預存謀害之心，議
將姦婦當時喊救與事後即行首告者仍止科姦罪，其在場並不喊阻救
護，而事後又不首告者，此等婦女既失節犯姦於前，而當本夫危險
之際，又毫無眷顧之心，恩義全泯，情理難容，未便輕縱，應照律
擬絞監候，奏准載入例冊遵行在案。此案馮谷章與大功兄妻醶氏通
姦，被獲拒捕，砍傷本夫馮德章身死，係屬捉姦拒殺與因姦謀殺本
夫之案不同，醶氏於伊夫喊救時連聲接應，一路叫喊族鄰赴救，及
見伊夫受傷倒地，即央人扛抬回家，告知姦情，愧悔哭泣。次早趕
回夫弟馮道章等投保協拿馮谷章解縣，正與當時喊救，事後即行首
告仍止科姦罪之例相符。該撫將該氏依姦夫自殺其夫，姦婦雖不知
情例擬絞，聲明尚有不忍致死其夫之心，是以姦夫拒殺本夫與謀殺
本夫案內之姦婦一例同科，既屬漫無區別，且案係當時喊救，援引
姦婦不知情之例亦屬兩歧，若以親屬相姦較凡人為重，則該氏與夫
大功弟通姦，按律罪應滿徒，本與凡人罪止枷責者有別，似不便舍
本例而援照擬絞聲請之條，可否議駁，伏候鈞定。〔註10〕

此案的案情比較簡單，犯罪人馮谷章與大功兄妻醶氏通姦，被獲拒捕，砍傷本
夫馮德章身死。該撫援引夾簽條例6為依據，將姦婦醶氏擬絞監候夾簽聲請，
但是受到了刑部的議駁。刑部指出該夾簽條例係專指姦夫謀殺本夫案內之姦
婦而言，而據乾隆十四年（1749）所辦成案，姦夫拒殺本夫案內當時喊救與事
後即行首告者之姦婦，仍應止科姦罪，且該氏與大功弟通姦罪應滿徒，已較凡
人加重處罰，不應再援照擬絞夾簽聲請之條例。該案件的處理充分體現了法司
在審理斷案援引條例時的謹慎嚴格。另外，由於該條例在乾隆四十三年（1778）

---

〔註10〕　《刑案匯覽》卷24《刑律・人命・殺死姦夫》「親屬通姦拒殺本夫姦婦喊救」
　　　　　條，第1248頁。

定例之後就再未做修改直至保留清末，因而此案中所述「此條專指姦夫謀殺本夫案件」的注解尤為重要。此後，在嘉慶朝等所見援引此條例之夾簽案件，都是謀殺類案件，如嘉慶二十二年（1817）「拒絕後姦夫謀殺夫姦婦首告」、嘉慶二十一年（1818）「姦夫謀殺本夫脫逃姦婦待質」〔註11〕等。另外值得注意的是，該條例實際上是清代夾簽條例中唯一一條在條例內容中並未聲明專門針對服制的夾簽條例，但在《刑案匯覽》《刑案匯覽續編》等書所收錄的案例中，可以看到由於夾簽制度只針對服制案件，因此在非服制的此類案件中，會將有可原情節之姦婦直接擬絞監候或予減等，並不夾簽聲請。如嘉慶十八年（1813）和嘉慶十九年（1814）的這兩則成案：

> 東撫題：張成中起意商同姦婦小張氏將本夫張湛掐死滅口，該氏不允，並向拉勸，張成中將該氏摔跌倒地，將張湛立時掐死。該氏不獨並未與謀，且有救夫之心，迨事後聽從隱諱，因心慌畏懼所致，亦非甘心事仇，未便照同謀殺死親夫之律擬以寸磔，將小張張氏比照姦夫臨時拒捕，姦婦在場並不喊阻救護，事後又不首告者，照姦夫自殺其夫，姦婦雖不知情律，擬絞監候。嘉慶十八年案。〔註12〕

> 直督諮：邢二皂保與徐黑子之妻邢氏通姦，邢二皂保謀殺本夫，傷而未死，應依謀殺傷而不死律擬絞監候，邢氏訊不知情，比照姦夫自殺其夫，姦婦雖不知情絞罪上量減一等擬流。嘉慶十九年案。
> 〔註13〕

以上兩案無論是姦夫殺死或是謀殺本夫未遂，姦婦不肯與謀或是不知謀情，姦婦都直接擬以絞監候或是絞罪減等擬流，均未予夾簽。因此，顯而易見該條例雖然在內容上未聲明特別針對服制，但由於夾簽的特殊性質在實際司法中只能應用於服制案件。

### 帖2　乾隆五十五年（1790）說帖

四川司呈：何能相毆死胞叔何宗現，援照毆死有服尊長情輕之例夾簽一稿。接奉鈞諭：如因尊長圖姦而殺者，係毆殺則引情輕夾

---

〔註11〕《刑案匯覽》卷24《刑律・人命・殺死姦夫》「拒絕後姦夫謀殺夫姦婦首告」條、「姦夫謀殺本夫脫逃姦婦待質」條，第1296頁和1297頁。

〔註12〕《刑案匯覽》卷24《刑律・人命・殺死姦夫》「姦夫殺死本夫姦婦不肯與謀」條，第838～839頁。

〔註13〕《刑案匯覽》卷24《刑律・人命・殺死姦夫》「謀殺本夫未死姦婦不知謀情」條，第849頁。

簽之例，若係故殺，則於出語聲明照覆，不必夾簽等因。職等覆查
何能相係與何宗現理論，被其詈罵並揪住髮辮，該犯情急，用刀嚇
砍，適傷致斃，並非故殺之案。檢查乾隆五十年蘇撫題陳上沅因胞
兄陳鶴調姦伊妻彭氏未成，將陳鶴毆傷致死，本部於核覆稿內照律
擬斬立決，援照有服尊長情輕之例夾簽聲明，經九卿改為擬斬監候，
題結在案。現辦何能相一稿，情節例文俱與陳上沅成案相符，似無
錯誤。至江西司題結劉士湖毆死胞兄劉士鵬一稿，查劉士湖因與胞
兄劉士鵬兩相爭鬥，被劉士鵬揪住髮辮按打，該犯被揪疼痛，兩手
往上遮護，致手中鐵錐戳傷劉士鵬左肋身死，係鬥毆適傷致斃之案，
本與卑幼誤傷尊長應行夾簽之例未符，是以本部核覆本內未經夾簽，
與四川司何能相情事不同，呈候閱核。〔註14〕

此說帖中實際記述了三起案件。其中兩起案件情節類似，都因尊長調姦伊妻毆
殺尊長，一起乾隆五十年（1785）成案經夾簽後九卿議奏改為擬斬監候，一起
乾隆五十五年（1790）何能相毆死胞叔准予夾簽。而另一案則是劉士湖與胞兄
爭鬥，適傷致斃，不准夾簽。其實三起案例從案件情形上未必有本質區別，都
在鬥毆過程中卑幼傷斃尊長甚至是以刀刃兇器適傷致斃，但因前兩案之尊長
圖姦卑幼之婦先於情理有虧，故法司援引情輕夾簽之例。而後一案未說明尊長
有錯在先而卑幼與之爭鬥，是為禮法不允，故不能夾簽。因此，在清代服制法
律體系下法為尊者諱，即使案件過錯主要在尊者也不會在法律明文中予以具
體規定懲戒尊者。正如在清律中只有本婦本夫之祖父母、父母捉姦，殺死犯姦
有服尊長，照本夫殺姦之例一體夾簽聲明的規定，而並無子捉母姦，殺死犯姦
有服尊長作何治罪明文，並非在司法實際中沒有此等性質的案件，而是倫理社
會體系和服制法律下尊卑有序「無不是之尊者」，不會去公開譴責尊長的過錯。
因此，其實在夾簽使用的過程中考慮第一位的未必是案情的確實，更多是情與
法的衡平。

　　帖 3 乾隆六十年（1795）說帖。〔註15〕這則說帖中記述了三起有救親情
節的卑幼犯尊長的服制案件，分別是乾隆五十七年（1792）雲南省王業洪救護

---

〔註14〕　《刑案匯覽》卷 24《刑律・人命・殺死姦夫》「毆死圖姦伊妻胞叔情輕夾簽」
　　　　　條，第 1342 頁。
〔註15〕　《刑案匯覽》卷 42《刑律・鬥毆・毆大功以下尊長》「救父情切毆傷小功叔身
　　　　　死」條，第 2152 頁。

伊母，用杆毆傷大功堂兄王業浩左右腆肘等處四傷身死一案；乾隆五十八年
（1793）浙江省蔡阿賢救父情切，先後用刀劃傷小功堂叔蔡士清頂心等處三傷
倒地，墊傷腰眼身死一案；乾隆六十年（1795）唐訓谷因小功堂叔唐先添與伊
父唐廣賢口角爭鬧，因伊父疊被毆跌情急救護，用石連毆唐先添腦後等處身死
之案。三起案件的性質都是在卑幼毆死尊長的服制案件中有救親情切的情形，
予以夾簽。如前所述在乾隆十三年（1748）制定夾簽條例之前此類案件都是以
兩請的方式裁斷的，經過幾十年在司法中的實踐，刑部對此等案件中夾簽制度
的應用已經駕輕就熟了。

　　帖 4 乾隆五十八年（1793）說帖。〔註 16〕此案是關於韓張氏等活埋次子
韓添太案內之從犯、死者之胞弟韓添勇。韓添勇聲稱其聽從母命幫拉伊兄韓添
太胳膊，止知捆縛送官，初不知活埋情事，迨一同拉至墳旁，伊母將韓添太推
入坑內，長子韓添烈用土掩埋，該犯並無幫埋情事。直隸司認為即使案情屬實，
該犯雖未預謀，其幫拉胳膊，究屬在場下手之人，即不照故殺期親尊長，預毆
卑幼不分首從凌遲例問擬，而伊兄韓添太究已身死，自不得僅科毆罪。該督將
韓添勇照毆死胞兄律定擬斬決，聲請夾簽。後來刑部議覆中細究案情經過，認
為案犯韓添勇捆縛胞兄，即使事前不知其母欲將其胞兄活埋，但豈有拉至墳邊
仍不知之理，明顯係事後捏供希圖輕減罪行，「應否議駁抑或隨案核覆之處，
應候鈞定」，實際上駁回了該督的夾簽聲請。此案中韓張氏、長子韓添烈均為
死者之尊長，自應按尊長故殺卑幼的服制法律審斷，自不能科以斬絞決。而唯
獨韓添勇係死者之卑幼，如果仍能以夾簽逃脫死罪，在法司看來豈不是人命案
內竟無一人以命抵罪？因此即使是尊長起意謀殺，在場下手之卑幼不知謀情，
甚至並未直接下手致死，但因服制攸關，仍然要加重處罰，依弟毆死胞兄律擬
罪。刑部在案內還特別予以說明：

　　　　弟毆胞兄者，杖九十，徒二年半，死者不分首從皆斬，故殺者
　　　皆不分首從凌遲處死等語。按謀殺有同謀不同謀之分，若故殺則係
　　　一人臨時獨自起意，而本律明言不分首從者，輯注謂卑幼共毆中有
　　　一人故殺，則共毆者皆凌遲。又云別親外人下手致死者自坐絞，而
　　　預毆之卑幼皆斬，別親外人故殺者自坐斬，而預毆之卑幼皆凌遲等
　　　語。是故殺期親案內，預毆之卑幼即不知故殺之情，亦應科以凌遲

〔註 16〕　《刑案匯覽》卷 42《刑律·鬥毆·毆期親尊長》「捆縛胞兄並不知母欲行謀殺」
　　　　　條，第 2184 頁。

> 之罪。又謀殺祖父母、父母已行者，預謀之子孫不分首從皆斬；已
> 殺者皆凌遲處死，此言預謀，則不預謀者自不在其內，其止子孫，
> 不及弟侄等者，舉一以例其餘也。〔註17〕

可見在服制攸關的司法語境下，卑幼對尊長不僅不得有任何干犯之舉，如果有
任何干犯的主觀故意亦為情法所不容。刑部對此案件的處理，讓我們對清代法
律體系下以服制斷罪，對犯尊卑幼的嚴厲處罰留下了更為直觀深刻的印象。

　　通過《刑案匯覽》中所選乾隆年間的幾則典型夾簽案例，可以看到條例定
制初期，法司在服制命案審斷中對夾簽的使用是非常謹慎的，不僅要嚴格地遵
照已有的夾簽條例規定，還在實際司法中對條例規定有了更為具體的限定條
件，如帖1中必須是「姦夫謀殺本夫」、帖2中「毆殺圖姦尊長則引情輕夾簽
之例，若係故殺則於出語聲明照覆，不必夾簽」。此外，更能夠看到在司法實
際中，准予或是不予夾簽，其實很多時候並不完全取決於案情本身，而是在其
中微妙的情與法的衡平。夾簽制度的作用更像是在司法體系之下罪名孰輕孰
重的一個彈性機制，在某種程度上賦予了執法者一定的自由裁量權。或許因為
如此，儘管乾隆年間的夾簽案例數量相較其他各朝有限，但仍然可以看到從夾
簽條例制定初期在司法實踐中就不自覺地帶有擴大化的傾向。

　　乾隆十五年（1750）御史王荃曾奏請，希望將夾簽的範圍從特殊服制案件擴
大到所有服制之案一體聲明加簽，實際上就是人為擴大了夾簽在服制案件中的
使用範圍。皇帝和刑部都認為服制案件中依服制擬罪，加重對卑幼的處罰本屬天
經地義，如果對所有服制案件夾簽酌情，反而是對服制法律的質疑乃至輕視，因
此駁回了王荃的奏請，嚴格地將夾簽限定於特殊服制命案的範疇內。

　　乾隆四十六年（1781）曾有「三法司具題核覆袁守侗審擬蔚州民陶銀誤
砸胞叔陶尚義受傷身死」一案，該案犯陶銀欲獨自取賣公共之碾框，輒於黃
夜往取，及至伊叔驚醒查問喝阻，該犯將碾框摔去，致陶尚義受傷殞命。此
案刑部擬以斬決，並夾簽請旨。皇帝認為案犯陶銀其形跡本與偷竊無異，其
中並恐有存心干犯情事，且屍親之子尚有求為伊父伸冤之語，種種皆有疑竇，
「法司自應逐加核駁令該督再行提訊確實，俾死者不致含冤，方得詳慎庶獄
之道。何竟率行照覆，並為夾簽聲請耶？」〔註18〕除了將此本交刑部另行改

---

〔註17〕《刑案匯覽》卷42《刑律‧鬥毆‧毆期親尊長》「捆縛胞兄並不知母欲行謀殺」
　　　　條，第2184頁。
〔註18〕《大清高宗純皇帝實錄》乾隆四十六年六月下。

駁發回外，乾隆帝還特地將此諭令該堂官知之，其端肅司法風氣，嚴審夾簽案件之意不言而喻。

另有乾隆五十五年（1790）「申兆吉劃傷胞叔申榮身死」一案，此案案犯申兆吉與胞叔申榮之子申開吉因索欠互相爭扭。申榮幫護伊子棍毆申兆吉，復取筐內屠刀，申兆吉恐致砍扎搶刀走避。不料申榮趕上抱住，申榮之妻趙氏趨至奪刀，申兆吉用力掙脫，致將申榮劃傷殞命。此案刑部認為釁起死者護子趕毆，傷由掙脫誤劃，並非逞兇干犯，故應將申兆吉定擬斬決，復夾簽聲明，票擬雙簽進呈。乾隆帝在閱過此案後，對案情提出了質疑，認為題本內情節多未確實。皇帝認為案件釁由申兆吉索債而起，遂將屠刀劃傷伊叔身死，恐另有逞兇干犯避重就輕情事。雖然罪犯申兆吉供稱申榮欲取筐內屠刀，該犯搶刀掙脫以致誤劃斃命，但係該犯一面之詞，並非出於屍親之口，別無佐證，豈可據以定案，致滋輕縱。不僅如此，皇帝認為此案刑部輕率夾簽、寬縱罪行，提出了訓斥：

> 刑部為天下刑名總匯，於此等服制重案並不悉心推究，率照原報情節定擬，又為夾簽聲明，以斬決、斬候雙簽請旨。如將該犯即行處斬，是此案用法從嚴由於朕意，若竟從寬改為監候，則該犯得以緩死，全賴刑部為之聲請，又可為沽名之地。該部為執法之司豈可有意從寬邀譽，獨以刻核之名歸之於朕耶？嘗聞皋陶曰殺之三，堯曰宥之三，未聞堯曰殺之三，皋陶轉曰宥之三也。阿桂等皆曾讀書識字，又係素能辦事之人，何以辦理此案錯謬至此。且現在山東一帶，望澤維殷，朕廑切民依，焦勞日甚。阿桂等不知仰體朕懷，何忍以此等案件歸過於朕，致增煩懣？試令阿桂等自問於心安乎？〔註19〕

乾隆帝以上古四聖之一、中國司法鼻祖皋陶與傳說中的明君堯為例，再三強調了阿桂等刑部官員應該嚴格執法，在司法中不能任用夾簽。在這樣的比喻中有意思的是，希望法司去做冷酷無情、不講情理的國家機器，而皇帝則扮演恩出於上、寬嚴並濟的最高執法者。皇帝認為如果法司濫用夾簽，實際是將刑部的司法責任轉移到了自己身上，因此聲明：「朕辦理庶獄，惟期平允，原不稍存成見，亦不肯代人受過也。」最終將此案原本發還，命刑部嚴行申飭，仍著推究案情，另行具題。乾隆一朝似此駁議夾簽的案例並不罕見，似乎都可驗證夾簽條例在制定後，其在司法實踐中的適用總是存在擴大化的傾向。夾簽條例的

---

〔註19〕《大清高宗純皇帝實錄》乾隆五十五年三月下。

制定賦予了司法者一定法外衡情的自由裁量權，但由於其特殊的性質和集權統治的需要又必須嚴格地予以限制。當然鑒於最終決斷權的掌控和皇帝的態度，乾隆朝時夾簽在司法中擴大化實際產生的影響並不明顯。或許上述材料更可以說明立法者和執法者對「夾簽」條例的制定和在早期服制案件中使用中都採取了極為審慎的態度。

## 二、「擴大化」的夾簽

如前所述，筆者認為在乾隆朝夾簽條例產生和初步發展的階段，其在司法實際中擴大化的趨勢尚不明顯，更多是在沿襲之前的夾簽使用慣例。到了後來的嘉慶朝和道光朝，伴隨夾簽條例的逐步完善和更具針對性的司法實踐，夾簽制度在服制類案件的司法實踐中愈加嫻熟，其在服制類案件中適用範疇較之前朝擴大。在清代刑科題本、《清實錄》、《刑案匯覽》、《駁案彙編》等清代司法檔案和案例彙編中所存的夾簽案例，以嘉慶和道光年間收錄的案例數量相較為多，說明其在司法中的使用更為普遍。而且在這兩朝的夾簽案件中，不僅限於附有夾簽條例具文的「殺死姦夫」「戲殺誤殺過失殺人」「毆期親尊長」「毆大功以下尊長」四種類型案件，還可見在其他律條下的比附使用夾簽條例的情況。因此，嘉慶和道光兩朝是夾簽在服制案件中從嫻熟運用到「擴大化」使用的主要階段。值得特別說明的是，這裡的「擴大化」是相對清朝其他各代而言，由於夾簽的特殊性質在司法中還是受到法律嚴格限制的。筆者整理了《刑案匯覽》系列中嘉慶朝與道光朝的夾簽聲請案例，以此來探討夾簽在司法中得到「擴大化」運用的表現。

### 表格 2-5　《刑案匯覽》系列所錄嘉慶朝夾簽聲請案例〔註20〕

| 序號 | 時間 | 案情簡介 | 親屬關係 | 審理意見 | 資料來源 |
|---|---|---|---|---|---|
| 2-3-1 | 嘉慶四年 | 崔文娃告知胞伯崔之才期親服嬸崔陳氏與曹添恩姦宿捉姦，崔之才捉姦起意致死。崔文娃聽從加功，將崔陳氏勒斃 | 期親服嬸姪 | 將崔文娃擬以凌遲，夾簽聲明 | 《刑案匯覽》卷24《刑律·人命·殺死姦夫》「隨同胞伯捉姦勒死犯姦胞嬸」條 |

---

〔註20〕　案例來源自《刑案匯覽全編（點校本）》所輯《刑案匯覽》六十卷、《續增刑案匯覽》十六卷、《新增刑案匯覽》十六卷、《刑案匯覽續編》三十二卷，法律出版社 2007 年。

| 2-3-2 | 嘉慶七年 | 吳文科因期親孀母吳黃氏與緦麻侄孫吳洪儒通姦，同弟吳文賢往捉。聽聞伊弟被毆跌倒地，拔刀進內幫捕，誤戳黃氏身死 | 期親孀侄 | 將吳文科照例准其夾簽 | 《刑案匯覽》卷24《刑律·人命·殺死姦夫》「孀母與人通姦捉姦誤殺孀母」條 |
| 2-3-3 | 嘉慶十五年 | 劉好小係劉張氏期親服侄，該犯之父劉勇興因張氏與劉弟柱通姦往捉，先將劉弟柱砍斃，復揪住張氏聲稱一併殺死，令該犯幫按，致張氏被劉勇興砍斃 | 期親伯母服侄 | 將劉好小依親屬捉姦故殺伯母，不分首從律凌遲，夾簽聲明 | 《刑案匯覽》卷24《刑律·人命·殺死姦夫》「隨父捉姦聽從幫按殺死伯母」條 |
| 2-3-4 | 嘉慶十九年 | 孫萬仁因小功服兄孫維仁與伊大功堂兄孫廣仁之妻李氏通姦。孫廣仁邀同該犯幫捉，孫廣仁先將孫維仁用刀砍傷倒地，按住兩手，令該犯砍其兩腿，該犯用刀將孫維仁疊砍致斃 | 小功兄弟 | 將孫萬仁依本夫有服親屬捉姦殺死犯姦尊長之案，卑幼毆本宗小功兄死者斬律擬斬立決，仍夾簽聲請 | 《刑案匯覽》卷24《刑律·人命·殺死姦夫》「聽從功兄按姦毆死犯姦功尊」條 |
| 2-3-5 | 嘉慶二十年 | 余在邦因外姻緦麻表兄朱萬明與伊胞姊余氏通姦，余在邦將朱萬明扎傷殞命 | 緦麻表兄弟 | 將余在邦依卑幼毆死外姻緦麻兄本律擬斬監候，聲請夾簽，奉旨敕下九卿核擬，減為杖一百，流三千里 | 《刑案匯覽》卷24《刑律·人命·殺死姦夫》「登時殺死與胞姊通姦之表兄」條 |
| 2-3-6 | 嘉慶二十一年 | 黃鄧氏與歐亞德通姦，致本夫黃元畛被歐亞德毒斃 | 夫妻 | 將黃鄧氏夾簽隨本聲請減流 | 《刑案匯覽》卷24《刑律·人命·殺死姦夫》「姦夫謀殺本夫脫逃姦婦待質」條 |
| 2-3-7 | 嘉慶二十二年 | 邢氏因與史振花通姦，被本夫查知責打，該氏即立意改悔，並屢次同史振花拒絕，史振花續姦不遂，將本夫謀殺。該氏事後聞知往看，投保報案 | 夫妻 | 將史振花係依姦夫謀殺親夫例擬斬立決，依姦婦不知情絞候聲請減流上再減一等，科以滿徒 | 《刑案匯覽》卷24《刑律·人命·殺死姦夫》「拒絕後姦夫謀殺夫姦婦首告」條 |
| 2-3-8 | 嘉慶二十二年 | 李大魁因瘋病復發，先後用刀砍傷伊妻張氏及期親服叔李萬鑲殞命，並砍傷期親孀母董氏及族人李大孝、李劉氏、李氏，傷均平復 | 期親叔侄 | 將李大魁擬斬立決，夾簽具題，九卿議奏改為斬候 | 《刑案匯覽》卷32《刑律·人命·戲殺誤殺過失殺傷人》「因瘋砍死胞叔並妻另傷四人」條 |

| | | | | | |
|---|---|---|---|---|---|
| 2-3-9 | 嘉慶七年 | 趙秀雙因與小功服弟趙秀核口角爭鬧，拾磚嚇擲，適小功服兄趙秀樸踵至，誤傷額角倒地，越九日身死 | 小功兄弟 | 將趙秀雙仍照例夾簽 | 《刑案匯覽》卷41《刑律·鬥毆·毆大功以下尊長》「誤殺功尊止准夾簽不准留養」條 |
| 2-3-10 | 嘉慶七年 | 況仕誥戳傷小功服叔況照美，並況仕翰戳傷小功服弟況仕敏各身死一案 | 小功叔侄 | 將況仕誥擬斬決，聲請夾簽 | 《刑案匯覽》卷41《刑律·鬥毆·毆大功以下尊長》「祖墳被刨毆死功尊准其夾簽」條 |
| 2-3-11 | 嘉慶十七年 | 夏必琇致傷小功服叔夏之綱酒醉跌磕身死一案，又題程楚波致傷小功服兄程榮斌跌戳身死 | 小功叔侄小功兄弟 | 將夏必琇、程楚波均照例夾簽聲請 | 《刑案匯覽》卷41《刑律·鬥毆·毆大功以下尊長》「被毆掙奪跌斃功尊應准夾簽」條 |
| 2-3-12 | 嘉慶十八年 | 王文祥因與小功服叔王洪開地土相連，因王文祥在伊地內砍伐樹木，王洪開聲稱有關風水不允起爭。王文祥被王洪開辱罵並用棍毆傷，後用棍搪抵致傷王洪開殞命 | 小功叔侄 | 將王文祥擬斬立決，援例夾簽 | 《刑案匯覽》卷41《刑律·鬥毆·毆大功以下尊長》「搪抵致斃理曲功尊應准夾簽」條 |
| 2-3-13 | 嘉慶十八年 | 馮松林毆傷大功兄馮景林，餘限內因風身死 | 大功兄弟 | 將馮松林夾簽錄呈 | 《刑案匯覽》卷41《刑律·鬥毆·毆大功以下尊長》「毆傷大功兄餘限內因風身死」條 |
| 2-3-14 | 嘉慶二十年 | 董魁清因小功服兄董興讓誤打伊地內樹棗經見攔阻，董興讓用木杆向毆，該犯順用挖菜小刀抵格，後奪獲木杆，毆董興讓左臁胕一下。嗣因董興傷處潰爛，越二十五日因風身死 | 大功兄弟 | 傷由奪杆還毆，死係因風，且在二十日之外，將董魁清依例夾簽聲明，改為斬候 | 《刑案匯覽》卷41《刑律·鬥毆·毆大功以下尊長》「毆傷小功兄正限外因風身死」條 |
| 2-3-15 | 嘉慶二十年 | 朱華年手執瓦茶壺出外沖茶，順向大功兄朱昌年索欠，朱昌年揪住該犯衣領毆打並用頭向撞，被該犯所執瓦壺底上碰傷額顱連右額角，越二十一日因風身死 | 大功兄弟 | 朱昌年傷由自碰死，係因風且在正限之外，將朱華年按例夾簽聲明，改為斬候 | 《刑案匯覽》卷41《刑律·鬥毆·毆大功以下尊長》「碰傷功兄正限外因風身死」條 |

| 2-3-16 | 嘉慶二十四年 | 侯掄升因向小功服叔侯殿華索討欠錢，侯殿華用棍向該犯頭上亂毆，該犯逃跑被追，慮其追及，回身拾磚嚇擲，適傷其左腮頰，越十六日因風身死 | 小功叔侄 | 侯掄升釁起索欠理直，迨被持棍追趕，拾磚嚇擲，僅止不致命一傷，且死由抽風，似可照例夾簽 | 《刑案匯覽》卷41《刑律·鬥毆·毆大功以下尊長》「毆小功叔越十六日抽風身死」條 |
|---|---|---|---|---|---|
| 2-3-17 | 嘉慶二十四年 | 孫亮因小功兄孫梓邀伊陪客，該犯因事回覆，孫梓氣忿斥罵掌責，該犯掙脫逃走，孫梓拾取槍頭趕扎。該犯奪過槍尖向外，因孫梓回奪，情急用力拉奪，適傷其左肋殞命 | 小功兄弟 | 將孫亮加擬夾簽 | 《刑案匯覽》卷41《刑律·鬥毆·毆大功以下尊長》「情可矜憫親老丁單一併夾簽」條 |
| 2-3-18 | 嘉慶二十四年 | 張承鶴因小功兄張承照偷放伊家田水，戳傷小功兄張承照身死 | 小功兄弟 | 張承鶴照例夾簽 | 《刑案匯覽》卷41《刑律·鬥毆·毆大功以下尊長》「功尊偷放田水回戳二傷適斃」條 |
| 2-3-19 | 嘉慶二十四年 | 胡達係胡明胞弟，伊母李氏因胡明屢次為匪，復被推跌，意欲毆打出氣，冀其改悔，令該犯相幫撳按，胡明出言混罵，李氏忿極順取菜刀將胡明疊砍致斃 | 同胞兄弟 | 將胡達駁令擬斬，夾簽聲請 | 《刑案匯覽》卷42《刑律·鬥毆·毆大功以下尊長》「幫按胞兄並不知母臨時故殺」條 |
| 2-3-20 | 嘉慶二十五年 | 黃老貓與小功堂叔黃定理田畝上下毗連，該犯因黃定理田禾成熟，照向例挖放水灌溉己田。黃定理不允恃長先毆，該犯被刀扎致傷畏懼跑走，復被持刀趕戳，該犯情急抵格，適傷致斃 | 小功堂叔侄 | 將黃老貓照例夾簽 | 《刑案匯覽》卷41《刑律·鬥毆·毆大功以下尊長》「功尊理曲先毆抵格二傷適斃」條 |
| 2-3-21 | 嘉慶二十五年 | 田潮安被撲退避栽跌，致幼子磕傷身死，該犯復被撲毆，奪柴還毆，以他物二傷降服大功服姊郭田氏致斃 | 降服大功姊弟 | 將田潮安照例夾簽 | 《刑案匯覽》卷41《刑律·鬥毆·毆大功以下尊長》「子死非命還毆功尊二傷適斃」條 |

| 2-3-22 | 嘉慶元年 | 殷世泰因索牛起釁，經胞兄殷世華扭住欲毆，該犯掙脫逃避，致兄失跌扛傷斃命 | 同胞兄弟 | 將殷世泰予以夾簽聲請 | 《刑案匯覽》卷43《刑律·鬥毆·毆期親尊長》「被毆掙脫跌斃胞兄簽商夾簽」條 |
|---|---|---|---|---|---|
| 2-3-23 | 嘉慶十五年 | 吳鼇猴因胞兄吳鴻猴將伊母姚氏推跌倒地，並持刀欲行拼命，該犯將刀奪獲走開。嗣吳鴻猴復向伊母扭毆，該犯舉刀嚇戳，不意吳鴻猴向該犯撲毆，致刀尖戳傷吳鴻猴左乳殞命 | 同胞兄弟 | 將吳鼇猴照例夾簽 | 《刑案匯覽》卷43《刑律·鬥毆·毆期親尊長》「救母嚇戳胞兄致斃應准夾簽」條 |
| 2-3-24 | 嘉慶十六年 | 童元炯將繼母周氏推跌倒地，童元康、童元言聞母喊救趨護，救母情切毆胞兄童元炯身死 | 同胞兄弟 | 將童元康、童元言按例夾簽聲請 | 《刑案匯覽》卷43《刑律·鬥毆·毆期親尊長》「救母殺兄母雖未傷應准夾簽」條 |
| 2-3-25 | 嘉慶十七年 | 周通九因胞兄周通四偷竊伊母牛隻並拳毆伊母成傷，伊母忿恨，逼令該犯將周通四推入河內溺斃 | 同胞兄弟 | 將周通九按例夾簽聲請 | 《刑案匯覽》卷43《刑律·鬥毆·毆期親尊長》「聽從母命推溺胞兄致斃夾簽」條 |
| 2-3-26 | 嘉慶十九年 | 饒士瓊聽從伊父饒世勝主使，毆傷胞叔饒世友身死 | 期親叔侄 | 將饒士瓊按例夾簽聲請 | 《刑案匯覽》卷43《刑律·鬥毆·毆期親尊長》「聽從伊父毆死胞叔其父擬徒」條 |
| 2-3-27 | 嘉慶二十一年 | 馮添衢因見胞叔馮勝玉持板凳向伊兄馮添存撲毆，拾刀將凳格落，不期誤傷馮勝玉臂膊，馮勝玉旋被馮添存刀戳殞命 | 期親叔侄 | 將馮添存、馮添衢均依侄毆叔至死律擬以斬決，並以馮添衢尚非逞兇干犯，照例聲明夾簽 | 《刑案匯覽》卷43《刑律·鬥毆·毆期親尊長》「弟兄毆死胞叔一致死一誤傷」條 |
| 2-3-28 | 嘉慶二十一年 | 姚仕俊因胞伯姚廣虞與伊父姚翠虞爭鬧，情切救護，用棒向毆，適傷其腦後殞命。伊父姚翠虞旋亦因傷身死 | 期親伯侄 | 將姚仕俊依例夾簽聲請 | 《刑案匯覽》卷43《刑律·鬥毆·毆期親尊長》「救父情切毆死胞伯止准夾簽」條 |

| 2-3-29 | 嘉慶二十二年 | 吳定文因胞兄吳定廣被大功服兄吳定邦按倒喊救，該犯上前趨勸，吳定邦疑其幫護即用木棒毆傷該犯，復用木棒追毆，該犯情急順用木柱抵格，適傷其偏右殞命 | 大功兄弟 | 將吳定文依例夾簽聲請 | 《刑案匯覽》卷43《刑律・鬥毆・毆期親尊長》「抵格適斃期功尊長應准夾簽」條 |
|---|---|---|---|---|---|
| 2-3-30 | 嘉慶二十二年 | 張進高因胞兄張進申屢向頂撞，欲硬取伊母養贍糧食變賣不允，將伊母推跌擦傷。復強姦胞兄之妻已成，嗣聽從母命活埋胞兄張進申身死 | 同胞兄弟 | 將張進高按例夾簽聲請 | 《刑案匯覽》卷43《刑律・鬥毆・毆期親尊長》「聽從母命謀死淫惡蔑倫胞兄」條 |
| 2-3-31 | 嘉慶二十五年 | 胡狀因胞兄胡毛欠錢向索，被其掌毆右腮頰，維時該犯正用刀切菜，負痛情急，舉刀搪抵，適傷胡毛偏右，越八日殞命 | 同胞兄弟 | 將胡狀按例夾簽聲請 | 《刑案匯覽》卷43《刑律・鬥毆・毆期親尊長》「被毆搪抵適斃胞兄應准夾簽」條 |
| 2-3-32 | 嘉慶二十六年 | 李幅聽從伊祖李登魁將伊胞叔李秋家娃捆毆致斃 | 期親叔侄 | 將李幅按例夾簽聲請 | 《刑案匯覽》卷43《刑律・鬥毆・毆期親尊長》「先毆胞叔一傷後從祖命毆斃」條 |
| 2-3-33 | 嘉慶十九年 | 過繼與胞伯為嗣的武二子因胞兄武大子向伊母徐氏索錢沽飲不允，將徐氏推跌，徐氏嚇逼武二子將武大子毆傷身死 | 過繼同胞兄弟 | 將武二子由杖一百，流三千里改為歸宗留養 | 《刑案匯覽》卷2《名例律・犯罪存留養親》「聽從毆死降服胞兄歸宗留養」條 |
| 2-3-34 | 嘉慶十一年 | 方袁氏因母袁單氏告借，往尋伊夫方仲美籌錢應付，因袁單氏在伊身後拉衣向阻，以致往後退跌，碰翻袁單氏倒地痰壅身死 | 母女 | 將方袁氏擬絞決夾簽，倘蒙聖恩改為絞候，即將該犯婦入於秋審服制案內辦理 | 《刑案匯覽》卷44《刑律・鬥毆・毆祖父母父母》「過失殺父母應擬絞決夾簽」條 |
| 2-3-35 | 嘉慶二十五年 | 嘉慶元年成案，白萬良因與堂兄白萬金爭毆，商謀欲自行刎死圖賴。該犯自用剃刀抹傷頷頰，手軟不能再抹，促令代抹，小白張氏勉強拾刀，輕抹腮頰，畏懼棄刀跑回。嗣大白張氏狠割白萬良咽喉殞命 | 夫妻 | 將小白張氏依例夾簽，由斬決改為斬候 | 《刑案匯覽》卷23《刑律・人命・謀殺祖父母父母》「夫欲尋死圖賴其妻代抹傷輕」條 |

### 表格 2-6　《刑案匯覽》系列所錄道光朝夾簽聲請案例〔註21〕

| 序號 | 時間 | 案情簡介 | 親屬關係 | 審理意見 | 資料來源 |
|---|---|---|---|---|---|
| 2-4-1 | 道光二年 | 譚正紀因小功服叔譚綜第與伊妻鄧氏通姦，邀允伊兄譚正倫、堂兄譚正剛幫捉，譚綜第辱罵，譚正紀又毆譚綜第傷重殞命 | 小功叔姪 | 本夫譚正紀捉姦殺死姦夫，夾簽聲請。譚正倫、譚正剛二犯例得勿論 | 《刑案匯覽》卷24《刑律‧人命‧殺死姦夫》「捉姦毆死功尊幫毆之親勿論」條 |
| 2-4-2 | 道光八年 | 陳繼有因出嫁胞姊陳氏與龔苟子通姦，一時忿激，即取木棍毆傷陳氏右後脅等處殞命 | 同胞姊弟 | 將陳繼有擬以斬決，夾簽聲明。 | 《刑案匯覽》卷24《刑律‧人命‧殺死姦夫》「捉姦殺死犯姦胞姊擬罪夾簽」條 |
| 2-4-3 | 道光十三年 | 申佐言因胞兄申佐亨強姦伊妻未成，撞獲毆傷後起意致死，用帶將申佐亨勒斃 | 同胞兄弟 | 將申佐言照情輕之例夾簽聲明 | 《續增刑案匯覽》卷8《刑律‧人命‧殺死姦夫》「故殺強姦伊妻未成之胞兄」條 |
| 2-4-4 | 道光元年 | 王盍沅因被大功堂兄王盍方黃夜登門尋釁，該犯被毆情急，順用頂門鐵鋤鉤嚇，抵冀其松放，不期適傷王盍方囟門殞命 | 大功堂兄弟 | 將王盍沅照例夾簽 | 《刑案匯覽》卷41《刑律‧鬥毆‧毆大功以下尊長》「被毆嚇抵致斃功尊應准夾簽」條 |
| 2-4-5 | 道光二年 | 胡應碌因伊小功堂叔胡成智屢欲將伊曾祖母曾氏墳墓挖毀變賣墳地，因其殘忍蔑倫，一時忿激頓起殺機，用刀砍傷致斃 | 小功堂叔姪 | 卑幼致死小功尊屬，毆殺與故殺同屬斬決，將胡應碌仿照夾簽聲明 | 《刑案匯覽》卷41《刑律‧鬥毆‧毆大功以下尊長》「故殺挖毀祖墳之小功叔」條 |
| 2-4-6 | 道光二年 | 郭立隴用磚塊擲打伊母薛氏，薛氏逃跑由郭立禎身旁趨過，郭立隴尾追並稱定欲將薛氏毆死。該犯情切救護，順用鐵手炮點放，冀圖逼嚇退避，適傷小功堂兄郭立隴肚腹殞命 | 小功堂兄弟 | 將郭立楨照例夾簽聲請 | 《刑案匯覽》卷42《刑律‧鬥毆‧毆大功以下尊長》「救親情切點放鐵炮致斃功尊」條 |

〔註21〕　案例來源自《刑案匯覽全編（點校本）》所輯《刑案匯覽》六十卷、《續增刑案匯覽》十六卷、《新增刑案匯覽》十六卷、《刑案匯覽續編》三十二卷，法律出版社 2007 年。

| 2-4-7 | 道光五年 | 大功堂兄劉聚之父劉太繩強賣地畝,逼迫伊母劉張氏自縊身死,伊幼弟亦因失乳餓斃。後因念母出言抱怨,劉聚揪辮按毆,劉恩情急用鎌刀抵格,二人拉奪爭刀致傷劉聚殞命 | 大功堂兄弟 | 將劉恩援例夾簽 | 《刑案匯覽》卷41《刑律·鬥毆·毆大功以下尊長》「母死悲怨被毆抵格刃斃功尊」條 |
| --- | --- | --- | --- | --- | --- |
| 2-4-8 | 道光六年 | 閉啟彰因期親胞弟閉啟平行竊為匪,主使小功服侄閉見廣、閉秀菁幫同捆縛,將閉啟平沉塘溺斃 | 小功叔侄 | 將閉見廣、閉秀菁援例夾簽聲明 | 《刑案匯覽》卷41《刑律·鬥毆·毆大功以下尊長》「聽從尊屬謀死以次小功尊屬」條 |
| 2-4-9 | 道光十一年 | 嚴久榮黑暗中不辨面貌,以致疑賊誤砍大功堂兄嚴久條身死 | 大功兄弟 | 將嚴久榮依律擬斬立決,聲明並非有心干犯,夾簽聲請 | 《刑案匯覽》卷42《刑律·鬥毆·毆大功以下尊長》「疑賊誤殺兄不得照犯時不知」條 |
| 2-4-10 | 道光十三年 | 蕭茂興因與胞兄蕭茂英各將麥穗在屋後山上曬晾未收,黑夜聽聞犬吠,蕭茂興疑賊誤傷伊兄蕭茂英斃命 | 同胞兄弟 | 將蕭茂興照誤傷尊長本律擬斬立決,夾簽聲請 | 《續增刑案匯覽》卷11《刑律·鬥毆·毆大功以下尊長》「疑賊誤殺兄不得照犯時不知」條 |
| 2-4-11 | 道光十四年 | 丁阿興黑夜疑賊,邀同丁阿發往捕,丁阿興先用柴刀背誤毆小功服兄丁阿松腳上兩下。丁阿發、丁象坤隨後走至,各用柴刀背毆丁阿松腳上兩下,丁阿松越日因傷殞命 | 小功兄弟 | 將丁阿興審照亂毆不知先後輕重,罪坐初鬥例,依毆死小功兄律擬斬夾簽 | 《續增刑案匯覽》卷11《刑律·鬥毆·毆大功以下尊長》「疑賊亂毆小功兄身死」條 |
| 2-4-12 | 道光十七年 | 陳潮遂因分居胞兄陳潮發黑夜行竊,登時起捕,用尖刀格戳其左脅,陳潮發聲喊。該犯聽係陳潮發聲音,當即住手,陳潮發越日殞命 | 分居胞兄弟 | 將陳潮遂擬斬夾簽 | 《續增刑案匯覽》卷11《刑律·鬥毆·毆大功以下尊長》「捕賊格殺胞兄仍照本律擬斬」條 |
| 2-4-13 | 道光十八年 | 魏張氏被伊翁魏明得用刀嚇逼,前往魏明叔之子魏拴家下毒,以致誤將大工夫伯 | 大功夫伯 | 將魏張氏擬以斬決,夾簽聲請 | 《刑案匯覽續編》卷23《刑律·鬥毆·毆大功以 |

| | | 魏明經並其幼子魏廣毒斃 | | | 下尊長》「聽從下毒誤斃功尊一家二命」條 |
|---|---|---|---|---|---|
| 2-4-14 | 道光二十一年 | 蘇抗攜帶竹銃夜間赴田巡視，疑係賊人偷麥，順點竹銃嚇放，致沙子飛傷蘇搖咽喉左血盆骨倒地，傷重逾時殞命 | 降服大功兄弟 | 將蘇抗例准夾簽 | 《刑案匯覽續編》卷23《刑律·鬥毆·毆大功以下尊長》「疑賊誤斃大功服兄」條 |
| 2-4-15 | 道光二十五年 | 羅沈墊因大功堂兄羅沈萬係該犯胞兄羅沈喜同祖堂弟，該犯見羅沈萬將羅沈喜砍傷身死，忿激捉拿，致格傷羅沈萬殞命 | 大功兄弟 | 將羅沈墊仍照本罪擬斬，夾簽聲明，俟奉旨核擬量從末減時，再請量減為杖一百流三千里 | 《刑案匯覽續編》卷23《刑律·鬥毆·毆大功以下尊長》「為兄復仇格斃罪犯應死尊長」條 |
| 2-4-16 | 道光元年 | 林細悌因胞兄林阿登乘夜赴山偷伊地瓜，因疑賊用棍將伊兄毆傷。迨伊兄趕回用擔拄撞門進內向該犯亂毆，該犯情急順摸柴刀抵格，適傷致斃，越七日殞命 | 同胞兄弟 | 將林細悌依弟毆胞兄死律擬斬立決，照情輕之例夾簽聲明 | 《刑案匯覽》卷43《刑律·鬥毆·毆期親尊長》「先因疑賊後因抵格適斃兄命」條 |
| 2-4-17 | 道光元年 | 胞兄任得恭平日不顧父母養贍，並屢次觸犯，復幫護外人尋釁。伊父任燦令任得讓往向村斥，任得恭即攜柴刀趕砍，該犯奪獲柴刀，彼此揪毆砍劃，致傷任得恭，次日殞命 | 同胞兄弟 | 將任得讓照例夾簽聲請 | 《刑案匯覽》卷43《刑律·鬥毆·毆期親尊長》「勉從疊毆期尊至死應准夾簽」條 |
| 2-4-18 | 道光三年 | 陳順盛因胞兄陳順振出言頂撞伊母，伊母氣忿拾□向毆，陳順振奪□頂住伊母胸前，伊母喊救，陳順盛聞聲趨救，情急用手拉□，致□柄退後，誤傷陳順振腎囊殞命 | 同胞兄弟 | 將陳順盛照例夾簽聲請 | 《刑案匯覽》卷43《刑律·鬥毆·毆期親尊長》「救母誤斃毆母之兄止准夾簽」條 |
| 2-4-19 | 道光三年 | 楊百明聽從伊父主使毆傷胞叔楊二足身死 | 期親叔姪 | 將楊百明依律擬斬立決，夾簽聲請 | 《刑案匯覽》卷43《刑律·鬥毆·毆期親尊長》「聽從伊父致死胞叔分別夾簽」條 |

| 2-4-20 | 道光六年 | 劉陳氏與伊故夫之二胞兄劉太角爭毆,喝令伊夫大胞兄之子劉元才幫毆,劉元才被逼拾吹火斷鐵筒毆傷劉太髮際。劉陳氏又取柴刀用背嚇毆其頂心等處殞命 | 期親叔姪 | 劉陳氏依妻毆夫期親尊長至死律擬斬監候。劉元才自應仍照本律擬斬,聽候夾簽 | 《刑案匯覽》卷42《刑律·鬥毆·毆期親尊長》「聽從嬸母毆斃胞叔下手傷輕」條 |
| 2-4-21 | 道光十二年 | 王世發因緦麻表兄馮錫受將伊雞隻宰殺,該犯向其索賠爭鬧,誤戳傷外祖母馮楊氏左臀殞命 | 外祖母外孫 | 將王世發援例夾簽聲請 | 《刑案匯覽》卷43《刑律·鬥毆·毆期親尊長》「誤傷外祖母身死應援例夾簽」條 |
| 2-4-22 | 道光十三年 | 鄭倡沅與鄭倡侯係同父異母服屬期親兄弟,鄭柳氏係鄭倡侯繼母,鄭倡侯分出另居。後鄭倡侯黑夜撬門行竊,將繼母鄭柳氏毆傷,用簽擔向鄭倡沅毆打,該犯用棒嚇毆,致傷其左乳殞命 | 期親兄弟 | 將鄭倡沅駁令夾簽 | 《刑案匯覽》卷43《刑律·鬥毆·毆期親尊長》「毆死罪犯應死之兄駁令夾簽」條 |
| 2-4-23 | 道光十四年 | 奇里繃阿聽從胞伯文元擬傷胞兄伊克唐阿身死,奇里繃阿下手傷輕一案 | 期親兄弟 | 將奇里繃阿照本律問擬斬決,法司核擬時夾簽聲請 | 《刑案匯覽》卷42《刑律·鬥毆·毆期親尊長》「聽從尊長毆死次尊仍遵本律」條 |
| 2-4-24 | 道光二十六年 | 辛萬喜、辛萬花均係辛萬才胞弟,同向辛萬才索分公地。辛萬花因被毆情急,用手格棍,將辛萬才致傷,伊弟辛萬喜因攏勸被斥,用刀棍將辛萬才劃毆致斃 | 同胞兄弟 | 辛萬喜係有心逞兇干犯,應即按律斬決,辛萬花被毆回格,係無心干犯,援照情輕之例聽候夾簽 | 《刑案匯覽續編》卷24《刑律·鬥毆·毆期親尊長》「兩弟共毆胞兄身死不分首從」條 |
| 2-4-25 | 道光二十八年 | 朱汶愷因與小功堂娃朱立畛爭罵。該犯順點竹銃向朱立畛嚇放,不期伊胞兄朱汶相聞鬧走出,致被誤傷身死 | 同胞兄弟 | 將朱汶愷依律問擬凌遲,並聲明並非有心干犯,夾簽聲請 | 《刑案匯覽續編》卷24《刑律·鬥毆·毆期親尊長》「施放竹銃誤殺胞兄」條 |
| 2-4-26 | 道光二年 | 張綠長毆傷忤逆胞兄張幅長身死 | 同胞兄弟 | 將張綠長不准隨本聲請留養,照擬夾簽 | 《刑案匯覽》卷2《名例律·犯罪存留養親》「毆死胞兄未便隨本聲請留養」條 |

| 2-4-27 | 道光六年 | 廖馨受因與朱馨爭鬧，順用竹銃嚇放，誤傷小功服叔廖其述身死 | 小功叔侄 | 將廖馨受擬斬立決，照例夾簽聲明，奉旨改為斬候，情實二次照例改為緩決，准其留養 | 《刑案匯覽》卷2《名例律·犯罪存留養親》「放銃誤斃功尊改緩後請留養」條 |
| --- | --- | --- | --- | --- | --- |
| 2-4-28 | 道光二十一年 | 趙盛氏因伊夫趙伏旺與女路趙氏通姦產生私孩，致相口角爭毆。嗣該氏因趙伏旺姦淫其女，氣忿莫遏，復用鐵杴毆砍其左腮頰等處斃命 | 夫妻 | 比照卑幼捉姦殺死犯姦尊長之案，相應將趙盛氏照例夾簽 | 《刑案匯覽續編》卷23《刑律·鬥毆·妻妾毆夫》「故殺姦淫親女之夫比例聲請」條 |

結合上表所列嘉慶朝與道光朝的夾簽聲請案例，可以看到夾簽在司法中從嫻熟運用到「擴大化」的表現主要有以下幾個方面：

（一）伴隨夾簽條例的不斷完善及其在服制案件中的運用，夾簽制度在司法中的專業性和針對性更加凸顯，在可矜服制命案的司法實踐中更為普及。法司在處置有特殊情節的服制命案時，會率先考慮是否適用夾簽條例，對一些誤用別條法律的服制案件也予以了糾正。

如表2-4-4嘉慶十九年「聽從功兄按姦毆死犯姦功尊」一案，此案孫維仁與伊大功堂兄孫廣仁之妻李氏通姦，孫廣仁邀同大功堂弟孫萬仁幫捉，孫廣仁先將孫維仁用刀砍傷倒地，按住兩手，令該犯砍其兩腿使成殘廢，該犯用刀將孫維仁疊砍致斃。此時尚無期親卑幼聽從尊長主使，共毆以次尊長、尊屬致死之案的夾簽條例，但由於畢竟是聽從尊長主使，毆死的又是犯姦尊長，直接擬以斬決似乎情法未協，因此該撫將孫萬仁比照「聽從下手，毆本宗小功兄至死，尊長僅令毆打而輒行疊毆至死例」擬斬監候請旨。刑部認為此舉是舍本例而比引他條，係屬錯誤，認為「孫萬仁應故依本夫有服親屬捉姦殺死犯姦尊長之案，而殺死本宗期功尊長，無論是否登時，皆照毆故殺期功尊長本律擬罪，卑幼毆本宗小功兄死者斬律擬斬立決，仍夾簽聲請。」〔註22〕這樣一來，此案不是以相對模糊的比照其他法條，而是依明確的夾簽條例同樣實現了對該犯的酌情處理，使得司法過程更加有章可循，意在防範司法者的隨意和擅斷。

再如表2-4-2「捉姦殺死犯姦胞姊擬罪夾簽」一案，此案陳繼有因出嫁胞

---

姊陳氏與龔苟子通姦，該犯氣忿喊叫捉姦未成，轉迴向陳氏斥責，陳氏罵其多管，該犯一時忿激，即取木棍毆傷陳氏右後脅等處殞命。該撫將陳繼有依擅殺罪人律擬以絞候等因具題。而刑部認為「卑幼之於尊長，名分綦嚴，不可等於常人。故凡捉姦殺死尊長，仍應按本律問擬，所以重倫紀而懲干犯。今陳繼有因捉姦殺死出嫁胞姊陳氏，按其本罪律應斬決，因釁起捉姦激於義忿，正與夾簽聲明之例相符，該撫以卑幼殺死犯姦尊長之案而援引擅殺罪人之條，係屬錯誤，應令詳覈例義，另行妥擬具題。」〔註23〕一般來說此等夾簽之案予以減等，很有可能該犯最終受到的懲罰是一樣的，都以絞候論處。但是如果按原督撫所題依據擅殺罪人律審斷，實際上是規避了服制法律中以卑犯尊之卑幼加重處罰的原則，徑行減等。刑部之所以要求必須依照夾簽條例另行妥擬具題，其出發點是對社會倫理和服制法律的強調和維護。

還可見多起「疑賊誤殺兄不得照犯時不知」之類的案件，如表 2-4-9 道光十一年嚴久榮疑賊誤傷大功兄嚴久條身死一案，先經該撫以犯時不知，照凡人鬥殺律問擬絞候具題。法司以該犯即使毆由於誤，自應仍照誤傷尊長至死本例擬罪，夾簽聲請具題駁回。後該撫遵照改擬，將嚴久榮依律擬斬立決，聲明並非有心干犯具題。刑部之所以會予以駁議，目的是要強調「卑幼捉姦誤殺犯姦之尊長，因例內明知故毆者尚得准從寬宥，故不知係尊長而誤毆者，原其義忿之真情，準照犯時不知律科罪，其餘因鬥致誤、疑賊致誤之案例，既以鬥殺論，即應照毆死尊長本律辦理。」〔註24〕也就是除了誤殺犯姦尊長的案件可依「犯時不知」處置，其餘誤殺尊長可矜之類案件都要依服制本律定罪，夾簽聲請。道光十三年發生類似的案件 2-4-10 蕭茂興因疑賊誤傷胞兄蕭茂英，該撫以釁起疑賊，實屬犯時不知，將蕭茂興依凡人疑賊致斃人命，照鬥殺律擬絞監候具題。法司予以駁回要求依本律定擬聲請夾簽，同時進一步說明「犯時不知照凡論之律，除本律注內所載叔侄異地生長，素未謀面，及弓箭傷人並卑幼捉姦殺死尊長等項外，其餘均不得混行牽引。至卑幼疑賊，誤斃尊長，雖非有心干犯，惟服制攸關，仍應按本律定擬。」〔註25〕道光十

---

〔註23〕《刑案匯覽》卷 24《刑律‧人命‧殺死姦夫》「捉姦殺死犯姦胞姊擬罪夾簽」條，第 1337 頁。

〔註24〕《刑案匯覽》卷 42《刑律‧鬥毆‧毆大功以下尊長》「疑賊誤殺兄不得照犯時不知」條，第 2164 頁。

〔註25〕《續增刑案匯覽》卷 11《刑律‧鬥毆‧毆大功以下尊長》「疑賊誤殺兄不得照犯時不知」條，第 557 頁。

七年又有表 2-4-12 陳潮遂因分居胞兄陳潮發黑夜至伊家行竊，登時起捕，用棒將陳潮發遂毆傷致斃一案。由於毆死乃行竊尊長並非疑賊，援照該省歷辦成案，陳潮遂只應依犯時不知依凡論，賊犯持杖拒捕，被捕者登時格殺律勿論。而新奉通行謂「犯時不知，惟毆死卑幼與無服族人始依凡人定斷」，則陳潮遂即應依毆殺期親尊長律擬斬。兩則罪名出入甚巨，為此該督特別諮請部示。經刑部議覆：「本部查卑幼疑賊殺傷尊長，雖犯時不知不准依凡論者，原因卑幼之於尊長服制攸關，若因其供係犯時不知，遽照凡人定擬，恐無以杜狡卸而重倫常，故迭經本部聲明律意通行遵照，至卑幼捕賊殺傷行竊之尊長，雖與卑幼疑賊殺傷並未行竊之尊長微有不同，然親屬重姦不重盜，卑幼尋常干犯尊長之案，不能因尊長行竊而稍逭其誅，則卑幼犯時不知殺傷尊長之案，豈能因尊長行竊而遂輕其罪？」〔註26〕所以刑部從維護社會倫常服制的根本角度出發，將陳潮遂仍依毆死尊長本律擬斬予以夾簽，不得援引犯時不知之條以符律意，並制定為法律效力更強的通行，將此類夾簽案件的處理從法律規定和司法層面進一步固定下來。因此，伴隨夾簽制度在司法實踐中的運用，其適用範圍較條例發展初期實際有所擴大。

（二）實際司法中擴大了夾簽條例的使用範圍。伴隨法律條文的不斷發展和司法實踐中的補充，夾簽條例的內容在進一步的修纂完善。然例有盡而案無窮，在司法中會看到法司在實際操作時會將一些條例內並未明確載入的情形或默認可以使用夾簽或類推予以夾簽，實際上是擴大了夾簽條例的適用範圍。

例如，乾隆十三年（1748）即有夾簽條例：「毆死有服尊長情輕之案，該督撫按律例止於案內敘明，不得兩請，法司會同核覆，亦照本條擬罪，覈其所犯情節，實可矜憫者夾簽聲明，恭候欽定。」凡遇情輕之案，俱引此條辦理。乾隆二十一年（1756）定例：「卑幼誤傷尊長至死，罪干斬決，審非逞兇干犯，仍准敘明可原情節，夾簽請旨。」凡遇誤傷至死之案，俱引用此條辦理。因此按照條例明確規定毆死有服尊長情輕及誤傷至死各案，法司是可以依例夾簽請旨的。但在實際司法當中如果被毆致死的有服尊長理屈，非情輕及誤傷亦可夾簽。乾隆年間便已有刑部處理此類毆死理屈尊長夾簽的案例，嘉慶年間在司

---

〔註26〕《續增刑案匯覽》卷 11《刑律・鬥毆・毆大功以下尊長》「捕賊格殺胞兄仍照本律擬斬」條，第 559 頁。

法中的運用更為常見。嘉慶元年（1796）處置表 2-3-23 殷世泰因索牛起釁致胞兄殷世華失跌扛傷斃命一案的說帖中即明文：「不惟情輕者得以照例夾簽，即尊長理曲被毆身死之案，亦得援例聲明。此等案情，奉旨九卿定擬改為監候者，亦有奉特旨即改監候者。誠以按例擬罪者乃一定之法，而夾簽聲明者為聖明法外之仁。」〔註27〕與之性質類似的案件還有表 2-2-18「功尊偷放田水回戳二傷適斃」，「查死者竊放田水，在凡人係屬罪人，今係小功服兄，不便加以罪人之名，只可謂之理曲，亦為尊者諱，為親者諱之義，該犯向論，被毆情急嚇戳適傷，覈其情節，實可矜憫，該省於疏內聲明實屬情輕，該司照例夾簽，洵屬允協。」〔註28〕表 2-4-23 鄭倡沅毆死致傷繼母之同父異母胞兄鄭倡侯，該督聲明係屬有心干犯，將鄭倡沅依弟毆胞兄至死律擬斬立決等因具題。刑部給出的意見則是「臣等查毆斃罪犯應死胞兄之案，例不論是否救親情切及勉從母命，均應夾簽聲明者，誠以死係罪犯應死之人，毆之者即非無故逞兇干犯，故照律擬罪，仍酌予夾簽，以示情法之平。」〔註29〕認為此案鄭倡沅胞兄鄭倡侯黑夜撬門行竊，將繼母鄭柳氏毆傷，實屬罪犯應死，鄭倡沅前毆數傷，確係犯時不知，後一傷亦因目擊伊母受傷倒地，攏前攔阻所致，與無故逞兇干犯者不同，自應援例聲明，聽候夾簽駁令該督另行聲敘具題。表 2-3-12「搪抵致斃理曲功尊應准夾簽」、〔註30〕表 2-3-20「功尊理曲先毆抵格二傷適斃」〔註31〕也屬於此類案件。很明顯此類夾簽雖出於為尊者諱不見於明確條例規定中，但在實際司法中卻是比較常見的，在服制法律司法情境下必須對干犯尊長者予以嚴懲，但如果尊長理曲在先時就需要有法外特例——夾簽，來達到情法衡平的目的。

此類由於尊長理曲而夾簽的案件甚至還擴大到了原本不屬於夾簽條例範圍的故殺案件。如表 2-4-5「故殺挖毀祖墳之小功叔」之案，胡應碌因伊小功

---

〔註27〕《刑案匯覽》卷 43《刑律・鬥毆・毆期親尊長》「被毆掙脫跌斃胞兄簽商夾簽」條，第 2199 頁。

〔註28〕《刑案匯覽》卷 41《刑律・鬥毆・毆大功以下尊長》「功尊偷放田水回戳二傷適斃」條，第 2129 頁。

〔註29〕《刑案匯覽》卷 43《刑律・鬥毆・毆期親尊長》「毆死罪犯應死之兄駁令夾簽」條，第 2224 頁。

〔註30〕《刑案匯覽》卷 41《刑律・鬥毆・毆大功以下尊長》「搪抵致斃理曲功尊應准夾簽」條，第 2133 頁。

〔註31〕《刑案匯覽》卷 41《刑律・鬥毆・毆大功以下尊長》「功尊理曲先毆抵格二傷適斃」條，第 2129 頁。

堂叔胡成智屢欲將伊曾祖母曾氏墳墓挖毀變賣墳地，再三阻止，兩相爭毆，後因其殘忍蔑倫，一時忿激，用刀亂砍殞命。法司在審理此案時認為，死者胡成智係挖毀祖母墳冢，本應罪干斬決，胡應碌因保護祖棺起見，殺由忿激，並非無故逞兇干犯，「雖夾簽例內並無故殺亦准夾簽字樣，惟此案死者喪理昧良，得罪祖宗，該犯因其殘忍蔑倫，忿激殺死，其情實可矜憫，且卑幼致死小功尊屬，毆殺與故殺同屬斬決，自可仿照夾簽聲明。」〔註32〕

在有救親情切情節的服制案件中，也會時有出現擴大夾簽適用範圍的情形。如表2-3-24「救母殺兄母雖未傷應准夾簽」，此案童氏二犯因救母情切，童元言毆傷胞兄童元炯胸膛，童元康情急接取柴棒，戳傷童元炯右腰眼倒地，越日殞命。關於此案的處理法司意見有分歧，一種意見援引嘉慶十二年（1807）河南省吳四與弟吳五勉從母命活埋應死胞兄吳洪謀，將二犯均依律凌遲處死援例夾簽聲請，經九卿議奏將該二犯改為斬監候之成案，擬將童氏二犯照律俱擬斬立決，聲明救母情切，援例夾簽。一種意見則認為童元言一犯實係救親情切，可以夾簽，童元康一犯並非事在危急，仍應照例科斷。最終法司支持了前一種意見，認為「童元康在童元炯身後，目擊伊母已被童元炯毆傷，而童元炯又復逞兇撲毆，該犯急於救母，惟恐伊母之復被毆傷，並不暇計，及後此被毆之尚未成傷。若必待伊母復被毆傷而後救護，似非為子者所宜居心，同一護母，而該犯獨為逆倫之兄，實抵搕之情理，亦未允協，再四公商，似應夾簽。」〔註33〕最終將童氏二犯均予以夾簽。並有表2-4-6「救親情切點放鐵炮致斃功尊」一案，此案郭立楨救親情切，點放鐵手炮致傷小功堂兄郭立隴殞命，「雖向來救親情切，火器致死平人之案例應仍擬斬候，惟查秋審呈進黃冊，時有救親情切，聲請邀恩免勾成案。今若拘泥服制，將該犯擬以立決，不予夾簽，是竟置救親情切於不議，似未允協，應請照情可矜憫之例，夾簽聲請，謹擬夾簽錄呈。」〔註34〕這兩起案件都是在充分考慮了救親情切之「情」的基礎上擴大了條例的適用範圍而予以夾簽。

另可見多起「毆大功以下尊長」門下保辜正限外、餘限內因風身死服制

---

〔註32〕《刑案匯覽》卷41《刑律・鬥毆・毆大功以下尊長》「故殺挖毀祖墳之小功叔」條，第2132頁。

〔註33〕《刑案匯覽》卷43《刑律・鬥毆・毆期親尊長》「救母殺兄母雖未傷應准夾簽」條，第2204頁。

〔註34〕《刑案匯覽》卷42《刑律・鬥毆・毆大功以下尊長》「救親情切點放鐵炮致斃功尊」條，第2149頁。

案件的夾簽之案，如表 2-3-13「毆傷大功兄餘限內因風身死」、〔註 35〕表 2-3-14「毆傷小功兄正限外因風身死」、〔註 36〕表 2-3-15「碰傷功兄正限外因風身死」、〔註 37〕表 2-3-16「毆小功叔越十六日抽風身死」〔註 38〕等。「保辜謂毆傷人未至死，當官立限以保之保人之傷，正所以保己之罪也。」〔註 39〕清代的保辜限期「正限」分別為二十、三十和五十日，此外又有對於辜限外確因本傷死亡的十日、二十日的「餘限」，「鬥毆傷人，辜限內不平復，延至限外，若手足、他物、金刃及湯火傷，限外十日之內折跌肢體及破骨墮胎，限外二十日之內，果因本傷身死，情真事實者，方擬死罪，奏請定奪，此外，不許一概濫擬讀奏。」〔註 40〕據前所述，「保辜限期」門下的夾簽條例於嘉慶十一年（1806）經過刪並，規定為保辜限外身死的服制案件可以直接擬絞監候，毋庸夾簽聲請，而將正、餘限內身死可「聲請夾簽」的內容移入「毆大功以下尊長」門內，「卑幼毆傷總麻尊長、尊屬，餘限內果因本傷身死，仍擬死罪，奏請定奪。如蒙寬減，減為杖一百，發邊遠充軍……毆傷期功尊長、尊屬，正、餘限內身死者，照舊辦理。」〔註 41〕實際上是刪並了「保辜限期」的夾簽條例，擴充了「毆大功以下尊長」門內夾簽條例的使用範疇。因此嘉慶十一年（1806）後在「保辜限期」門下不再有夾簽條例，在司法實踐中遇到正限外、餘限內因風身死的服制案件，都是依據「毆大功以下尊長」門內的夾簽條例予以夾簽聲請的。

　　還有一些特殊的案件在審斷時以夾簽條例類推而予夾簽，也相當於在實際司法中擴大了夾簽條例的適用範疇。如表 2-3-10「祖墳被刨毆死功尊准其夾簽」，〔註 42〕此案同祖兄弟況仕翰、況仕誥因見祖墳被刨，情切護阻，況仕誥

---

〔註 35〕《刑案匯覽》卷 41《刑律・鬥毆・毆大功以下尊長》「毆傷大功兄餘限內因風身死」條，第 2115 頁。

〔註 36〕《刑案匯覽》卷 41《刑律・鬥毆・毆大功以下尊長》「毆傷小功兄正限外因風身死」條，第第 2117 頁。

〔註 37〕《刑案匯覽》卷 41《刑律・鬥毆・毆大功以下尊長》「碰傷功兄正限外因風身死」條，第 2116 頁。

〔註 38〕《刑案匯覽》卷 41《刑律・鬥毆・毆大功以下尊長》「毆小功叔越十六日抽風身死」條，第 2115～2116 頁。

〔註 39〕《大清律例》卷 27《刑律・鬥毆上・保辜限期》，第 474 頁。

〔註 40〕《大清律例》卷 27《刑律・鬥毆上・保辜限期》條例 1177，第 475～476 頁。

〔註 41〕《大清律例》卷 28《刑律・鬥毆下・毆大功以下尊長》，第 489～490 頁。

〔註 42〕《刑案匯覽》卷 41《刑律・鬥毆・毆大功以下尊長》「祖墳被刨毆死功尊准其夾簽」條，第 2131 頁。

戳傷小功服叔況照美，並況仕翰戳傷小功服弟況仕敏各身死。雖然條例規定中並無祖墳被刨情切救護的具體規定，該督援照乾隆九年（1744）廣東省林智之因母棺被掘毆死緦麻服兄，照救母情切辦理之案，詳敘聲明聽候部議。最終法司依據成案，將祖墳被刨情切救護情節類推救親情切，按照「毆大功以下尊長」門下的夾簽條例將況仕誥聲請夾簽，況仕翰隨本量減。

　　（三）除了有明確夾簽條例規定下的服制案件，也有少量援引條例比例夾簽的特殊案例，歸類於「犯罪存留養親」「謀殺祖父母父母」「殺死妻夫」等其他門類下。

　　嘉慶朝以降「犯罪存留養親」門下的夾簽案例，都是以服制案件為前提的。如筆者所考，常人相犯案件中的「犯罪存留養親」夾簽規定在乾隆朝就已被刪並，後朝雖未再有服制案件中的「犯罪存留養親」夾簽條例明文，但能夠看到在司法實際中至少在嘉慶朝此類案件仍然是可以比附夾簽條例予以夾簽的。嘉慶七年（1802），表 2-3-9「誤殺功尊止准夾簽不准留養」說帖中載「是卑幼誤傷尊長至死，罪干斬決者，例止准其聲敘可原情節，夾簽請旨，俟九卿核議時減為斬候。至毆死大功以下尊長親老丁單之案，倫紀攸關，例不准聲請留養，如覈其情節，實可矜憫者，始準於疏內聲明應侍緣由，恭候欽定，例本明晰。」〔註43〕嘉慶十九年（1814），表 2-3-33「聽從毆死降服胞兄歸宗留養」說帖亦載有「是有關倫理不准留養，係指卑幼有心干犯而言，若卑幼毆死期功尊長，覈其情可矜憫，即罪干斬決，亦得隨疏聲明本部夾簽聲請。」〔註44〕迨道光朝時情況發生了變化，表 2-4-26 道光二年（1822）處理的「毆死胞兄未便隨本聲請留養」一案中就開始強調「查向來遇有毆死期功尊長，親老丁單之案，俱於本內聲明，奉旨改斬監候，俟情實二次改緩後再行留養。」也就是至道光朝時只可就可矜情節聲請夾簽減等處罰，不可以夾簽直接聲請留養。道光六年（1826），表 2-4-27「放銃誤斃功尊改緩後請留養」一案中法司也再次強調「查犯罪存留養親，原係法外之仁，非為兇犯開幸免之門，實以慰犯親衰暮之景，且服制內由立決改為監候之案，悉皆情可矜憫之犯，故親老丁單，定案時雖不准留養，至情實二次改入緩決之後，

---

〔註43〕《刑案匯覽》卷 41《刑律・鬥毆・毆大功以下尊長》「誤殺功尊止准夾簽不准留養」條，第 2128 頁。

〔註44〕《刑案匯覽》卷 2《名例律・犯罪存留養親》「聽從毆死降服胞兄歸宗留養」條，第 0227 頁。

仍准其隨時題請留養，歷經辦理有案。」〔註45〕也就是定案時不可以就存留養親夾簽聲請。可見至道光朝，在司法中實際上也不再有服制案件「犯罪存留養親」的夾簽慣例了。

　　表 2-3-35 所載「謀殺祖父母父母」門下「夫欲尋死圖賴其妻代抹傷輕」，後其妻改為斬候的一案。此案的案情較為特殊，死者白萬良因與堂兄白萬金爭毆，欲自刎圖賴。其妻小白張氏聽從本夫之命意欲幫殺其夫，終畏懼逃開，白萬良最終死於其嫂大白張氏之手。小白張氏雖聽從夫命勉從下手且並未致死其夫，但因服制攸關，該省將該氏依妻謀殺夫已行律擬斬立決具題。刑部依據嘉慶十七年（1812）湖北省題曹徐氏聽從伊夫曹鎮臣裝傷圖賴，致夫因傷身死，後夾簽聲請奉旨改為斬監候之成案，最終以「小白張氏係聽從謀殺伊夫，名分攸關，所擬斬罪應不准援免，其情節可原之處，於夾簽內聲明。大白張氏聽從加功，並無因姦因盜挾嫌貪賄情事，所擬絞罪應准援免，謹擬夾簽」，〔註46〕將此案中的兩人犯都予以夾簽。因此，對該案的處置實際上是比照了「毆期親尊長」門下「卑幼誤傷尊長至死，罪干斬決，審非逞兇干犯，仍准敘明可原情節，夾簽請旨」的條例進行了處置。

　　表 2-4-28 道光二十一年（1841）「妻妾毆夫」門下「故殺姦淫親女之夫比例聲請」〔註47〕一案。此案趙盛氏因伊夫趙伏旺與女路趙氏通姦產生私孩。氣忿莫遏，起意致死泄忿，用鐵鍬毆砍其左腮頰等處斃命。法司認為卑幼捉姦殺死犯姦尊長之案情事相同，似可比照辦理，將該犯予以夾簽聲明，恭候欽定。這起案件屬於案情特殊，斷罪無正條，援引他律比附定擬的原則，比照「殺死姦夫」門下的夾簽條例進行了裁斷。

　　另有表 2-3-34「毆祖父母父母」門下「過失殺父母應擬絞決夾簽」〔註48〕一案，此案嘉慶十一年（1806）方袁氏因母袁單氏告借，往尋伊夫方仲美措錢，因袁單氏在伊身後拉衣向阻，以致往後退跌，碰翻袁單氏倒地痰壅身死。該督以案件經過實與耳目不及思慮不到之律注相符，以過失殺定擬，將方袁氏依律

〔註45〕　《刑案匯覽》卷 2《名例律・犯罪存留養親》「放銃誤斃功尊改緩後請留養」條，第 0196 頁。

〔註46〕　《刑案匯覽》卷 23《刑律・人命・謀殺祖父母父母》「夫欲尋死圖賴其妻代抹傷輕」條，第 1274 頁。

〔註47〕　《刑案匯覽續編》卷 23《刑律・鬥毆・妻妾毆夫》「故殺姦淫親女之夫比例聲請」條，第 1006 頁。

〔註48〕　《刑案匯覽》卷 44《刑律・鬥毆・毆祖父母父母》「過失殺父母應擬絞決夾簽」條，第 2260 頁。

擬絞立決題請。刑部同意依過失殺父母例擬絞立決，又因該氏碰翻伊母，係屬耳目所不及，思慮所不到，並非有心干犯，核與聲請之例相符，按照嘉慶十一年（1806）改定之夾簽條例 9 將該氏夾簽聲請，恭候欽定，並說明倘蒙聖恩改為絞候，即將該犯婦入於秋審服制案內辦理。值得說明的是此條例在嘉慶十一年（1806）時是附於「刑律・人命・毆祖父母父母」門下的，至道光六年（1826）才移附「刑律・人命・戲殺誤殺過失殺傷人」門，因此該案被歸於「毆祖父母父母門下」，從側面也反映了該夾簽條例的變化情況。

　　之所以嘉慶與道光兩朝是有清一代所見夾簽案例較多的時期，也是筆者所認為的夾簽制度得以「擴大化」運用的階段，竊以為受到以下幾方面因素的影響：

　　其一，嘉慶與道光朝是清代夾簽條例發展完善和基本定型的重要階段，伴隨條例的增補修撰和在司法中實踐經驗的積累，法司對夾簽制度在服制命案中的運用已經比較熟悉，加之已有一定的夾簽條例和夾簽成案可供依據，因而會更多地在司法實踐中予以使用。同時受傳統慎刑恤罰觀念的影響和夾簽制度在司法審判中衡平作用的日益凸顯，使得法司在處理特殊服制命案的司法實踐中也會優先考慮夾簽的使用，以達到情法兩允、寬恤人命的目的。

　　其二，為了保證法操自上，嚴格限制法司的「自由裁量權」，國家更加重視夾簽在防範官員司法擅斷方面的作用。由於夾簽制度本就被視為是「法外之仁」，這種凌駕於法律之上的特權必須是最高統治者所獨有的。因此要求上至刑部、下至地方督撫，都必須嚴格地按照法律規定裁斷，遇有可矜可憫的特殊服制命案，只能向皇帝聲請酌情辦理。伴隨皇權專制和司法權力的日益集中，夾簽作為一種司法集權手段更加受到重視。

　　其三，與清代中期政治危機，禮法開始鬆弛的社會背景有關。有學者指出嘉慶和道光時期清王朝的統治已經出現了吏治危機、社會危機、民族危機及政改失敗等政治危機的多方面問題。〔註49〕在嘉道中衰的背景下，禮法也出現了鬆弛現象，「清朝前期，指順治、康熙、雍正及乾隆初期，清政府利用禮法，從許多方面控制社會生活，使社會生活多徇禮法。約從乾隆中期（個別地區稍前）開始，社會生活逐漸衝擊傳統禮法，爾後愈演愈烈。」〔註50〕由於社會生產力

〔註49〕參見張國驥：《清嘉慶、道光時期政治危機研究》，湖南大學 2011 年博士學位論文。

〔註50〕張仁善：《禮・法・社會——清代法律轉型與社會變遷》，商務印書館 2013 年，第 163 頁。

的發展、商品經濟的興盛、專制朝政的衰敗和社會控制的削弱等因素，從物質生活和精神生活等多方面對傳統禮法造成了衝擊，使得在某些領域禮法已呈現鬆弛跡象。在司法方面的表現就是「從最高統治者到地方官員，從知識階層到普通百姓，對傳統禮法都有了不少新的理解和價值判斷，經常根據案情特點、人道精神及社會效應來評估具體禮法的作用。」〔註51〕所以這樣看來，嘉道兩朝夾簽案件的增多在某種程度上也是清中期禮法鬆弛的外在表現之一，在嚴苛的服制法律之下會對可矜的情理予以更多的關注和必要的考量。不過也正如學者所強調的這些變化還只局限於傳統禮法範疇內，只在堅持禮法原則的大前提下開始了局部的、微觀的改動，並不觸及等級序列和家族倫理的根本原則。

## 第三節　夾簽適用的限制與考量

### 一、嚴格的限制

　　雖然在嘉慶和道光兩朝夾簽在司法實際中的使用出現了擴大化的傾向，但從國家層面來說，夾簽作為一種非常特殊的司法審判手段，不管是在規定條例下還是比照使用中都必須受到嚴格限制，這是國家強制力在司法體系中的重要表現。或者這樣說，無論是強調夾簽還是嚴格限制夾簽，都以實現律例前提下的情法衡平為目標，實際上都是維護帝國法律體系，防範司法擅斷的舉措。因此，在清代《刑案匯覽》系列中同樣能夠見到相當數量的「駁回夾簽聲請」之案。

表格 2-7　《刑案匯覽》系列所錄清代「夾簽聲請」與「駁回夾簽聲請」
　　　　　案例數據統計〔註52〕

|  | 夾簽案例 | | | | | 「駁回夾簽聲請」案例 | | | | |
|---|---|---|---|---|---|---|---|---|---|---|
|  | 刑匯 | 續增 | 新增 | 續編 | 合計 | 刑匯 | 續增 | 新增 | 續編 | 合計 |
| 乾隆 | 2 |  |  |  | 2 | 2 |  |  |  | 2 |
| 嘉慶 | 33 |  |  |  | 33 | 19 |  |  |  | 19 |
| 道光 | 18 | 4 |  | 6 | 28 | 15 | 5 | 1 | 29 | 50 |

---

〔註51〕張仁善：《禮‧法‧社會——清代法律轉型與社會變遷》，商務印書館 2013 年，第 182 頁。

〔註52〕案例來源自《刑案匯覽全編（點校本）》所輯《刑案匯覽》六十卷、《續增刑案匯覽》十六卷、《新增刑案匯覽》十六卷、《刑案匯覽續編》三十二卷，法律出版社 2007 年。

| | | | | | | | | | | |
|---|---|---|---|---|---|---|---|---|---|---|
| 咸豐 | | | | 3 | 3 | | | | 6 | 6 |
| 同治 | | | 3 | 3 | 6 | | | 1 | 8 | 9 |
| 光緒 | | | 1 | 1 | | | | | | |
| 合計 | | | | | | 73 | | | | 86 |

備註：表內簡稱「刑匯」代表《刑案匯覽》，「續增」代表《續增刑案匯覽》，「新增」
代表《新增刑案匯覽》，「續編」代表《刑案匯覽續編》。

同樣，在《清實錄》《大清會典》等清代史料文獻中亦記載有不少法司「駁回夾簽聲請」之案。從「駁回夾簽聲請」之案入手，我們可以探究在特殊服制命案中適用夾簽的一般限制性原則，斟酌清代的司法機構在面對夾簽案件時的謹慎縝密。

（一）詳酌案件情形，不得隨意夾簽。伴隨夾簽條例的發展完善，對於其在特殊服制命案中的適用情形有著非常詳細而具體的規定，刑部及內閣等法司在核覆案件時往往也是首先嚴格對照夾簽條例的規定，審核案件情形經過，是否符合夾簽條例規定範疇，決定是否予以夾簽。在「駁回夾簽聲請」之案中，因案件情形不符條例規定而駁議聲請是最為常見的，如「戳斃胞兄情無可憫不准夾簽」「被揪推跌胞嬸致斃不准夾簽」「回毆胞兄並非無心不准夾簽」「適斃期功情係干犯不准夾簽」〔註53〕「回戳胞兄傷俱深重駁令再訊」〔註54〕「帶跌致斃功兄情傷未確駁審」〔註55〕等等，不勝枚舉。

道光年間曾有張王氏毒鼠，伊夫誤食殞命一案，該撫將該氏照過失殺夫例擬絞立決並聲請夾簽。刑部對案情經過之駁議詳慎細微，令人印象深刻，足見刑部官員之專業老練，「臣等詳覈情節，用餅毒鼠容或為鄉曲之情。惟死者身為木匠，自必早出晚歸。該氏因櫃內衣物被鼠嚙毀，稱欲將鼠毒斃，曾經夫兄之妻張郭氏聽周，豈竟不向伊夫告述。迨令母家工人黨馨餘購買巴豆，伊夫又豈竟毫無所聞，即令回家飢餓難忍，自必呼令該氏速備食物，斷無自向幽邃之所尋取麵餅之理。況原勘櫃頂量高五尺五寸，係幽邃之所，殊非目所易及，蓋

〔註53〕以上各案參見《刑案匯覽》卷43《刑律·鬥毆·毆期親尊長》「戳斃胞兄情無可憫不准夾簽」條，「被揪推跌胞嬸致斃不准夾簽」條，「回毆胞兄並非無心不准夾簽」條，「適斃期功情係干犯不准夾簽」條，第2216頁，第2217頁，第2218頁，第2218頁。

〔註54〕《續增刑案匯覽》卷11《刑律·鬥毆·毆期親尊長》「回戳胞兄傷俱深重駁令再訊」條，第571頁。

〔註55〕《刑案匯覽續編》卷23《刑律·鬥毆·毆大功以下尊長》「帶跌致斃功兄情傷未確駁審」條，第1031頁。

欲以幽邃之所為耳目所不及、思慮所不到之證據。殊不思幽邃之所既非目所易及，何以死者一經回家即能尋獲。是承審之員止念及幽邃之所為該氏思慮所不到，初未念及幽邃之所亦屬死者目所不及。供情既左支右吾，勘辦又顧此失彼。案情種種支離，罪名出入甚巨。」〔註56〕刑部從案件發生之前、案件過程之中及案情偵辦等多方面細節提出了質疑，要求該撫再行核實妥擬具報。

道光二十四年（1844）刑部遇到了由湖南省和河南省同時題報的兩起服制案件，巧合的是兩起案件的案情都以犯尊卑幼情急自割髮辮，誤傷尊長致死為由，聲明並非有心干犯。刑部認為向來竊盜案中間有圖脫割辮情節，至服制之案實屬罕見且竟有兩案如出一轍，必須詳加察核。後來刑部從竊盜案與服制案之案情緊迫程度不同，認為並無割辮圖脫之情節，不過是地方官員藉詞曲為開脫，殊失整飭倫常之道。對此刑部特別申明「外省辦理服制重案多涉開脫，請旨嚴飭認真審辦，以肅刑章而重倫紀事。竊查，卑幼干犯本宗期功尊長之案，向以是否有心干犯為立決、夾簽之分。原以倫常至重，非情節實可矜憫者不得曲為聲請。是以臣部於各省服制案件，凡情節稍有未符者，無不隨時題駁。而各省成習相沿，終未能破除全盡。」〔註57〕可見，詳覈案情經過是否符合條例之規定，是能否夾簽最基本的前提條件。由於地方官員負責案件處理的事實認定環節，或出於救生不救死之陳習，或為了規避自己的司法責任，常常通過裁剪事實、修改案件的表達陳述來「移情就案」，以達到減輕刑罰的目的。因此，刑部對此類案件的案情經過審核尤為嚴格慎重，司法官員常常要抽絲剝繭，從題本的具體敘述中尋找任何可能矯飾案情的蛛絲馬蹟。

也由此在司法中實際形成了對某一類型服制案件審理的限制性基本原則。如「毆大功以下尊長」和「毆期親尊長」本就同屬刑律鬥毆門下，因此在處置此類卑幼毆死尊長之案時，法司會詳覈案情區分抵格與互毆情形，特別強調「是毆死期功尊長，罪干斬決之案，必係被尊長毆打，不及趨避，情急抵格適傷，意止格抵，傷出無心，方得援例夾簽聲請，若被尊長毆打，還手毆戳致斃，則係有心干犯，不在夾簽之例。」〔註58〕也就是抵格誤傷可以

---

〔註56〕《刑案匯覽續編》卷 19《刑律・人命・戲殺誤殺過失殺人》「過失殺夫不得含混聲請」條，第 0866 頁。

〔註57〕《刑案匯覽續編》卷 23《刑律・鬥毆・毆大功以下尊長》「刃傷尊長不得以割辮為例」條，第 1037 頁。

〔註58〕《刑案匯覽》卷 41《刑律・鬥毆・毆大功以下尊長》「抵格加於砍戳之上難以夾簽」條，第 2135 頁。

夾簽，而被毆還手即被視為互鬥不得夾簽，類似的案件有「戳斃功尊情係互鬥不准夾簽」〔註59〕「退跌適斃先有鬥情照律擬斬」〔註60〕「刃傷致斃顯有互鬥情形」〔註61〕等多起。

被毆還手不得夾簽，甚至抵格尊長傷多且重亦被視為互鬥，不得聲請夾簽，「嗣後卑幼毆傷期功尊長致死罪干斬決之案，除係救親情切及毆死罪犯應死之尊長，仍俱照例夾簽聲請外，如尋常與尊長相毆致死之案，必係實在被毆情急，抵格適傷，情可矜憫者，方准聲明並非有心干犯字樣。若傷多且重，雖被尊長疊毆，抵格致斃，即係互鬥，按律擬以斬立決。庶於矜恤之中，不廢明刑弼教之義。」〔註62〕在法司看來，抵格多傷即屬干犯顯然，當然也不能適用夾簽，這樣的案件也時有收錄，如「戳死功尊致命傷重不准夾簽」〔註63〕「毆死胞兄傷多且重不准夾簽」〔註64〕等。

即使是在有「救親情節」毆死尊長聲請夾簽的服制案件中，同樣也要嚴格區分有無互鬥干犯情節，「毆死期功尊長，罪干斬決之案，必實係救親情切，及抵格無心，適傷致斃者方准敘明可原情節，聽候夾簽。若情節稍有未符，即不在聲請之列。」〔註65〕這樣的案件也收錄在冊多起，如「救父毆死功尊係互鬥不准減」〔註66〕「救母毆死小功叔駁案」〔註67〕「護父殺人因父子共與人鬥不准聲請」〔註68〕等。這一類因案件情形不符而聲請夾簽被駁議的卑幼毆斃尊

---

〔註59〕《刑案匯覽》卷41《刑律・鬥毆・毆大功以下尊長》「戳斃功尊情係互鬥不准夾簽」條，第2138頁。

〔註60〕《刑案匯覽》卷43《刑律・鬥毆・毆期親尊長》「退跌適斃先有鬥情照律擬斬」條，第2216頁。

〔註61〕《刑案匯覽續編》卷23《刑律・鬥毆・毆大功以下尊長》「刃傷致斃顯有互鬥情形」條，第1036頁。

〔註62〕（光緒朝）《欽定大清會典事例》卷812《刑律・鬥毆・毆期親尊長》。

〔註63〕《刑案匯覽》卷41《刑律・鬥毆・毆大功以下尊長》「戳死功尊致命傷重不准夾簽」條，第2139頁。

〔註64〕《刑案匯覽》卷43《刑律・鬥毆・毆期親尊長》「毆死胞兄傷多且重不准夾簽」條，第2219頁。

〔註65〕《刑案匯覽》卷41《刑律・鬥毆・毆大功以下尊長》「救母毆死功兄並無急情可原」條，第2137頁。

〔註66〕《刑案匯覽》卷41《刑律・鬥毆・毆大功以下尊長》「救父毆死功尊係互鬥不准減」條，第2138頁。

〔註67〕《刑案匯覽續編》卷23《刑律・鬥毆・毆大功以下尊長》「救母毆死小功叔駁案」條，第1030頁。

〔註68〕《新增刑案匯覽》卷9《刑律・人命・鬥毆及故殺人》「護父殺人因父子共與人鬥不准聲請」條，第182頁。

長案件，在《刑案匯覽》系列中清代各朝都有收錄，是在清代司法中較為常見的駁案類型。

（二）限制適用範圍，慎用類推和比例夾簽。清律中規定當案情特殊，例無專條時可援引他律比附定擬，雖然司法實際中能夠見到一些條例類推夾簽和比附援引夾簽的案件，毫無疑問終究屬於司法中的特例，大多數情況下夾簽條例的適用範圍是受到嚴格限制的。

首先是要嚴格遵守夾簽條例規定的適用範圍，不得輕易類推擴大。嘉慶十六年（1811）四川省有民人張恩泰因救兄毆斃大功堂兄張恩科一案，《刑案匯覽》中所載最終張恩泰應請仍照刑部等衙門原擬，依卑幼毆大功兄死者斬決律，擬斬立決，其審斷依據注解為「律注內載：祖父母父母被有服親屬毆打，止宜救解，不得還毆，若有還毆者，仍依服制科罪等語。詳繹律意，是因救親而毆尊長，尚為律所不原。若護一兄而毆一兄，更為法所難宥，故向來遇有護兄起釁毆死尊長者不在夾簽之條，仍各依本律定擬。」這一解釋更多是從卑幼不得還毆尊長的服制倫理角度出發，顯得籠統寬泛。而對此案的記載亦見於《大清仁宗睿皇帝實錄》與嘉慶朝《欽定大清會典》，對案件審理經過敘述的就更為詳細。該案先由刑部與內閣夾簽請旨，後經九卿議奏駁回，仍照原議問擬斬決。嘉慶帝認為所駁甚是，為此專門飭下旨意：「向來刑部遇有救親情切致傷尊長之案夾簽請旨，係專指救護父母祖父母而言，並無救兄之條，若救兄亦得聲請，則將來救弟救姊救妹俱因此推廣援引，復何所限制？律設大法，自當遵照定憲。」〔註69〕可見該案之所以被駁議最主要的原因是在法律規定中雖然沒有明文規定「救親」的範疇，而在司法中是嚴格限於救父母、祖父母才可適用夾簽條例中的「救親情切」之情形，甚至不可類推到胞兄這樣的期親尊長。

與之類似的，還有咸豐年間張玉潔聽從外姻小功母舅孫九皋之命搉按期親服兄張玉忠，致孫九皋將張玉忠連毆致斃一案。該撫將孫九皋依外姻尊長毆小功卑幼死者絞律擬絞監候，張玉傑依期親卑幼聽從尊長主使共毆以次尊長至死，無論下手輕重悉照本律問擬例，以弟毆胞兄死者斬律擬斬立決，聲明被逼幫按，聲請夾簽具題。對此，刑部聲明「期親卑幼聽從尊長主使共毆以次尊長至死夾簽之例，係專指本宗而言。外姻尊長並未統括在內，即不得例外推廣，

---

〔註69〕《大清仁宗睿皇帝實錄》嘉慶十六年六月上。亦見於嘉慶朝《欽定大清會典事例》卷 11《內閣‧職掌‧票擬》。

致滋牽混。」〔註70〕此案中聽從外姻尊長主使的情形是被排除在夾簽條例適用範圍之外的，再加上之前並無此等成案可供援引，因此刑部駁回了該撫的聲請。

其次是在卑幼致死尊長的服制案件中進行謹慎甄別，嚴格限制對夾簽條例的比照使用。以卑幼並無直接干犯尊長的行為，而尊長意外身亡的案件為例，法司常在處理時按照「子孫實係耳目所不及，思慮所不到」之過失殺擬罪夾簽聲請，此類案件往往會受到刑部的駁議糾正。如道光十年（1830）有夫黃長喜詈伊妻黃李氏不為照管飯菜，氣忿拾棍趕毆，絆跌倒地誤傷斃命一案。該撫將黃李氏依妻過失殺夫例擬絞立決，聲明聽候夾簽。後被刑部以「律例內雖無夫趕毆妻自行失跌誤傷身死，其妻作何治罪專條。惟父母趕毆子自行失跌身死之案，向俱比照子違犯教令致父母自盡之例擬絞監候，妻之於夫情無二致，自應比例問擬」為由，更正為黃李氏照子孫違犯教令致父母輕生自盡例擬絞監候。〔註71〕類似的還有道光十八年（1838）因杜張氏造飯未熟，致伊翁杜收財氣忿趕毆，失跌挃傷斃命之案，該督以該氏並無頂撞推跌情事，依子過失殺父母例擬以絞決夾簽。刑部回覆「查子過失殺父母問擬絞決夾簽之例，係指父母為其子所殺，而其子實係耳目所不及，思慮所不到而言。若父母因其子不聽使令，氣忿趕毆，致自行失跌斃命，並非為其子所殺，向來遇有似此案件，均係比照子孫違犯教令，致父母抱忿自盡例擬以絞候。」〔註72〕為此駁回了夾簽聲請，要求杜張氏應改照子孫違犯教令以致抱忿自盡者，擬以絞候。其實如果予以夾簽量減一等處置，其最終結果應該也是絞候，法司這樣做的目的就是要使案件歸類更為明晰，同時也要限制「法外施恩」情況的頻次，避免對司法秩序的干擾。

還有一類比較具有典型性的案件是姦夫自殺姦婦之父母（翁姑）、祖父母等尊長，姦婦並未與謀的案件。原本例無專條之時，法司遇到此類案件的審斷時會援引「殺死姦夫」門下乾隆四十二年（1777）所擬「姦夫自殺其夫，姦婦喊救首告，將姦夫指拿到官，夾簽聲請」的妻之於夫條例。如嘉慶十八年（1813）

〔註70〕《刑案匯覽續編》卷 24《刑律・鬥毆・毆期親尊長》「聽從外姻尊長主使毆斃胞兄」條，第 1097 頁。

〔註71〕《刑案匯覽》卷 34《刑律・人命・威逼人致死》「夫妻口角致夫趕毆失跌致斃」條，第 1819 頁。

〔註72〕《刑案匯覽續編》卷 20《刑律・人命・威逼人致死》「子婦造飯遲慢致翁趕毆跌斃」條，第 0902 頁。

四川省題何思成因與李龐氏通姦謀殺氏祖姑王氏一案，將龐氏擬絞立決，聲明該氏當時喊護，事後指拿。尚有不忍致死之心，從寬免死，減等發落。〔註73〕

至嘉慶九年（1804）及十四年（1809）於「子孫違犯教令」門下增纂了「子孫犯姦，祖父母、父母並未縱容被人毆死及謀故殺害者擬絞立決。祖父母、父母縱容被人毆死、謀故殺害者擬絞監候」之條例，專門針對子孫犯姦致祖父母、父母被人殺死的案件。而且與「殺死姦夫」門下夾簽條例相比，兩例雖同屬因姦貽禍，而擬罪則輕重不同，根本原因就在於人子之於父母其名分較本夫為重，其治罪不能不較本夫加嚴。不過雖有定例但並未完全得到落實，在司法實際中仍可見到見到此類案件減等處罰的案例，如嘉慶二十年（1815）陝西省楊思魁與任氏通姦拒斃氏翁一案，就將任氏比照子孫犯姦，祖父母並未縱容被人毆死，絞決例上量減擬流。〔註74〕

俟嘉慶二十一年（1816）伊姑劉氏利資縱容周姜氏與蔣榮通姦，嗣劉氏向蔣榮借錢不遂即行拒絕，被蔣榮謀殺斃命。該撫依父母縱容子孫犯姦，被人謀殺，審將姜氏擬絞監候，後復牽引姦夫自殺其夫，姦婦當時喊救，事後首告，不忍致死其夫之例聲請夾簽。對此，刑部認為援引「殺死姦夫」門下的夾簽條例係屬錯誤，「以姑媳名分攸關之案而引本夫被殺之例，以子孫違犯教令門內例文，與殺死姦夫門內例文強行牽合，於名不正，於言不順，其刑罰亦即不中。」〔註75〕駁回了此案的夾簽聲請，並通行各省劃一辦理。

因此，同治年間有周王氏先與寧葆通姦，後因拒絕，姦夫謀殺王氏之父王美及母汪氏身死一案，該將軍以周王氏有趨護喊拿情形，能否援例夾簽聲請諮部。刑部認為「若以父母被殺之案牽引本夫之條，不特分別絞決絞候之例竟成虛設，且與父母教令犯姦者其罪相等，似不足以重倫常而維風化。」〔註76〕因此不准援引夾簽，仍照例擬絞立決。可見伴隨律例的不斷補充細化和司法權的壟斷集中，在各類服制案件中都要首先考慮更具有針對性的本律及條例，對夾簽條例的比附援引必須慎之又慎。

---

〔註73〕 《刑案匯覽續編》卷26《刑律・訴訟・子孫違犯教令》「因姦致父母被殺姦婦首告指拿」條，第1206頁。

〔註74〕 《刑案匯覽續編》卷26《刑律・訴訟・子孫違犯教令》「因姦致父母被殺不准夾簽」條，第1207頁。

〔註75〕 《刑案匯覽》卷49《刑律・訴訟・子孫違犯教令》「姦夫殺縱姦氏姑姦婦不知情」條，第2539頁。

〔註76〕 《刑案匯覽續編》卷26《刑律・訴訟・子孫違犯教令》「因姦致父母被殺不准夾簽」，第1207～1208頁。

（三）服制攸關，不能輕易夾簽寬宥，以昭法紀。夾簽制度的出現本意是為了更好地維護服制倫理和社會道德。即使有夾簽規定之下的法外之仁，但其前提仍然是不違背儒家倫理道德和社會尊卑等級，因此注定夾簽制度必須也只能是偶而為之的特例而絕非司法中的常態。

《清實錄》中記載了一起嘉慶朝妻勒死伊夫，罪關凌遲之案：

> 諭刑部題覆陝西省合陽縣民婦劉雷氏勒死伊夫劉世敏一案，按律將劉雷氏凌遲處死一本，已照簽發下矣。閱本內有內閣夾片，以死者淫惡蔑倫，該氏實屬忿激致斃，聲敘請旨，所辦非是。此案劉世敏圖姦子媳、固屬淫惡。但究未被姦污。即所稱欲殺害一家之語。不過醉後妄言，並未實有兇橫情節。且伊媳雖欲自盡，亦未致死。該氏有何忿激難堪？輒乘本夫醉臥之時起意勒斃，並無抵拒失手情節，安得稍從末減耶？朕辦理庶獄，一一準情酌理，而於服制之案尤為慎重。凡有救親情切、激於義忿者，無不量加寬宥。然尚必實有確據，方予寬減。況夫為妻綱，豈可因其夫行止不端，遽忍置之死地？且此等家庭曖昧不明之事，並無證據，易啟事後捏飾流弊。
>
> 嗣後遇有此等案件，俱不必於本內夾片聲請定奪。〔註77〕

從這段記載中可以大概推知案件原委，伊夫劉世敏圖姦子媳未成，致使伊媳幾欲自盡，醉後仍稱欲殺害一家之語，致使其妻劉雷氏忿激難堪，起意致斃。此案經內閣夾簽，以死者淫惡蔑倫，該氏實屬忿激致斃，聲敘請旨。皇帝一方面認為服制攸關，夫為妻綱，豈容因其行為不端而置之死地，另一方面據悉此等家庭曖昧不明之事並無實據，而並未允准此夾簽，處以極刑。固然清官難斷家務事，家庭內部糾紛錯綜複雜，而此案皇帝不肯稍予寬宥的根本原因還在於妻謀死夫之行徑案關重辟，關乎三綱五常社會道德之底線，必須殺一儆百以重倫常。

同治年間，曹謝女係曹立灝童養未婚妻，因與魯順南通姦被本夫曹立灝於姦所撞獲，幫同下手勒斃伊夫。該撫聲稱曹謝女年僅十五歲，由於被姦夫魯順南用言嚇逼，無奈勉從，應否隨案聲請夾簽之處諮部。刑部認為即使無服凡人聽從謀命幫同下手，即應照謀殺加功本律問擬，從無因年未及歲且係被逼勉從，得予量減之條，「況同謀下手殺死親夫之犯，夫妻名分攸關，情罪尤重，

若因其年尚幼穉，迫於姦夫兇悍勉從下手，遽予聲請夾簽，殊不足以飭法紀，自應仍照本律例問擬。」〔註78〕最終曹謝女照因姦謀殺親夫律凌遲處死，係婦女免其梟示，同樣以極刑之威彰顯道德大義，維護社會綱常倫理。

　　另有嘉慶二十五年（1820）戴邦穩與母妻子媳暫宿草房，積有麥稭三堆。是日早晨，戴邦穩在草堆旁燒火煮飯，因見伊兄與人爭毆，該犯不行撤火即趕往幫護，以致草堆火起將伊母燒斃一案。該撫以例無治罪專條，應否照過失殺擬絞聽候夾簽，抑或另行擬辦等因諮請部示。實際上，失火致死父母依過失殺擬絞夾簽已屬加重處罰。因為失火致死親屬律止擬杖，惟過失殺父母罪應擬絞。雖然失火律及放彈射箭過失殺律注內止有親屬字樣，並無祖父母父母應行加重明文。然祖父母父母服制重大，難與尋常親屬一併兼包。「如有失火及過失殺等案，若亦與尋常失火及犯時不知過失殺本律同凡人一律擬杖擬流，為人子孫者致有祖父母父母殞命之事，僅止擬杖擬流了事，豈能坦懷無愧乎？自應依子孫過失殺律定擬，仍聲明照例夾簽，庶足以慎刑章而重倫紀。」〔註79〕即便如此，法司在審理此案時仍認為伊母之被燒身死，皆由該犯不行撤火所致，與尋常失火致父母被燒身死者迥不相同，同樣是案關服制未便輕予夾簽，要求該撫按照律例定擬。

　　前述在「毆大功以下尊長」及「毆期親尊長」門下都可見卑幼迫於尊長威嚇，勉從下手，干犯期親尊長、尊屬或次尊長、尊屬，係毆死罪應斬決者，例准夾簽聲請的條例。首要條件便是致死尊長罪犯應死，如已有忤親不孝，干犯尊長，淫惡蔑倫，謀殺人事情敗露，暨違犯教令致令自盡等情節。檢查成案，如期功尊長罪犯應死，或屢次行竊他人財物，律擬以竊盜論，實係玷辱祖宗者，下手之兇犯迫於祖父母、父母之命謀故致斃，亦得比例夾簽聲請。但其實真正在此類案件中夾簽還有很多必須同時滿足的必要條件，如主使之尊長必須比毆死尊長服制更近，方可言被逼之情切；因疏者不可以間親，絕不可以聽從疏遠尊屬謀斃至親尊長為由夾簽聲請；抑或尊長因卑幼行竊自己財物挾恨致斃，即係假託公忿報復私仇，更不得與致死玷辱祖宗之卑幼並論等。之所以有如此具體且必須的條件限制，最根本的原因無非還是服制攸關，不得輕予寬縱。

〔註78〕《刑案匯覽續編》卷14《刑律‧人命‧殺死姦夫》「童養未婚妻聽從謀殺本夫」條，第 0655 頁。

〔註79〕《刑案匯覽》卷44《刑律‧鬥毆‧毆祖父母父母》「草堆失火趕救不及致母燒斃」條，第 2261 頁。

　　至於卑幼謀故殺尊長罪應凌遲者，更是情罪重大，苟非大有可原，更不得率從寬宥，本就例無夾簽專條，更不得擅引條例。嘉慶十九年（1814）有李夫城與堂弟李驢子聽從叔祖李守信活埋胞兄李五德身死一案，經該省聲明聽部夾簽。刑部便以李五德僅止行竊李守信財物，尚非積慣匪徒。李驢子雖迫於祖令，惟由該犯嗔竊追趕致令跳井起釁，復聽從捆縛下手掩埋。祖孫濟惡，情無可原，最終李守信依例按故殺侄孫本律擬流，李夫城、李驢子分別擬以凌遲、斬決，駁去夾簽。〔註80〕至咸豐年間，有張心潰挾嫌主使伊子張桂受、張麼麼等活埋胞姪張征桂身死案。經該督將張心潰依期親尊長因仇隙故殺弟姪被殺弟姪年在十一歲以上例擬絞監候。張桂受、張麼麼依謀殺總麻以上尊長律俱擬斬立決，聲明張桂受等被逼勉從，與無故逼免干犯有間。刑部檢查歷年夾簽之成案，聲明「各案被殺之尊長，或罪犯應死，或積慣為匪，玷辱宗祖。動手之卑幼，或被尊長毆逼受傷，或係父母忿欲自盡，一時無奈，幫同謀故致斃，亦得比例夾簽聲請，係屬法外之仁。至死者並無大過，尊長因挾嫌逼令卑幼下手加功，在死者既係無辜，則被逼下手之犯未便率從末減。」最終駁回夾簽聲請。由此可見，如果說夾簽制度是法司實現「情罪允協」的有效手段，那麼首先要顧全的便是服制尊卑、倫理道德的社會根本之情理，卑幼謀殺無過尊長之重罪不得以聽從尊長之命為由稍有寬縱，必須嚴加處罰以肅綱紀。

　　（四）對夾簽條例的內容不斷進行規範完善，並增纂相關限制性法規。夾簽條例在各代的修纂增補，除了一些是因案生例，根據司法實際需要而補充新的條例內容外，還有一些是對舊有條例的補充規範，使之在使用時更加明確，更具有針對性。

　　如前所述「毆大功以下尊長」門下條例11於嘉慶年間定例時，只是聲明情輕及情節實可矜憫，並未載明是否有心干犯，以致在辦理案件中時有紛歧。是以道光二年（1822）對條例內容進行了增定，於情輕下增注情輕的具體情節，同時要求該督撫定擬時應該將究竟是「並非有心干犯」還是「有心干犯」要明確注明，刑部核擬時會將這一點作為能否准予夾簽的關鍵環節。

　　實際上，在道光二年（1822）增定條例前，刑部在核擬案件時就已經有這樣的要求了。道光元年（1821）即有說帖「抵戳功尊斃命應分有心無心」，在吳癡茂致傷小功服兄吳癡英身死一案中，刑部就聲明：「今原題內稱該犯順取

---

〔註80〕　《刑案匯覽》卷43《刑律·鬥毆·毆期親尊長》「謀殺親屬相盜尊長准不夾簽」
　　　　　條，第2220頁。

鐵鑿抵戳，其或無心搪抵，或有心向戳，未據分晰敘明，臣部礙難核辦，應令該撫再行提犯研鞫，該犯或因被砍，情急用鑿搪抵以致適傷斃命，或係有心向戳致斃，訊取確供，分別聲敘明晰具題，到日再行核議。」〔註81〕可見在司法過程中，因辦案需要催生了更為具體的夾簽要求。至道光二年（1822）「有心嚇戳無心抵戳分別夾簽」說帖中即援引了新的條例：「查本年二月本部酌議，凡毆死期功尊長之案應否夾簽，總以是否有心干犯為斷，奏准通行在案……各原題內一稱用刀格砍，一稱用刀抵戳，其或無心抵格適傷，或係有心砍戳，未據分晰敘明，應駁令各該省提犯研訊，分別聲敘明晰具題。」〔註82〕要求根據新纂條例將此說帖中所列四起案情究竟屬於「無心抵格」或是「有心砍戳」聲敘明白，妥擬再題。此後可見多起此類型案件被駁回的說帖，如道光二年（1822）「奪刀扎斃兄命應分有心無心」條、〔註83〕道光三年（1823）「嚇抵致斃功尊分別有心無心」、〔註84〕道光十二年（1832）「回毆適斃兄命駁審是否有心」〔註85〕等。

　　道光十二年（1832）十月二十八日江南道監察御史奎麟奏各省卑幼毆死期功尊長聲敘夾簽辦理太寬，請旨飭禁一折，交由刑部議奏。十二月內，刑部議覆奏准通行在案，並於《刑律·斷獄下·斷罪不當》門內續纂了關於夾簽的限制性法規：

> 卑幼毆死期、功尊長之案，務令承審各員嚴究確情，按律定擬，仍將是否有心干犯之處，於疏內聲明，不准稍涉含混。其有聲敘未確，經刑部核覆時改正具題，即將承審之員隨本附參，交吏部分別從重議處。〔註86〕

薛允升《讀例存疑》中注：「此條專為應否夾簽而設。與《處分則例》夾簽錯

---

〔註81〕《刑案匯覽》卷41《刑律·鬥毆·毆大功以下尊長》「抵戳功尊斃命應分有心無心」條，第2140頁。

〔註82〕《刑案匯覽》卷43《刑律·鬥毆·毆期親尊長》「有心嚇戳無心抵戳分別夾簽」條，第2223頁。

〔註83〕《刑案匯覽》卷43《刑律·鬥毆·毆期親尊長》「奪刀扎斃兄命應分有心無心」條，第2223頁。

〔註84〕《刑案匯覽》卷41《刑律·鬥毆·毆大功以下尊長》「嚇抵致斃功尊分別有心無心」條，第2141頁。

〔註85〕《刑案匯覽》卷43《刑律·鬥毆·毆期親尊長》「回毆適斃兄命駁審是否有心」條，第2224頁。

〔註86〕《大清律例根原》卷118《刑律·斷獄下·斷罪不當》，郭成偉編，國家清史編纂委員會文獻叢刊，上海辭書出版社2012年版，第1895頁。

誤一條參看。」〔註87〕查《欽定六部處分則例》「夾簽錯誤」條：「卑幼擅殺期功尊長之案，定案時問擬斬決，果係情有可原，准將並非有心干犯之處夾簽請旨定奪。如定擬罪名並無出入而夾簽聲敘錯誤，經刑部於核覆時改正具題，隨本附參即將承審、審轉各員均照斬絞人犯不能審出實情例，分別議處例載本卷。」〔註88〕

因此，伴隨夾簽制度的不斷完善發展，國家也從司法規定的層面對夾簽的使用予以規範和限制。這兩條法律規定性質類似，都是針對官員在司法中辦理夾簽的行為予以規範，對夾簽不當的行為進行處罰。稍有不同之處在於，《欽定六部處分則例》「夾簽錯誤」條中要求相對籠統，屬於清代的行政法規。而「斷罪不當」條例下要求非常具體，必須將是「有心干犯」還是「並非有心干犯」（即無心適傷）在疏內明確聲明，不准稍涉含混，否則便要從重議處，並被正式納入國家根本大法《大清律例》的條例中，更具有權威性，顯示了集權國家對官員司法擅斷權進一步的監督和管控。

道光十三年（1833）起，刑部在處理此類案件時斷案引律，便會將道光二年（1822）新增條例及道光十二年（1832）奏准通行俱列於案內作為審斷依據，要求毆死期親、功尊之案，或係有心干犯，或係無心適傷，司讞者必須於案內詳細聲明，法司方可照擬核覆，不得含混其詞、致滋出入。為此駁回了多起夾簽聲請案件，如道光十三年（1833）「奪棒毆死胞兄駁審是否有心」、道光十四年（1834）「回毆適斃功尊駁審是否有心」〔註89〕等。甚至在道光十五年（1835）有一起服制命案，呂成良因胞兄呂成祥向伊索錢不允起釁，該犯用刀槍向截三下致死胞兄。該將軍將呂成良依律擬斬立決具題，並未聲請夾簽。刑部核擬時回覆：「查該犯連截三傷，與無心適傷實可矜憫者情節迥殊，該將軍將該犯呂成良依律擬以斬決，並未將有心干犯之處於疏內詳細聲敘，核與定例不符，應令該將軍訊取確供，照律聲敘具題。」〔註90〕依然以卑幼毆死尊長之案，聲敘豈容含混為由要求駁回另擬。可見儘管此規定是針對夾簽案件提出的，而在司

---

〔註87〕《讀例存疑》卷 49《刑律・斷獄下》。
〔註88〕《欽定六部處分則例》卷 48。
〔註89〕以上兩案參見《續增刑案匯覽》卷 11《刑律・鬥毆・毆期親尊長》「奪棒毆死胞兄駁審是否有心」條，第 572 頁；《刑律・鬥毆・毆大功以下尊長》「回毆適斃功尊駁審是否有心」條，第 562 頁。
〔註90〕《續增刑案匯覽》卷 11《刑律・鬥毆・毆大功以下尊長》「卑幼有心干犯亦應照例聲明」條，第 562 頁。

法中實際上對所有以卑犯尊的服制案件都有這樣的嚴格要求。

## 二、情法的考量

夾簽制度出現的前提條件便是在「依法判決」前提下承認「情理」的合理性，以實現律例前提下的「情法允協」為最高目標。從某種程度上來說，夾簽就是對「情」「理」「法」進行綜合考量和權衡後的最終結果，亦可以說是中國傳統「衡平司法」的具體表現形式之一。因此，夾簽與否，乃至夾簽後的如何處置等都能夠體現執法者在審斷中的情法考量和司法技巧。

### （一）夾簽與否的選擇

上一目側重於從「駁回夾簽聲請」之案探討了夾簽在特殊服制命案中的一般限制性原則，接下來將從「情法衡平」的角度觀察清代法司在夾簽案件中是如何在依法判決的基礎上參酌「情」與「法」的協調，通過夾簽以達到「情法兩盡」「情罪允協」之目的。我們可以通過具有代表性幾類案件情形，回歸當時的司法語境，因循法官們的司法推理過程，看看他們是如何通過是否准予夾簽來實現其中的「情法衡平」。

1. 情可矜憫，予以夾簽之案。清代夾簽制度在司法中的作用就是在過於嚴苛的服制法律與情可矜憫案件中進行「衡平」，對「可矜」之案賜予「法外之仁」，以劑情法之平。因此，在夾簽之案中最重要的就是其「情」是否可矜可原，而最直接衡量其是否「可矜」的標準就是日益詳盡的夾簽條例。清代各類文獻案牘中所載之夾簽案件，無一不是「合法原情」下的產物。

為了便於呈現清代夾簽案件的原貌，將中國第一歷史檔案館藏清代刑案題本中嘉慶元年（1796）大學士管理刑部事務阿桂處理的一起夾簽案例題本及兩則夾簽完整抄錄如下：〔註91〕

**題本正文**

題為會審江西星子縣民張道有因索錢文未得，戳死張道能。皇上睿鑒敕下法司核覆施行再此案□。

十年八月二十日報官之日起，限除去犯病一個月解限五日，扣

---

〔註91〕《題為會審江西星子縣民張道有因索錢文未得戳死張道能一案依律擬斬立決請旨事》、《呈議覆張道有致傷張道能身死一本擬大簽進呈夾片》、《呈張道有因胞兄張道能存錢不還戳死命案照例聲明援免夾片》，嘉慶元年二月初九日，中國第一歷史檔案館館藏清代刑科題本，檔號：02-01-07-08485-006、02-01-07-08485-007、02-01-07-08485-008。

至十一月二十五日統限屆滿合併陳明等因，乾隆六十年十一月二十一日題，十二月十四日奉旨三法司核擬具奏，欽此。欽遵於本日抄出到部。該臣等會同都察院大理寺會看得星子縣犯人張道有致傷同母胞兄張道能身死一案。據江西巡撫陳淮疏稱，緣張道友籍隸都昌，與兄張道能分居各爨，素好無嫌。張道有向同張道能寄居星子縣篾匠營生。乾隆六十年六月內張道能將錢一千文交張道有收存，張道有用去。八月十九日張道能向討，張道有無錢付還。張道能不依斥罵，並取門旁防夜長柄尖刀，用柄打傷張道有左胳膊。張道有負痛退避，張道能復又向打，張道有接住刀柄求饒，張道能用力奪回，以致刀尖自行戳傷左肋倒地，逾時殞命。報縣驗詳飭審據供前情不諱，查張道有因被伊兄張道能用刀柄打傷，接住求饒，以致伊兄奪刀自戳身死。已有爭鬥情形，應行照律定擬，將張道有依律擬斬立決照例刺字等因具題前來。

據此應如該撫所題，張道有合依弟毆胞兄死者斬律，擬斬立決。該撫既稱熊克□救阻不及應毋庸議。張道有所用張道能錢文，張到能並無其子毋庸議追等語，均應如該撫所題完結。查案犯張道有於乾隆六十年八月二十九日在監患病至十月初二日病痊，照例止扣病限一個月，合併聲明。臣等未敢擅便，謹題請旨。

題為報乞驗究事。據臣等會看得張道有毆傷同母胞兄張道能身死一案，據江西巡撫陳淮疏稱，緣張道有與兄張道能分居素好。乾隆六十年六月內，張道能將錢一千文交張道有收存，張道有用去。八月十九日張道能向討，張道有無錢付還。張道能不依斥罵，並取防夜尖刀用柄打傷張道有左胳膊。張道有退避，張道能復又向打，張道有接住刀柄求饒，張道能用力奪回，以致刀尖自行戳傷左肋倒地殞命，報驗審供不諱。查張道有因被伊兄張道能用刀柄打傷，接住求饒，以致伊兄奪刀自戳身死，已有爭鬥情形應行照律定擬，將張道有擬斬立決等因具題前來。應如該撫所題，張道有合依弟毆胞兄死者斬律，擬斬立決。臣等未敢擅便，謹題請旨。

### 夾簽一

查刑部議覆張道有致傷同母胞兄張道能身死一本，擬以斬決照例夾簽聲明請旨。緣張道能用刀柄毆傷張道有，張道有接住刀柄求

饒，張道能奪回以致刀尖自行戳傷左肋斃命。覈其情節，傷由失手自戳，與逞兇干犯者有間，是以臣等照例擬簽外，添寫九卿定議具奏一簽進呈，伏候欽定。

### 夾簽二

查例載毆死有服尊長情輕之案，該督撫按律例定擬，法司會同核覆亦照本條擬罪。若覈其所犯情節實可矜憫者，夾簽聲明恭候欽定。又本年正月初一日恭奉恩詔，臣部查議斬絞人犯章程，按照罪名輕重分別准釋，繕具清單。凡毆死尊長案內因救親情切及尊長蔑倫以致毆斃，或毆傷致死並非無故逞兇干犯者，准予援免等因具奏。奉旨依議，欽此欽遵在案。此案張道有因用胞兄張道能存錢不還，被張道能取長柄尖刀用柄毆打，該犯接住刀柄求饒，張道能用力奪回，以致刀尖自行戳傷殞命。是死者本係恃強逞兇，傷由失手自戳，該犯尚未逞兇干犯，核與夾簽之例相符，相應照例夾簽聲明恭候欽定。如蒙聖恩發下九卿會議，臣等再將該犯恭遇恩赦，應否援免之處會議具奏合併聲明。

這份題本或由於案情較為明晰，相較而言內容精簡篇幅不長。題本中敘述了大致案情經過，已死尊長張道能實際是在與胞弟爭執過程中意外自戳身亡，但在服制法律下致死尊長必須嚴格依法從重處罰，因此地方巡撫題奏時只能依律將張道有合依弟毆胞兄死者斬律，擬斬立決。刑部核覆時首先要「依法」遵照本條擬罪，在題本中只能擬以斬決。考慮到此案「傷由失手自戳，與逞兇干犯者有間」的可矜情節，刑部同時「原情」夾簽聲明請旨。「夾簽一」是內閣根據刑部的夾簽聲請擬就的，主要為了「聲敘緣由」，說明因何「可矜」情節夾簽聲明請旨。但刑部夾簽一般不會直接寫明如何減等處罰，要申請皇帝的旨意。而此案案情特殊，又沒有可供援引或比照的夾簽條例，因此內閣在向皇帝提供處置建議的時候又添寫了「夾簽二」即九卿定議具奏一簽。因此，題本中只能按律定擬體現了「依法」的要求，而作為附件的夾簽則是「原情」的具體表現。

道光年間曾有任得讓聽從父命毆死胞兄任得恭一案。此案死者任得恭平日不顧父母養贍，並屢次觸犯，復幫護外人尋釁。伊父任燦氣忿莫遏，稱欲撞死，令任得讓代毆使知畏懼。該犯往向任得恭村斥，任得恭即攜柴刀趕砍，該犯奪獲柴刀，彼此揪毆砍劃，致傷任得恭，次日殞命。該省聲明該犯疊毆致死，

非勉從下手邂逅至死可比，擬以斬候而未聲請夾簽，諮部核議。

根據《大清律例》之規定，聽從下手毆死期親尊長、尊屬之案，仍擬斬立決，夾簽聲請。聽從下手毆本宗小功大功兄姊及尊屬至死者，除主使之尊長仍各按服制以為首科斷外，下手之犯審係迫於尊長威逼，勉從下手，邂逅至死者照威力主使律，為從減等擬流；若尊長僅令毆打，而輒行疊毆多傷至死者，將下手之犯擬斬監候。聽從下手毆死緦麻尊長尊屬之案，依律減等擬流。因此聽從下手毆死有服尊長、尊屬之案，按照服制之親疏劃分了三個處罰的等級：期親俱應仍擬斬立決，夾簽聲請；功服應以勉從下手，疊毆多傷分別擬以流罪、斬候；緦麻俱應減等擬流。據此，首先刑部認為毆死胞兄屬於毆死期親尊長之案，不能援引疊毆多傷之毆死功服之條例，殊屬錯誤。

那麼是否能夠依照聽從下手毆死期親尊長、尊屬擬斬立決，夾簽聲請呢？刑部同時飭查了兩起案情與之類似的成案。一案嘉慶六年（1801），因馬葉姦拐人妻，胞叔馬顯榮喚令馬葉胞弟馬幅幫同下手勒斃，馬幅照謀殺期親尊長律凌遲處死，經九卿聲請改為斬候。一案嘉慶十五年（1810），任作才聽從胞叔任逢舉，疊毆多傷致斃胞兄任作棟一案，將該犯依弟毆死胞兄律擬斬立決，經刑部援例夾簽聲明，奉旨改為斬候。刑部認為：「該二犯一系謀殺加功，一系疊毆至死，既得因係聽從胞叔下手改為斬候。比類參觀，則此案任得讓聽從父命下手，自未便因係疊毆多傷竟行斬決。」[註92]因此，由於有「迫於尊長之命」的可原情節，尚非無故干犯，自應循例夾簽。在這起案件的審判過程中，可以看到刑部首先從「合法」的角度出發，對照法律規定，對錯引條例、未予夾簽的行為進行了糾正。接下來，又從「合情」的角度出發，原其「聽從父命」之情，允予夾簽。

2. 因情援例，比照條例夾簽之案。司法實踐中案情詭譎多變，不可能與法律規定一一對應。因此法司的重要職能之一就是要在審理中酌法衡情，比照律例，以達折衷至當、慎重明讞之社會公義。正如《刑案匯覽》序言中所說：「而其用之也，要在隨時隨事比附變通，期盡乎律例之用，而後可以劑情法之平。」在司法實踐中，法司亦會因「情」援引夾簽條例，並會根據「情」之輕重來比照加減使用夾簽。

道光元年（1821），因小功叔耿來勤與伊母趙氏通姦，迨趙氏追悔拒絕欲

〔註92〕《刑案匯覽》卷43《刑律・鬥毆・毆期親尊長》「勉從疊毆期尊至死應准夾簽」條，第2214頁。

行躲避，耿來勤既不容其變產，又復乘夜撥門，欲圖續舊。耿喜愈生忿恨，毆傷耿來勤殞命一案。該督將耿喜依毆死本宗小功尊屬本律擬斬，聲明情可矜憫，聲請夾簽。此案經皇帝敕下九卿定議，經法司合議後認為，耿喜係趙氏之子，因母被欺辱，情實難堪一時忿恨，將其毆傷身死，其情實與捉姦致斃無異。雖然律例內只有本婦本夫之祖父母、父母捉姦，殺死犯姦有服尊長，照本夫殺姦之例一體夾簽聲明量減滿流，並無子捉母姦，殺死犯姦有服尊長作何治罪明文。然而「惟子之於母屬毛離里，其與母之姦夫，實有勢不兩立之情，較之祖父母、父母及本夫尤屬天倫激切，祖父母、父母捉姦殺死犯姦功服尊長，既得量減擬流，則子之激於義忿，毆死母之姦夫，如係功服尊長，亦可類推。」〔註93〕法司終因子與母之「情」尤切，而將伊子毆死通姦之小功叔比照祖父母、父母捉姦殺死犯姦尊長，比例量從末減，最終將耿喜量減為杖一百，流三千里。在法司看來，同樣予以「夾簽」，若以毆死本宗小功尊屬本律擬斬，聲請夾簽，顯得法重情輕，不足原其母子天倫之情。而比照祖父母、父母捉姦之例夾簽既可以從刑罰上從輕處罰，其罪名更符合子與姦夫勢不兩立之情，方可稱「揆之情法，較為平允」。

　　道光二十五年（1845），因大功堂兄羅沈萬毆死胞兄羅沈喜，羅沈墊忿激以致格傷羅沈萬殞命一案。該督在審理時發現，律例內並無因尊長毆死伊兄、即時還毆致斃作何治罪明文。於是檢查過去成案，有張華振毆傷致死伊父之小功兄身死，最終於毆死小功尊長斬罪上酌減二等擬徒。又有陳功俚毆傷致死伊父之緦麻叔身死，係照父為人所殺而子即時毆死行兇人律勿論。該督撫認為「雖父與兄未可相提並論，同一情不可忍」，如果將該犯仍照毆殺大功兄律擬以斬決，止照情輕之例聲明，實覺法重情輕。如果於斬罪上直接量減擬流，則例無明文，因此諮請部示。

　　刑部核覆此案時認為該督所引張華振等二案，皆係為父復仇致斃有服尊長，與因兄被殺還毆致死有服尊長者不同，未便相提並論。但法司也在情法之間難以抉擇，該犯釁起為兄復仇，殺由立時抵格，與尋常致死尊長並非有心干犯者不同。若將該犯照服制情輕例夾簽聲請，改為斬監候，難免顯得情輕法重。而惟究係致斃功服尊長之案，若竟予減等擬流，亦非慎重服制之道。因此法司援引他條比附加減定擬，「參觀本夫捉姦殺死功服尊長之例，只可將該犯仍照

〔註93〕《刑案匯覽》卷26《刑律・人命・殺死姦夫》「殺死欲與伊母續姦之小功叔」條，第1434頁。

本罪擬斬，夾簽聲明，俟奉旨核擬量從未減時，再請量減為杖一百流三千里，以示區別。」〔註94〕也就是刑部出於「慎重服制」的需要，認為將「為父復仇」和「因兄被殺」而毆死尊長之案相提並論，因此在罪名認定時，仍然照服制情輕例夾簽聲請。但在罪行量定時，依然考慮到了其「情」可憫之特殊性，參照了「殺死姦夫」夾簽條例中量刑的差異，允許聲請量減為杖一百流三千里，以示區別。這樣一來，法司通過調整「罪與刑」之間的差異達到了平衡「情與法」的目的。

嘉慶十八年（1813）有案張劉氏夫亡守志，因夫兄張俊科屢次調戲圖姦，該氏忿激將其毆傷殞命。〔註95〕同治四年（1865）亦有歐陽錢氏被夫兄歐陽青友圖姦未從，忿激用鐵火鉗毆傷歐陽青友，越六日身死之案。〔註96〕在這兩起案件中，法司遇到了相同的困境。妻毆夫之期親尊長至死，律應斬候，而至本婦毆死圖姦未成之本宗期服尊長，例無聲請明文。如果按照本律科以斬候，即以守正不污之婦而為淫惡罪人擬以實抵，亦非所以伸義忿而昭平允，情法尤未兩協。

此外按照夾簽條例 10 規定，「有服尊長強姦卑幼之婦未成，被本夫本婦忿激至斃，係本宗期功卑幼罪應斬決者，無論登時、事後，均照毆死尊長情輕之例，夾簽聲明。」如果直接援引此條例擬以斬決，再經夾簽改為斬候。這樣又相較於「妻毆夫之期親尊長至死，律應斬候」之律無所區別，更不足以昭其守正不渝，實殊可憫之「情」。

最終，法司便以比照條例的方式來解決這一問題，「惟妻毆夫之期功尊長至死，與毆夫之緦麻尊長至死，其罪同一斬候，本婦登時致斃強姦未成緦麻尊長既可隨案減流，則登時致斃圖姦未成本宗期功尊長，自應比照定擬。」〔註97〕因此，這兩起案例最終都因其「情」可憫，將毆死圖姦期親尊長之案比照了夾簽條例中毆死圖姦緦麻尊長隨案減流例，減為杖一百，流三千里，依律收贖。因此本案的處理既沒有遵照毆死期親尊長的本律擬斬決，也未直

〔註94〕《刑案匯覽續編》卷 23《刑律・鬥毆・毆大功以下尊長》「為兄復仇格斃罪犯應死尊長」條，第 1038 頁。

〔註95〕《刑案匯覽》卷 24《刑律・人命・殺死姦夫》「將調姦之夫兄毆死比例減流」條，第 1342 頁。

〔註96〕《刑案匯覽續編》卷 14《刑律・人命・殺死姦夫》「毆死強姦未成夫兄隨案減流」條，第 0644 頁。

〔註97〕《刑案匯覽續編》卷 14《刑律・人命・殺死姦夫》「毆死強姦未成夫兄隨案減流」條，第 0644 頁。

接依照夾簽條例聲請，而是比照了條例酌情處理。正如《讀律佩觿》中所釋：
「比照者，實非是律，為之比照其情罪，一照律例以科之。」〔註98〕既要罰
其毆死尊長之罪，又要原其守節之情，在法司看來惟有這樣才能以盡情法之
全。

3. 未予夾簽，從輕處罰之案。夾簽與否，都為是為了維持在律例前提下
的情法衡平。未予夾簽之案，除了如前所述受到夾簽條例、服制倫理等嚴格限
制之外，有時也會因情法考慮，雖未予夾簽，實際上也從輕了處罰的情況。

嘉慶十六年（1811）曾有四川省巴州民人譚元川，因瞥見小功服兄譚元貴
將伊父譚寬按地刀戳，一時情急用木棒鐵鋤毆傷譚元貴倒地。後譚寬業已身
死，譚元貴亦移時殞命。清律載「卑幼毆小功死者斬決」，又「父母為人所殺，
而子擅殺行兇人者杖六十。其即時殺死者勿論。注云父母被有服親屬毆打，止
宜救解，不得還毆，若有還毆者，仍依服制科罪。」此案若按律論斷即應擬斬
決，夾簽聲請。但該省以例無明文，將該犯譚元川於卑幼毆死小功服兄斬罪上
量減二等，擬杖一百，徒三年具題，得到了刑部的支持。刑部正是出於「情法
衡平」的考慮，「此等子復父仇殺死尊長之案，痛關切膚，義不與共戴天，此
時只知復父之仇，寧慮犯尊之罪，況所殺之尊長本係逞兇蔑倫，罪干重辟之人，
揆之情法，均有可原。」〔註99〕既然「殺父之仇不共戴天」，而獄貴持平，若
仍依服制科罪，僅予夾簽聲明則失之過重，若論遠年成案，竟與平人一律勿論，
又失之過輕。最終刑部以父母為人所殺而子殺死行兇人，本有即時非即時之
分，則殺死尊長之案，亦應以即時非即時分別罪名輕重作為法律依據。此案譚
元川目擊伊父被戳身死，將罪應斬決之譚元貴毆斃，若非即時致死，自應於應
擬死罪上酌減一等問擬；今屬即時毆死，該省擬請將該犯於應擬死罪上酌減二
等，杖一百，徒三年，罪名尚屬允協，似可照覆。因此本案雖未夾簽，但實際
上減罪了二等，更加予以寬宥處置。

《大清律例》中《名例律下・本條別有罪名》中規定：「其本應罪重而犯
時不知者，依凡人論。」但實際上此條規定在司法中很少會用到。因為在以卑
犯尊即要嚴懲不殆的司法語境下，是不會給犯尊卑幼稍有可乘之機的。此條例

---

〔註98〕（清）王明德撰，何勤華等點校：《讀律佩觿》，法律出版社 2001 年版，第 78
頁。
〔註99〕《刑案匯覽》卷 42《刑律・鬥毆・毆大功以下尊長》「瞥見父被毆斃即時毆死
功兄」條，第 2150 頁。

下注云「犯時不知」者,「謂叔侄別處生長,素不相識,侄打叔傷,官司推問,始知是叔,止依凡人鬥法。」也就是原本犯罪人在犯罪時根本不知道與所犯之人的親屬關係方能按照「犯時不知」。而司法中常見的卑幼因與人爭鬥,或黑夜捕賊而誤殺尊長之案,一般都按照「卑幼誤傷尊長至死,罪干斬決,審非逞兇干犯,仍准敘明可原情節,夾簽請旨」的條例 2,擬以斬決,夾簽聲請改斬監候。《刑案匯覽》中就收錄了數起此類的案件,如嘉慶二十三年(1818)李世得黑夜追毆服侄李柱,誤扎胞兄李世富身死之案,〔註100〕道光十一年(1831)嚴久榮夜間疑賊誤砍大功堂兄嚴久條身死之案,〔註101〕道光十三年(1833)蕭茂興黑夜疑賊誤傷伊兄蕭茂英斃命之案〔註102〕等,均「不得照犯時不知」,而依卑幼毆死尊長本律擬以斬決夾簽為斷。

　　即便如此,在司法中還是有一類特殊情形下的誤傷尊長案件是可以按照「犯時不知」來擬罪的,那就是因捉姦而誤殺尊長之案。「惟卑幼捉姦誤殺犯姦之尊長,而誤殺者原其義忿之真情,即準照犯時不知律科罪,向亦辦有成案。其餘因鬥誤傷,照本律夾簽之案不一而足。」〔註103〕可見,由於尊長犯姦本屬理曲,而捉姦誤殺為原其義忿之情,可以有所例外地不以誤傷尊長夾簽處置,而以凡論來減輕處罰,來實現情法之平允。如嘉慶二十四年(1819)有陳蜆紀因小功堂叔陳榕夤夜強姦伊妻未成,暗中不能辨認,登時致傷身死一案。〔註104〕廣東巡撫就將陳蜆紀照犯時不知依凡人論,強姦未成罪人,被本婦有服親屬登時忿激致死例擬徒。由於此類案件並不多見,因此剛開始遭到了上級法司駁議。後經刑部核議,查曾有嘉慶十六年(1811)直隸省題閻昶毆死強姦伊妻未成之胞兄閻寬,燒毀死屍一案。該省以閻昶黑夜毆斃閻寬並不知係胞兄算作「犯時不知」,而按照「本夫捉姦殺死犯姦有服尊長之案,除犯時不知,及止毆傷者,均照律勿論」之例,將閻昶毆死胞兄之罪按犯時不知律得勿論,

〔註100〕《刑案匯覽》卷 43《刑律‧鬥毆‧毆期親尊長》「毆侄誤殺兄不得照犯時不知」條,第 2207 頁。

〔註101〕《刑案匯覽》卷 42《刑律‧鬥毆‧毆大功以下尊長》「疑賊誤殺兄不得照犯時不知」條,第 2164 頁。

〔註102〕《續增刑案匯覽》卷 11《刑律‧鬥毆‧毆大功以下尊長》「疑賊誤殺兄不得照犯時不知」條,第 557 頁。

〔註103〕《刑案匯覽》卷 43《刑律‧鬥毆‧毆期親尊長》「毆侄誤殺兄不得照犯時不知」條,第 2164 頁。

〔註104〕《刑案匯覽》卷 24《刑律‧人命‧殺死姦夫》「殺死強姦伊妻堂叔犯時不知」條,第 1339 頁。

將該犯依毀棄緦麻以上尊長死屍律擬斬。後刑部議覆此案照擬斬候，同時認為已死胞兄係強姦未成，所以應將該犯援照本婦有服親屬致死強姦未成罪人例擬以杖徒，不得與已成犯姦尊長一律勿論，致殺死罪人與殺死姦夫漫無區別。因此，根據嘉慶十六年（1811）之成案及刑部通行，嘉慶二十四年（1819）殺死欲強姦伊妻之堂叔之案，該省以「犯時不知」下有服親屬毆死強姦未成罪人擬徒，係屬照例辦理並無錯誤，仍照該省所擬諮覆。因此，在兩起案件都屬於沒有按照毆死尊長本律夾簽聲請，而是原其殺由姦情，情出義忿之故，以「犯時不知」實際減輕了處罰。

《新增刑案匯覽》中收錄了一起非常典型的案件。道光二十八年（1848），曲陽縣民李青風因小功服叔李均明私娶該犯嗣母凌氏為妻，該犯外回查知央懇凌氏仍回己家，凌氏悔悟允從，李均明將該犯打罵攆逐，禁止不許見面。該犯糾人慾拿李均明送官，因其不服拘拿，奪刀砍傷，挖其兩目致成篤疾。值得特別注意的是，此案在《刑案匯覽》卷 26《刑律·人命·殺死妻夫》中所收錄嘉慶二十年（1815）「毆傷占娶伊母之小功叔成篤」說帖中記述的其實是同一起案件，除了案件時間，案件中的人物和案情經過都完全一致。鑒於成書時間，筆者更傾向於這應該是嘉慶年間的一起案件，之所以在《新增刑案匯覽》中又再次收錄，足以說明這是一起非常特殊且具有代表性的案件。

此案案情本身並不複雜，而法司在審理此案時進行了一系列在情、理、法三者間進行衡平的法律推理，可謂煞費苦心。《大清律例》中規定「卑幼毆本宗小功尊長篤疾者，絞。注云：本宗小功兄姊及尊屬則決，餘俱監候。」因此，如果將該犯依毆小功尊長本律科斷應擬絞決，在法司看來即使准其夾簽聲敘，亦與因他事毆傷尊長情輕者無所區別，不足以平。〔註 105〕為此，首先法司捨

---

〔註105〕乾隆年間在「毆大功以下尊長」門內制定了「毆小功以上尊長，如罪應斬決者，雖死於辜限之外，仍照本律定擬，臨時酌量情節，夾簽聲明」的條例。嘉慶十一年（1806）將「毆期親尊長」門內條例與乾隆年間條例修併入「毆大功以下尊長」門內，「其在餘限外身死之案，如刃傷期親尊長尊屬，並以手足他物毆至折肢瞎目，及毆大功小功尊長尊屬至篤疾者，仍依傷罪本律問擬絞決。訊非有心干犯，或係誤傷及情有可憫者，俱擬絞監候。」（乾隆至嘉慶年間條例及修訂情況引自（嘉慶朝）《欽定大清會典事例》卷 633《刑部·刑律鬥毆·毆大功以下尊長》）因此如果嚴格依據修改後的條例，發生於嘉慶二十年的這起案件實際上是毋庸夾簽的，但法司在審理案件時依然因循了以往辦理此類可矜服制命案的習慣性思維，間接也可說明嘉慶年間夾簽制度在可矜服制命案中的普遍性適用。

棄本律轉而比照了數條相關律例，「娶緦麻親之妻，杖六十，徒一年，小功以上之親各以姦論。」又律載：「姦緦麻以上之親，姦夫發附近充軍。」凌氏乃李均明大功服兄之妻，李均明按律已犯姦罪在先。其次，法司又從「原情」的角度認為「李均明娶大功服兄之妻為妻，按律應以姦論，發附近充軍，即本夫及有服親屬，亦許其忿激義憤，況係嗣子因其母被人姦娶，較之本夫捉姦毆有服尊長更為可原。」因其母子情切，將子毆傷犯姦尊長比照「本夫捉姦，殺死犯姦有服尊長止毆傷者，照律弗論」之條議處。

　　一起毆傷尊長至篤之案，竟以傷人者勿論結案，初看似覺匪夷所思。為此，刑部特地進行了一番法理解釋：「是有服親屬犯尊長與亂倫，二者均視服制之親疏為罪名之差等。如二者有犯，若被傷者亂倫之罪輕，則毆者犯尊之罪雖輕，亦難率減。倘被毆者亂倫之罪重，則毆者犯尊之罪雖重，亦可矜憫。至卑幼之於尊長，例既許其捉姦，則難必不致傷，例既止致傷者弗論，則無論成廢成篤，皆在傷者之列。」〔註106〕在倫理道德至上的社會氛圍下，犯姦之罪重於犯尊，此案引律原情，寬卑幼犯尊之行以示懲尊長犯姦之罪，盡為明刑弼教。因此，這起案件的審判過程正體現了法司在法條的理性論證和社會情理公義之間小心翼翼地尋找平衡點的過程，或許在法司看來這正是一起情理法完美融合的案例，因此才一再將其作為典型案例收錄進案例彙編叢書中，以為後代胥吏斷案參考。

## （二）夾簽後的處置

　　夾簽涉及的都是罪關斬絞之服制重案，作為「法外之仁」常常事關生死。《大清律例》中規定的「五刑」及每種刑罰下的不同等級，笞刑五、杖刑五、徒刑五、流刑三、死刑二。通常夾簽包括夾簽後減等會涉及的刑罰等級基本都在徒刑以上，具體的法律規定如下：〔註107〕

　　　徒刑五（徒者，奴也。蓋奴辱之。）

　　　一年杖六十　一年半杖七十　二年杖八十　二年半杖九十　三

　　年杖一百

　　　流刑三（不忍刑殺，流之遠方。）

　　　二千里杖一百　二千五百里杖一百　三千里杖一百

　　　死刑二（凡律中不注監候立決字樣者，皆為立決。凡例中不注

---

〔註106〕《新增匯覽》卷11《刑律・鬥毆・毆大功以下尊長》「因功叔私娶嗣母為妻不服拘拿挖眼成篤」條，第223頁。

〔註107〕《大清律例》卷4《名例律上・五刑》。

監候立決字樣者，皆為監候。）

絞　斬（內外死罪人犯，除應決不待時外，餘俱監固，候秋審朝審，分別情實、緩決、矜疑，奏請定奪。）

　　下面我們以光緒朝所見夾簽條例為藍本，看看夾簽後的減等處罰在清代法律中是如何規定的。18 條條例中共有 11 條，即條例 1、2、6、8、11、12、14、15、16、17、18 在具體內容上都沒有明確如何減等的處罰規定，僅夾簽聲明向皇帝請旨，其最終處罰要待皇帝旨意。其餘七條內容中有關於夾簽後減等處置的明確規定：

表格 2-8　光緒朝所見夾簽條例中夾簽後的處置規定

| 律門及條例 | 案件類型 | 條例規定的減等處置 |
|---|---|---|
| 殺死姦夫・條例 3 | 本夫捉姦，殺死犯姦有服尊長 | 期親及功服卑幼：期親減為擬斬監候；功服減為杖一百、流三千里<br>本宗緦麻及外姻功緦卑幼：不夾簽，隨本聲明量減為杖一百、流二千里 |
| 殺死姦夫・條例 4 | 本夫、本婦之有服親屬捉姦，殺死犯姦尊長 | 期親及功服卑幼：夾簽，期親及本宗大功小功均減為擬斬監候<br>本宗緦麻及外姻功緦卑幼：如係登時殺死者夾簽聲明，奉旨減為杖一百、流三千里。若殺非登時，毋庸夾簽 |
| 殺死姦夫・條例 7 | 本夫本婦之祖父母、父母，如有捉姦殺死有服尊長 | 照本夫之例，按服制分別遞減 |
| 殺死姦夫・條例 10 | 有服尊長強姦卑幼之婦未成，被本夫本婦忿激至斃。 | 期功卑幼：照毆死尊長情輕之例夾簽<br>本宗緦麻、外姻功緦卑幼：事後毆斃，仍照本律問擬斬候。若登時忿激至斃，隨案減為杖一百、流三千里 |
| 殺死姦夫・條例 13 | 有服尊長強姦卑幼之婦未成，被本夫、本婦有服親屬登時忿激致斃 | 期功卑幼：夾簽聲明，九卿核擬減為擬斬監候<br>緦麻卑幼：登時殺死夾簽，減為杖一百發近邊充軍。若殺非登時，仍照毆故殺本律問擬，毋庸夾簽聲請 |
| 戲殺誤殺過失殺人・條例 9 | 子孫過失殺祖父母、父母及子孫之婦過失殺夫之祖父母、父母 | 擬以絞決夾簽聲明，恭候欽定，改為擬絞監候 |
| 毆期親尊長・條例 5 | 期親卑幼因父母被伯叔父母、姑、外祖父母毆打情切救護，毆傷伯叔等尊屬 | 照律擬以杖一百、流二千里。刑部夾簽聲明，量減一等，奏請定奪 |

　　從夾簽條例的法律規定能夠觀察到以下特徵：其一是充分體現了夾簽服務於皇權的特性。由於最終能否准允夾簽的決定權掌握在皇帝手中，因此多數情況下臣下對夾簽後如何減等更是不容置喙，要聽從皇帝的旨意。當然，皇帝也不會任意妄為，一般會交由三法司核擬或九卿會議，或參照成案或比照條例酌情處理。其二，夾簽本就是服制法律下的產物，因服制逾近處罰越重，因此夾簽後的減等也會根據服制等級的不同做調整。刑罰的量減一般是指刑法的等級自上而下自然下降一等級，如條例3中同樣罪名下期服夾簽減一等，功服夾簽減二等，本宗緦麻及外姻功緦尊長不夾簽直接隨本減三等，一般來說服制逾遠減等愈多，處罰就越輕。其三，有明確規定的夾簽條例集中於「殺死姦夫」門下，主要是因為該律門下案情複雜多變，涉及親屬關係尤為繁雜，因此在條例中予以明確以便於法司執行。

　　以上是有關夾簽後如何處置的法律規定，下面我們從《刑案匯覽》系列所收錄的清代夾簽案例來看看在司法中夾簽後的實際處置情況。

**表格 2-9　《刑案匯覽》系列所錄清代夾簽案例的處置情況**

| 序號 | 案情簡介 | 審理意見 | 資料來源 | 注 |
|---|---|---|---|---|
| 2-7-1 | 何能相係與圖姦伊妻胞叔何宗現理論，被其詈罵並揪住髮辮，情急用刀嚇砍，適傷致斃 | 貼內援引擬斬立決，經九卿定議改為擬斬監候之成案，將何能相擬斬立決，夾簽聲請 | 《刑案匯覽》卷24《刑律‧人命‧殺死姦夫》「毆死圖姦伊妻胞叔情輕夾簽」條 | 減一等 |
| 2-7-2 | 余在邦因瞥見外姻緦麻表兄朱萬明與伊胞姊余氏通姦，將朱萬明扎傷殞命 | 將余在邦依卑幼毆死外姻緦麻兄本律擬斬監候，聲請夾簽，奉旨敕下九卿核擬，減為杖一百，流三千里 | 《刑案匯覽》卷24《刑律‧人命‧殺死姦夫》「登時殺死與胞姊通姦之表兄」條 | 減一等 |
| 2-7-3 | 史振花續姦不遂，謀殺本夫身死，邢氏悔過拒絕，不知謀情，事後投保報案 | 將邢氏依姦婦不知情絞候聲請減流上再減一等，科以滿徒 | 《刑案匯覽》卷24《刑律‧人命‧殺死姦夫》「拒絕後姦夫謀殺夫姦婦首告」條 | 減二等 |
| 2-7-4 | 當徐縣民婦左李氏因與潘家士有姦，致伊夫左桂香被潘家士謀殺身死案 | 左李氏擬絞監候，夾簽聲請。據所奏尚有不忍致死其夫之心，將該犯婦減為杖一百，流三千里，係犯姦之婦，杖決 | 《新增刑案匯覽》卷8《刑律‧人命‧殺死姦夫》「姦夫謀殺本夫姦婦不知情事後首告」條 | 減一等 |

| | | 流贖，追取贖銀入官，該犯婦給予親屬領回 | | |
|---|---|---|---|---|
| 2-7-5 | 太湖縣民王育材因大功服兄王美之與伊妻余氏通姦，盤知姦情，經勸隱忍，嗣復撞獲王美之在余氏房內調笑，登時砍傷王美之殞命 | 將王育材擬斬，夾簽聲明，量從末減，依例擬杖一百，流三千里 | 《新增刑案匯覽》卷8《刑律・人命・殺死姦夫》「捉姦殺死大功堂兄」條 | 減二等 |
| 2-7-6 | 李大魁因瘋病復發，先後用刀砍傷伊妻張氏及期親服叔李萬鑲殞命，並砍傷期親嬸母董氏及族人李大孝、李劉氏、李氏，傷均平復 | 將李大魁擬斬立決，夾簽具題，九卿議奏改為斬候 | 《刑案匯覽》卷32《刑律・人命・戲殺誤殺過失殺傷人》「因瘋砍死胞叔並妻另傷四人」條 | 減一等 |
| 2-7-7 | 蒙古朋楚克端都布因隨同伊母搬家，中途被牛闖倒捧落槍上火石，仍欲安放機上用石子錘打，碰落烘藥，不意石鐵相磋引燃槍發，鉛子誤傷伊母身死 | 將朋楚克端都布照子過失殺母例問擬絞決，仍將可原情節照服制情輕之例夾簽聲明，恭候欽定，改為擬絞監候 | 《刑案匯覽續編》卷19《刑律・人命・戲殺誤殺過失殺人》「用石砸槍不期轟斃伊母」條 | 減一等 |
| 2-7-8 | 唐訓谷因小功堂叔唐先添與伊父唐廣賢口角爭鬧用刀戳傷左胯，報驗差拘。嗣伊父路遇唐先添，欲拿送究，被推跌倒地，該犯趕攏救護，被唐先添拾石毆打，該犯奪石毆傷唐先添左右兩膝跑走。唐先添復拾石向伊父擲毆，該犯轉身瞥見，用石連毆唐先添腦後等處三下身死 | 帖內援引了夾簽聲請改擬斬候之成案，將唐訓谷擬以斬決，夾簽聲請 | 《刑案匯覽》卷42《刑律・鬥毆・毆大功以下尊長》「救父情切毆傷小功叔身死」條 | 減一等 |
| 2-7-9 | 朱華年手執瓦茶壺出外沖茶，順向大功兄朱昌年索欠，朱昌年嗔斥不依，揪住該犯衣領毆打並用頭向撞，被在該犯所執瓦壺底上碰傷額顱連右額角，越二十一日因風身死 | 將朱華年擬斬決，夾簽聲明，改為斬候 | 《刑案匯覽》卷41《刑律・鬥毆・毆大功以下尊長》「碰傷功兄正限外因風身死」條 | 減一等 |

| 2-7-10 | 董魁清因小功服兄董興讓誤打伊地內樹棗經見攔阻，董興讓用木杆向毆，該犯順用挖菜小刀抵格，劃傷董興讓左腮頰連唇吻，董興讓復用木杆毆打，被該犯奪獲，毆其左臁秕一下，嗣因傷處發癢，越二十五日因風身死 | 將董魁清擬斬決，夾簽聲明，改為斬候 | 《刑案匯覽》卷41《刑律·鬥毆·毆大功以下尊長》「毆傷小功兄正限外因風身死」條 | 減一等 |
|---|---|---|---|---|
| 2-7-11 | 蘇抗攜帶竹銃夜間赴田巡視，疑係賊人偷麥，順點竹銃嚇放，致沙子飛傷蘇搖咽喉左血盆骨倒地，傷重逾時殞命 | 將蘇抗擬斬決例准夾簽。奉旨：蘇抗必為應斬著監候，秋後處決 | 《刑案匯覽續編》卷23《刑律·鬥毆·毆大功以下尊長》「疑賊誤斃大功服兄」條 | 減一等 |
| 2-7-12 | 因大功堂兄羅沆萬毆死胞兄羅沆喜，羅沆墊忿激以致格傷羅沆萬殞命 | 將羅沆墊照本罪擬斬，夾簽聲明，俟奉旨核擬量從末減時，再請量減為杖一百流三千里 | 《刑案匯覽續編》卷23《刑律·鬥毆·毆大功以下尊長》「為兄復仇格斃罪犯應死尊長」條 | 減二等 |
| 2-7-13 | 殷世泰因索牛起釁，經胞兄殷世華扭住欲毆，該犯掙脫逃避，致兄失跌扛傷斃命 | 帖內語「有奉旨九卿定擬改為監候者，亦有奉特旨即改監候者」，將殷世泰擬斬決，夾簽聲請 | 《刑案匯覽》卷43《刑律·鬥毆·毆期親尊長》「被毆掙脫跌斃胞兄簽商夾簽」條 | 減一等 |
| 2-7-14 | 朱汶愷因與小功堂娃朱立畛爭罵，該犯順點竹銃向朱立畛嚇放，不期伊胞兄朱汶相聞鬧走出，致被誤傷身死。 | 帖內援引了經九卿核議改為斬監候的成案，將朱汶愷依律問擬凌遲，並聲明並非有心干犯，夾簽聲請 | 《刑案匯覽續編》卷24《刑律·鬥毆·毆期親尊長》「施放竹銃誤殺胞兄」條 | 減二等 |
| 2-7-15 | 廖馨受因與朱馨爭鬧，順用竹銃嚇放，誤傷小功服叔廖其述身死 | 將廖馨受擬斬立決，夾簽聲明，奉旨改為斬候 | 《刑案匯覽》卷2《名例律·犯罪存留養親》「放銃誤斃功尊改緩後請留養」條 | 減一等 |
| 2-7-16 | 方袁氏因母袁單氏告借，往尋伊夫方仲美措錢應付，因袁單氏在伊身後拉衣向阻，以致往後退跌，碰翻袁單氏倒地痰壅身死 | 將方袁氏擬絞決夾簽，倘蒙聖恩改為絞候，即將該犯婦入於秋審服制案內辦理 | 《刑案匯覽》卷44《刑律·鬥毆·毆祖父母父母》「過失殺父母應擬絞決夾簽」條 | 減一等 |

| 2-7-17 | 白萬良因與堂兄白萬金爭毆，與妻小白張氏並其嫂大白張氏商謀欲自行刎死圖賴。該犯自用剃刀抹傷頷頰，手軟不能再抹，促令代抹，該氏勉強拾刀，輕抹腮頰，畏懼棄刀跑回。嗣大白張氏狠割白萬良咽喉殞命 | 將小白張氏擬斬決，夾簽聲請改為斬候。 | 《刑案匯覽》卷23《刑律·人命·謀殺祖父母父母》「夫欲尋死圖賴其妻代抹傷輕」條 | 減一等 |
|---|---|---|---|---|
| 2-7-18 | 吳迎因共曾祖小功堂叔吳幗輔向其父吳幗印索討墊項，起釁爭毆。該犯見其父受傷甚重，一時情急，拾槍嚇扎，適傷吳幗輔肚腹身死 | 將吳迎擬斬立決，夾簽聲請。倘蒙聖恩免其處決，即將該犯改為斬監候 | 《新增刑案匯覽》卷11《刑律·鬥毆·父祖被毆》「救父情切毆死小功服叔」條 | 減一等 |
| 2-7-19 | 李應襄因降服小功服兄李應潰不給應分磚價，經伊父李一柱催索爭罵，被李應潰棍毆致傷，並舉向復毆。該犯情急救護，用棍抵格，致傷李應潰身死 | 帖內語「倘死係本宗期功尊長，則罪干斬決，若係情輕，即照例夾簽聲請改為斬候，歷經辦理在案。」將李應襄依律擬斬，夾簽聲明 | 《新增刑案匯覽》卷11《刑律·鬥毆·父祖被毆》「救父情急毆死功兄」條 | 減一等 |

　　《刑案匯覽》系列所錄本就是「例無專條，情節疑似」之案的說帖、成案、通行等，加之在夾簽條例中本就甚少有減等的明確規定，因此不難理解大部分的案件都夾簽請旨，要以皇帝旨意最後為斷。在能夠明確最終處置結果、或是已經援引了類似成案再行請旨的這19起案件中，有15起都是減一等處罰，也就是罪至斬絞的改為了斬監候（絞監候），這應該也是大部分向皇帝請旨的夾簽案件所能得到的最好的結果。因為如果能夠得到皇帝赦免的夾簽案件，罪犯實際上都能夠免去執行死刑，對犯罪人來說無疑是性命攸關的。

　　另有4起是在特殊情形下減了二等處置的案件，分別是表2-7-3，表2-7-5，表2-7-12，表2-7-14。表2-7-3之案乃嘉慶二十二年（1817）姦夫謀殺本夫身死，已悔過拒絕之姦婦邢氏臨時並不在場，事後即行首告，法司認為其不忍致死其夫之心較之姦未悔拒，致夫被殺者情更可原。「至悔過拒絕之姦婦，於姦夫謀殺本夫，其姦情既已改悔，例應與良婦同科，則其不忘仇之心，未便仍

與姦婦並論。」〔註108〕因此法司以予悔過姦婦邢氏自新之義，將其按照不知謀情之於絞候減流上再減一等滿徒。表 2-7-5 光緒二年（1876）「捉姦殺死大功堂兄」一案，因案犯捉姦砍傷大功堂兄身死，法司依照「本夫捉姦殺死犯姦有服尊長」的夾簽條例規定，死者係大功堂兄，按律減二等處置。表 2-7-12 道光二十五年（1845）「為兄復仇格斃罪犯應死尊長」，對為胞兄復仇而毆死大功堂兄之犯，因案情特殊「情法相協」之需要，比照了「殺死姦夫」門內夾簽條例所規定的功服減二等之處罰。〔註109〕表 2-7-14 道光二十八年（1848）「施放竹銃誤殺胞兄」，案犯與他人爭鬧順點竹銃嚇放，誤傷胞兄身死。說貼內刑部援引了道光十六年（1836）情事相同之成案，山東省民人朱開泰因與鄰婦張李氏口角爭罵，朱開泰順點鳥槍向張李氏嚇放，適伊胞兄朱開基趨出致被誤傷殞命，最終依弟故殺胞兄本律擬凌遲處死，奉旨改為斬監候。法司以此成案為據夾簽聲請，不出意外的話這起案件應該也會由凌遲減二等改為斬監候。所以能夠得到更大恩典減二等處罰的無非是以下兩種情形：一種是根據具體的條例規定依照服制減等處置。還有一種是法司在實際司法中根據案件情形，「依法原情」變通地調整夾簽後的減等處置，以滿足「情法相協」之需要，在司法實踐中後者也是比較常見的。

　　因此可以看到，夾簽制度並非具文，在司法實踐中有相當多數的可矜服制命案在夾簽後得到了減等的處置，甚至法司會以更具靈活性的司法手段使其在服制命案的司法審判中更好地發揮「原情」之功效。

## 第四節　夾簽制度的定型與消亡

### 一、定型的司法慣例

　　無論是從夾簽條例的增纂還是在服制案件中的適用，從嘉慶朝到道光朝夾簽制度都得到了較大的發展。作為在情與法之間進行微妙衡平的彈性機制，夾簽制度實際上賦予了執法者一定的自由裁量權。對司法官員而言，夾簽亦成為在國家層面依法審斷的硬性要求和「重人命而慎刑章」傳統觀念之間的一個平衡點，成為官員規避司法審斷責任，強化自身權力與利益的有效手段。因此，

〔註108〕《刑案匯覽》卷 24《刑律・人命・殺死姦夫》「拒絕後姦夫謀殺夫姦婦首告」條，第 1296 頁。
〔註109〕參見前文在比照條例夾簽案件中對此案的分析。

夾簽在司法實踐中始終不自覺地帶有擴大化的傾向。與此同時，為了維護國家服制法律的權威和對司法權的嚴格監控，國家在設立夾簽制度的同時也在嚴格地對其在司法中的適用進行限制。道光朝伴隨夾簽條例的初步定型，其在司法中的實踐愈加嫻熟，在有相當數量夾簽案例的同時，亦見到有更多的「駁回夾簽聲請」之案的記載，並時有見到皇帝及法司在服制案件的司法過程中對依法審理、慎重夾簽的強調，兩者之間的對立和博弈已初現端倪。

道光九年（1829）雲南巡撫題報一起案件，緣李董氏有養贍田一分，係其子李迎燦與伊兄李迎彩、李迎暉三人輪流值年耕種。道光七年（1827）十二月間，李迎彩因負欠緊迫，私將李董氏養贍田典賣還債。道光八年（1828）二月十三日李迎燦自外回歸，聞知李迎彩私將母田典賣還債，不由心生埋怨。李迎彩強辯，李迎燦撲毆，二人互毆適傷李迎彩滾跌下溝，被石擦傷左太陽，墊傷胸膛左並左臂膊、左右胳肘、左後肋，至十八日殞命。該撫將李迎燦擬斬立決，聲明並非有心干犯等因。經刑部審核案情後認為，此案李迎燦與伊兄李迎彩口角爭辯，當伊兄撲毆之時，盡可脫身逃避，乃即奮拳毆打，後雖被揪被毆，惟該犯未受寸傷，輒敢疊肆毆踢胞兄，統計傷至九處之多，干犯情形已屬顯然。既然案係互鬥，與實在被毆抵格，無心適傷者不同，未便援例夾簽聲請，轉致蔑倫兇狠之徒幸逃顯戮。此案應即按律定擬，李迎燦合依弟毆胞兄死者斬律擬斬立決。此外刑部還特別申明：

> 再查近來各省辦理毆死期功尊長，罪干斬決之案，如救親情切，或毆死罪犯應死之尊長，尚皆照律辦理。其與尊長互相爭鬥，往往有傷多且重，干犯顯然者，輒據兇犯避就供詞，將搪抵架格等字樣敘入聲請，冀可代為夾簽。雖經臣部節次題駁，仍恐各省似此具題者尚多，亟宜聲明定例，以期畫一。應請嗣後卑幼毆傷期功尊長至死，罪干斬決之案，除係救親情切，及毆死罪犯應死之尊長，仍俱照例夾簽聲請外，如尋常與尊長相毆致死之案，必實係被毆情急抵格適傷，情可矜憫者，方准聲明並非有心干犯字樣，若傷多且重，雖被尊長疊毆，抵格致斃，即係互鬥，按律擬以斬決等因奏准。〔註110〕

可見在道光朝前期司法實際中就存在卑幼毆死期功尊長，傷多且重明係干犯，但各省往往以搪抵架格、無心適傷為由，而輕易聲請夾簽。所以，刑部要特別

---

〔註110〕《刑案匯覽》卷 41《刑律・鬥毆・毆大功以下尊長》「毆死期功尊長不得遽請夾簽」條，第 2142 頁。

予以糾正說明，並專門制定通行對此類行為進行規範。

　　在道光朝後期，法司依然在強調對服制案件司法中擴大化使用夾簽的嚴格限制。道光二十六年（1846）江西巡撫向刑部諮請核示，申叫婆因小功叔申定祺將伊父申定達推跌倒地騎坐欲毆，情急救護，用刀砍傷申定祺身死，在逃被獲。該犯護父嚇砍，適斃功叔，在逃已越四年，可否仍將並非有心干犯情節於案內敘明，聽候夾簽，抑即按律擬以斬決，毋庸量請末減。刑部的回覆：

> 查，致斃期功尊長情輕例應夾簽聲請之犯，在逃年久如始行就
> 獲者，本部向有准其夾簽成案。第此等案件因有夾簽之例，兇犯往
> 往飾詞避就，希圖輕減罪名。若承審之員或於救生不救死之說，率
> 據避就之詞，遽行定獄，使逞兇犯尊之犯幸逃法網，殊非整飭倫常
> 之道。〔註111〕

雖然過去有在逃就獲，予以夾簽的成案，但刑部認為該犯在逃多年，更易串捏案情，為了避免司法官員沿襲舊習，輕率以夾簽聲請定讞，要求該撫飭屬提犯研究確情，再行妥擬具題，不得致滋輕縱。因此，伴隨夾簽制度的發展，國家始終沒有放鬆對夾簽的嚴格限制，要將其控制在合理適用的小範圍內。

　　除了國家強制力約束的外在因素，夾簽制度自身的發展也逐漸進入到比較穩定的階段。伴隨夾簽條例的不斷完善和基本定型，司法中愈來愈多的通行、成案，客觀上也在進一步對夾簽的使用進行規範和約束。因此，經歷了嘉慶及道光朝的快速發展，情況似乎在咸豐朝發生了一些變化，擴大化的趨勢漸緩並逐漸發展成為較為固定的司法慣例。當然除了法律體系下的內在邏輯，還有諸多外在因素會對夾簽在實際司法中的運作產生影響，在帝制國家最為明顯的莫過於最高統治者對使用夾簽的態度。

　　道光三十年（1850）正月丙午日道光帝去世後，咸豐帝於正月已未日繼位主掌朝政，第二年改年號為「咸豐」。剛繼承大統，弱冠之年的咸豐帝自然是意氣風發，勵精圖治，在他主政的第一年裏就曾有兩次就服制案件中的夾簽進行專門訓飭，其顯箸綱紀、整肅風氣之意不言而喻。

　　《清實錄》所載道光三十年（1850）四月，咸豐帝曾就刑部核覆光祿寺卿條陳服制案罪名折進行訓誡，要求各省督撫在毆死期功尊長之案中不得裝點案情、遷就開脫，任意夾簽聲請：

---

〔註111〕《刑案匯覽續編》卷 23《刑律・鬥毆・毆大功以下尊長》「例應夾簽之犯在
　　　　逃已越四年」條，第 1040 頁。

刑部奏，核議光祿寺卿許乃普條陳服制案罪名一折。卑幼犯尊，法難曲宥，豈容避重就輕，著照所議。嗣後各直省遇有毆死期功尊長之案，該督撫嚴飭承審各員，無稍遷就開脫，裝點情節，指為無心干犯，希圖夾籤聲請。倘聲敘稍涉裝點，該部即行駁斥，務得實情，以昭平允。〔註112〕

同年十二月，咸豐帝在審閱刑部題報的一起夾籤案件時，不僅沒有抽選該案的減罪夾籤而逕行斬決，並對刑部及各省督撫再一次進行了嚴厲訓飭：

前據刑部具題湖南民鄭添朗毆死小功服叔鄭正煥一案，內閣照例票擬雙籤。朕詳加披閱，該犯之小功服叔鄭正煥行竊雖在昏夜，而被毆不止一傷，豈有負痛不言，絕無聲聞相知之理？是該犯周知倫紀，肆意疊毆，斷難幸逃法網，昨已將該犯依律斬決矣。因思內外問刑衙門辦理服制命案，往往避重就輕，此等積習實堪痛恨。在尋常鬥毆案內，情傷稍重，秋審時尚且酌量加嚴，擬以情實予勾。惟服制之案，倫紀攸關，轉得以並非有心干犯一語，為救生不救死之計，豈國家明刑弼教之道乎？嗣後刑部及各省督撫於服制命案務須悉心研鞫，不可意存開脫，轉令鄉曲愚氓得啟干名犯義之漸。亦不得因有此旨，刻意周內於實在可原情節不為研究聲敘，致滋冤抑。總期毋枉毋縱，情法兩平，用昭明慎用刑之意，將此通諭知之。〔註113〕

咸豐帝認為此案明係犯罪卑幼故意干犯、肆意疊毆尊長致死，而刑部等司法部門卻為救生不就死之積習避重就輕予以夾籤，實勘痛恨。此論中咸豐帝一方面強調了各級法司在服制命案中必須謹慎夾籤，不得故意開脫，一方面又強調要毋枉毋縱，以期得情法兩平。其用心不可謂之不良苦，也反映了作為清代最高統治者一貫以來對夾籤的態度，既要以其作為司法體系中情法衡平的有效調節手段，又要嚴格防範各級法司在夾籤使用中的司法擅斷。短短不到一年的時間，咸豐帝就服制案件審判中的夾籤問題兩次提出訓誡，司法官員們自然會對夾籤採取更為審慎的態度。加之咸豐朝十一年（1851～1861）間，歷經太平天國運動、第二次鴉片戰爭等內憂外患，其主要精力也都放在了應對危機、維持統治之上，對司法中夾籤制度自然關注有限。因此咸豐一朝不管是從夾籤條例

〔註112〕《大清文宗顯皇帝實錄》道光三十年四月上。
〔註113〕《大清文宗顯皇帝實錄》道光三十年十二月上。

的修纂，還是在司法實際中的使用，都能比較明顯地看到更加嚴謹呈收縮之
勢。

　　圍繞著夾簽條例的修纂和執行，這種自上而下，逐漸收縮的態勢表現的更
為典型。由於條例本帶有「一時之事」「因時制宜」的性質，因此不可避免要
對其不斷進行刪改增修。在清代歷朝的修例活動中，除了從法理角度發展完善
條例的修訂，以案破例及因案增例等情況是最為常見的，其立法與司法活動相
輔相成。

　　如前所述，咸豐朝共有夾簽條例 18 條，其中 12 條是保留了前朝條例沒
有變動，修例 2 條，新制定了 4 條條例。具體來看，修例的 2 條條例，其一是
在「殺死姦夫」門內下條例 4 的句首，於咸豐二年（1852）添一「之」字，改
為「本夫、本婦之有服親屬捉姦，殺死犯姦尊長之案……」，表述更為準確流
暢，其餘內容並無變化。另一修例是「戲殺誤殺過失殺人」門下條例 14，此條
例在道光二十五年（1845）制定，規定了因瘋致斃期功尊長等多條人命案內的
夾簽適用，原定將因瘋致斃期功尊長尊屬一命，復另斃平人一命，及二命非一
家者，俱比引服制情輕例夾簽聲請。另斃旁人一家二命，及三命而非一家者，
按律斬決，不准聲請。

　　至咸豐八年（1858）時，刑部認為在此條例因瘋致斃多人人命之中刑罪尤
未劃一，專門題請對該條例進行修訂：

　　　　咸豐八年諭，刑部奏酌擬因瘋斃命罪名，請改歸畫一等語。向
　　　來因瘋連斃人命案犯，係平人非一家二命者，俱擬絞監候，入於情
　　　實。而致斃期功尊長尊屬一命，另斃平人一命者，向援服制之例，
　　　夾簽聲請。雖絞斬輕重不同，而一勾一免，殊不平允。至連斃三命，
　　　內有期功尊長尊屬一命者，亦俱援引服制之例夾簽，更覺寬縱。著
　　　照該部所請，嗣後此項人犯，除連殺平人非一家三命，或一家二命
　　　者，仍照例入於情實，致斃服制一命，復另斃平人一命者，仍照例
　　　夾簽聲請外。所有因瘋致斃平人非一家二命之犯，著改入緩決辦理，
　　　以昭畫一而示持平。其致斃期功尊長尊屬一命，另斃平人二命之犯，
　　　無論是否一家，俱著按律擬斬立決，毋庸夾簽聲請，以重人命。其
　　　本年秋審案內張懷一犯，即著改入緩決辦理。〔註114〕

刑部指出，因瘋致斃多條人命案件，致斃期功尊長尊屬一命，另斃平人一命者，

--------

〔註114〕　（光緒朝）《欽定大清會典事例》卷 850《刑律・人命・戲殺誤殺過失殺傷人》。

經夾簽聲請可減為斬監候，與致斃平人非一家二命者，俱擬絞監候入於情實相比，反而對應該加重處罰的服制案件進行了寬免，情罪不允。另外連斃三命之案，內有期功尊長尊屬一命者，亦俱援引服制之例夾簽免勾，更顯得對服制重案予以寬縱。因此，咸豐八年（1858）將條例內容做了修改，其一是從允許夾簽聲請的情況內刪去了「另斃平人二命及非一家者」，其二是將不准夾簽聲請情況內的「復另斃旁人一家二命及三命而非一家者」改為範圍更廣的「復另斃平人二命，無論是否一家」。這樣一來，實際上是縮小了在因瘋致斃包括期功尊長、尊屬等多人命案中夾簽的使用範圍。

咸豐朝制定的 4 條夾簽條例分別集中於「戲殺誤殺過失殺人」門下 1 條，「毆大功以下尊長」門下 3 條。「戲殺誤殺過失殺傷人」門下的條例 15 是非常特殊的一則夾簽條例，它實際是根據嘉慶十一年（1806）奉天省民婦段李氏因瘋毆傷伊夫段廷儒身死一案的處理，將特殊形式的「刑部不予夾簽，內閣票擬加簽」專門以條例的形式固定下來。嘉慶十一年（1806）段李氏因瘋毆死伊夫，嗣後刑部以妻之於夫服屬三年，其因瘋毆死及誤殺可矜者均按本律定擬概不夾簽，因此擬以斬決，內閣亦以李氏著即處斬票擬進呈。最終皇帝認為情可矜憫，予以了寬宥：「從前曾有奉旨敕下九卿議改監候者，亦有奉旨由立決改為監候者等語，刑部以服制為重妻之於夫服逾三年，固當按律問擬，然有平素並無凌犯，實係一時瘋發毆夫致死者，究屬一線可原。揆之情法，亦不可不量予末減。嗣後遇有此等婦人因瘋毆死本夫之案，確鑿無疑者，刑部仍按本律定擬具題。著內閣核明於本內夾敘貼標擬，九卿議奏及依議斬決雙簽進呈，候朕定奪。」〔註 115〕可以看到此後在司法中遇到類似案件，法司往往援引此成案進行裁斷。至咸豐元年（1851）刑部片內聲敘：

> 刑部片查道光二十八年，本部具題貴州省民婦王康氏因被夫追毆，回格適傷伊夫王老六身死一案，又四川省民婦申周氏捏傷伊夫腎囊身死一案，均與此案大略相同。本部亦照此聲敘，俱經奉旨改為斬監候在案。是妻毆死夫情節可原之案，本部均於具題時遵嘉慶十一年段李氏案內所奉諭旨，仍按本律定擬，概不夾簽，歷經辦理在案。惟查此等案件，前奉諭旨內雖未令本部夾簽，究有應行聲敘情節，與尋常毆死夫情重之案不同。本部現在酌擬，嗣後均於題

---

〔註 115〕《刑案匯覽》卷 32《刑律·人命·戲殺誤殺過失殺傷人》「因瘋及誤殺夫之案向不夾簽」條，第 1730 頁。

本內將前奉諭旨敘入，再按本律定擬具題，庶敘次較為明晰，辦理
無虞歧誤。所有范王氏一案，應即照此添敘，相應片覆內閣可也。
〔註116〕

刑部強調嗣後要在題本內先將前奉諭旨敘入，然後再按律定擬，才能奉旨改為
斬監候，實際上已將此諭旨作為斷罪引律之法律規定。最終於咸豐二年（1852）
將其正式制定條例15，以法律的形式予以確定和規範，纂入例冊。

　　至於在「毆大功以下尊長」門內的3條新纂條例，分別為條例16、17和
18。條例16的制定源於咸豐七年（1857），御史王德固奏請將服制案內毆死期
功尊長夾簽之案分別辦理等一摺，刑部對此進行了核議。筆者在中國第一歷史
檔案館查詢到了刑部題本的原件，現抄錄如下：

**奏為遵旨核議將服制案內毆死期功尊長夾簽之案分別辦理緣由
事**〔註117〕

　　大學士管理刑部事務　桂良　咸豐七年七月二十六日

　　封面：題　（朱批）依議

　　奏內：大學士管理刑部事務桂良等謹奏為遵旨議奏事。內閣抄
出江南道御史王德固奏請將服制案內毆死期功尊長夾簽之案分別辦
理等因一摺。咸豐七年六月十九日奉上諭，御史王德固奏請將服制
案內毆死期功尊長夾簽請旨之例分別辦理等語，著刑部覆議具奏，
欽此。

　　該臣等查閱，原奏內稱刑例載毆死本宗期功尊長罪干斬決之案，
覆其所犯情節實可矜憫者，夾簽聲明恭候欽定。又期親卑幼聽從尊
長主使，共毆以次尊長尊屬致死之案，無論下手輕重悉照本律問擬
斬決，夾簽聲請各等語。詳繹例意原因，其並非有心干犯及迫於尊
長之命，故准隨本夾簽聲請，歷蒙聖恩改為斬候，秋審時部臣照例
列入情實，亦均蒙恩免勾。乃各省因有此例，一遇服制之案即捏改
供情，強案就例，如奪刀自戳及被毆抵格適傷致斃各情節，在常犯
案中百無一二，而服制之案則比比皆然。雖經皇上屢次駁斥並部臣

〔註116〕　《刑案匯覽續編》卷23《刑律・鬥毆・妻妾毆夫》「妻毆死夫情有可原概不
　　　　　夾簽」條，第1005頁。
〔註117〕　《奏為遵旨核議將服制案內毆死期功尊長夾簽之案分別辦理緣由事》，咸豐
　　　　　七年七月二十六日，中國第一歷史檔案館館藏清代刑科題本，檔號：04-01-
　　　　　01-0864-064。

題駁覆審，各該督撫總惑於救生不救死之說，添敘情節，仍照原擬題覆，且以迴護原審處分□□屬員。臣以為逐條駁審不如改定例文，查小功大功與期親服制不同，即情分有間，如毆係尊長、尊屬，期親與功服擬罪本有輕重，至故殺之案功服罪止斬決而期親則罪至凌遲，似夾簽之例亦宜少為區分。應請嗣後致死功服尊長，若係情輕並非有心干犯仍准照例夾簽。其致死期親尊長尊屬，除與他人鬥毆誤傷致斃，或死者淫惡蔑倫毆由義憤，及救親情切實係事在危急各項情節仍准夾簽外，其餘如被毆抵格奪刀自戳等案一概不准夾簽聲請。至聽從尊長主使，毆死期親尊長、尊屬，如係迫於尊長威嚇勉從下手邂逅致死者仍准夾簽。若尊長僅令毆打輒行疊毆多傷致死者不准聲請，即照本律問擬。以上二條應請旨飭下刑部覆議，於例文內刪改明晰，以儆凶頑而明刑即以弼教等因具奏前來。

　　查例載毆死本宗期功尊長罪干斬決之案，若係情輕如卑幼實係被毆，情急抵格無心適傷，該督撫按律例定擬，將並非有心干犯情節敘明，法司覆其所犯情節實可矜憫者，夾簽恭候欽定。若與尊長互鬥，係有心干犯毆打致斃者，亦於案內將有心干犯之處敘明，即按律擬以斬決。又期親卑幼聽從尊長主使共毆，以次尊長尊屬致死，無論下手輕重，悉照本律問擬斬決，法司覆擬時夾簽聲請恭候欽定。

　　又查道光九年，臣部議覆雲南省具題李迎燦毆傷胞兄李迎采身死案內，聲明例意，奏奉諭旨：嗣後卑幼毆傷期功尊長致死，罪干斬決之案，除係救親情切及毆死罪犯應死之尊長，仍照例夾簽聲請外；如尋常與尊長相毆致死之案，必係實在被毆情急抵格適傷，情可矜憫者，方准聲明並非有心干犯字樣；若傷多且重，雖被尊長疊毆抵格致斃即係互毆，按律擬以斬決等因，欽此。欽遵通行各省在案。

　　茲據該御史奏稱，各省服制之案捏改供情，強案就例，如奪刀自戳及被毆抵格適傷致斃各情節，在常犯案中百無一二，而服制之案則比比皆然。查小功、大功與期親情分有間，如毆傷尊長尊屬期親與功服擬罪本有輕重，至故殺之案功服罪止斬決，期親則罪至凌遲。應請致死功服尊長，若係情輕並非有心干犯，仍准照例夾簽，其致死期親尊長、尊屬，如被毆抵格奪刀自戳等案一概不准夾簽等語。臣等查案關服制，辦理從嚴，殺傷期功尊長分有親疏，故罪有

－138－

差等。至於情節可矜，夾簽聲請一條，則不專以期功之服制為衡，而必以情節之輕重為斷。如被尊長揪扭刀械交加，身受多傷無處躲避，不得已徒手抵格適傷致斃，則死係期服亦有可原。若尊長僅向毆打，持械抵格情同互鬥，則死係功服尊長亦無可貸。該御史請以期、功服制為夾簽、不夾簽之分，似未允協。擬請嗣後致死期功尊長、尊屬，除於他人鬥毆誤傷致斃，或死者罪犯應死及淫惡蔑倫，並救親情切各項情節仍准夾簽外，其餘持械抵格情同互毆者，一概從本律問擬斬決，不得以被毆抵格奪刀自戳等詞曲為開脫，夾簽聲請。至聽從尊長之命故例得擬斬立決，夾簽聲請。然尊長僅令毆打，輒行疊毆多傷，不得謂非有心干犯。該御史奏請如係迫於威嚇，勉從下手邂逅致死者仍准夾簽，疊毆多傷至死者不准夾簽，係為扶植倫常起見。擬請嗣後聽從尊長毆死期親尊長、尊屬之案，除迫於尊長威嚇，下手傷輕邂逅致死者，仍夾簽聲明。既死者罪犯應死，及淫惡蔑倫，並救情情切仍照本例夾簽外，餘如所奏尊長僅令毆打，輒疊毆多傷致死者，即照本律問擬不准聲請。以上二條總在問刑衙門覆實辦理，究明實在情節，不得強情舊案致涉寬縱，庶足以儆凶頑而維風化，恭候命下臣部通行內外問刑衙門遵照辦理。所有臣等覆議緣由謹恭摺具奏請旨。

　　　　　　咸豐七年七月二十六日
　　　　　　大學士管理刑部務　臣　桂良
　　　　　　尚書　臣　麟魁
　　　　　　尚書　臣　趙光
　　　　　　左侍郎　臣　承方　留署
　　　　　　左侍郎　臣　齊承彥
　　　　　　右侍郎　臣　宗室國瑞　差
　　　　　　署右侍郎理藩院右侍郎　臣　孟保
　　　　　　右侍郎　臣　李清鳳　尚未到任
　　　　　　署右侍郎內閣學士兼吏部侍郎銜　臣　黃宗漢
　　背頁一：恭繳　朱批一件　咸豐七年八月初五日交
　　背頁二：封

從該題本中可以得知該條例制定的來龍去脈，咸豐七年（1857）江南道御史王德固針對各省在處理服制之案時捏改供情，強案就例，任意夾簽聲請的情況，奏請改定例文，建議按照服制等級來控制夾簽之例，服制愈近則處罰愈嚴，功服案件情輕並非有心干犯仍准照例夾簽，而期服案件除所列特殊情況外一概不予夾簽。最終刑部認為服制案件不專以期功之服制為衡量的唯一標準，還要根據情節之輕重為斷，要求所有期服、功服案件除特定情形外一概從本律問擬斬決，不得以被毆抵格奪刀自戳等為由夾簽聲請。另外刑部還支持了該御史所奏聽從尊長主使毆死期親尊長、尊屬，尊長僅令毆打，輒疊毆多傷致死者，即照本律問擬不准聲請的建議。可見，該條例的制定並非為夾簽而定，恰恰是為了限制司法中隨意夾簽的情況而特別制定的。

同治八年（1869）安徽司題苗亭相因大功兄苗亭棟斥伊懶惰分辯，苗亭棟用鐮刀向砍，苗亭相奪刀執持在手，復苗亭棟用棍將伊毆傷，苗亭相用刀格棍適傷尊長致斃。該督撫以並非有心干犯為由，聲請夾簽。刑部回覆：

> 查律載，卑幼毆本宗大功兄死者斬。又例載，毆死本宗期功尊長罪干斬決之案，若係情輕，該督撫按律例定擬，將並非有心干犯情節分晰敘明，法司覈其所犯情節，實可矜憫者夾簽聲明，恭候欽定。若與尊長互鬥係有心干犯毆打致斃者，亦將有心干犯之處詳細敘明，即按律擬以斬決，各等語。又咸豐七年，臣部議覆御史王德固奏請將毆死期功尊長夾簽之案分別辦理折內聲明，嗣後致死期功尊長尊屬，除與他人鬥毆誤傷致斃，或死者罪犯應死及淫惡蔑倫，並救親情切各項情節仍准夾簽外，其餘持械抵格，情同互鬥者，一概從本律問擬斬決，不得以被毆抵格奪刀自戳等詞曲為開脫，夾簽聲請等因通行各自在案。是審辦致斃期功尊長之案，應否夾簽，總以是否有心干犯為斷。而是否有心干犯，尤以有無互鬥情形為憑。〔註118〕

據此，法司認為此案情節中死者用棍將伊毆傷，伊即用刀將死者致斃，彼此械來，此以械往，明係有互鬥情節，謂非有心干犯殊難憑信，因此援引了條例16駁回了夾簽聲請，要求該撫再行提犯研鞫，按律妥擬具報。由此可見，條例16制定之後在司法中對夾簽的適用愈加嚴格和謹慎了。

條例17根據《讀例存疑》所載，此條繫咸豐八年（1858）刑部核覆四川

〔註118〕《刑案匯覽續編》卷23《刑律·鬥毆·毆大功以下尊長》「互鬥致斃功服尊長不准夾簽」條，第1050頁。

總督宗室有鳳題准定例，其題本未見存檔。唯薛氏注云「此例為致斃尊長應准夾簽之犯，復另斃旁人一命而設，與因瘋殺斃尊長一條參看。」〔註119〕據此，本條例實際上是規定了致斃尊長應准夾簽之犯，又致斃旁人一命是否還能夾簽的限制條件：只有當另斃之命為律不應抵或例得隨本減流的，仍可夾簽，否則一概不准夾簽。對照因瘋殺斃尊長的條例14中的規定「因瘋致斃尊長尊屬之外，復另斃平人一命，准其比引情輕之例，夾簽聲請候旨定奪」是一致的。

至於條例18，該條是因咸豐九年（1859）甘肅民人楊同居兒等共毆降服胞兄楊梅身死一案所定，據《清實錄》所載：

> 刑部等衙門具題，甘肅狄道州民人楊同居兒等共毆降服胞兄楊梅身死一案。據稱楊梅身受各傷，惟後被楊同居兒毆傷右臁肕骨損為重，應以擬抵。楊同居兒合依卑幼毆本宗大功兄死者斬律，擬斬立決等語。本內既稱詰非有心致死，復稱實屬有心干犯，斷語已屬兩歧。且該犯被其兄楊梅揪按腳踢，情急順拾地上木車輻條冒毆楊梅，傷其右臁肕致斃。該犯既被楊梅揪按在地，其冒毆致死之處，是否耳目所不及，本內並未聲敘明晰。案關服制罪名出入，著刑部再行悉心核議具奏。〔註120〕

因斷語兩歧似乎前後矛盾，皇帝要求刑部覆核再題。後刑部回覆，查核案情楊同居兒係屬有心干犯，「詰非有心致死」係專指非故殺而言，也就是案犯有心干犯但並非故意致死尊長。為免再出現混淆歧義，制定條例專門對不同案件中的勘語進行區分規定：卑幼毆死本宗功服尊長、尊屬之案，專用「實屬有心干犯」勘語；而情輕譬如「被毆抵格，無心適傷」之類，仍於勘語內聲明「並非有心干犯」以便分別夾簽，可以看作是對夾簽案件審斷的進一步規範補充。

因此，咸豐朝無論是從夾簽條例的修纂還是相關的司法活動，從內容上來看都並非為了擴大夾簽的適用範圍，更多傾向於對夾簽條例進一步地補充具化，對其司法中的使用進行規範和節制。所以，咸豐一朝實際是夾簽條例發展的補充規範階段。最高統治者的態度，困境叢生的國內外局勢，使得對比前朝來說夾簽制度明顯呈收縮之勢。另外值得注意的是，從咸豐朝以降，基本上就不復再有對夾簽條例進行大幅度地修改和制定活動了。因此夾簽制度實際在咸豐朝就已經定型下來，與之相伴的應該是其在司法中的「常態化」。

---

〔註119〕《讀例存疑》卷36《刑律・鬥毆・毆大功以下尊長》。
〔註120〕《大清文宗顯皇帝實錄》咸豐九年十一月下。

## 二、清末夾簽的消亡

如前所述，夾簽在司法中的適用經歷了嘉慶、道光年間的普遍使用甚至出現了擴大化的傾向，又在咸豐朝一度收縮，成為常態化的司法慣例。同治九年（1870）是清末法制改革前的最後一次修例，而此時的清政府已經處於內外交困、應接不暇的動盪時局之中，因此修例中基本只是保留了咸豐朝以來的夾簽條例，條例內容和條例數量都沒有實質性的變動。但這並不意味著夾簽就已經退出了歷史舞臺，事實上愈到王朝後期，伴隨夾簽制度的最終定型，其「司法衡平」的法律作用已經基本被限制在相對固定的範疇內，而其維護皇權至上、專制集權的政治作用才是夾簽能夠被一直延用至清末的根本原因。因此，在中國第一歷史檔案館藏刑科題本、《刑案匯覽續編》《新增刑案匯覽》等清代文獻中，雖然不及嘉慶、道光兩朝，但仍然可以看到一定數量的咸豐、同治、光緒三朝夾簽案例。下面以《刑案匯覽》系列中所錄咸同光三朝夾簽案件為例，對清代末期夾簽制度的一些基本特徵予以說明。

表格 2-10 《刑案匯覽》系列所錄咸豐、同治、光緒三朝夾簽案例

| 序號 | 時間 | 案情簡介 | 審理意見 | 案例來源 |
|---|---|---|---|---|
| 2-8-1 | 咸豐元年 | 伊母謝曾氏被大功兄謝安堪扭跌倒地，隨即按住拔刀要戳，謝安壬情急救護將謝安堪戳傷身死 | 此案實有救親情切急情，將謝安壬准其夾簽 | 《刑案匯覽續編》卷23《刑律·鬥毆·毆大功以下尊長》「救親毆死大功尊長應准夾簽」條 |
| 2-8-2 | 咸豐元年 | 張幗名聽從胞叔主使捆縛伊兄，意圖送官，及伊叔起意致死之時，該犯代為求饒，並未下手 | 覈其情節，係迫於尊長威嚇，與自行干犯者不同，將張幗名照例夾簽 | 《刑案匯覽續編》卷24《刑律·鬥毆·毆期親尊長》「聽從胞叔捆縛胞兄致死」條 |
| 2-8-3 | 咸豐七年 | 周一喃因胞兄周一通竊取祖母周顧氏身後衣衾當錢花用，伊母周陳氏查知訓斥，用刀將伊母砍傷，實屬罪犯應死。該犯勸令服禮不允並用斧向砍。該犯奪斧求饒仍勸回家，尚無干犯之心。迨周一通聲稱回家定將伊母殺死，該犯慮及母命難保，一時忿激，起意砍斃 | 故殺功兄與毆斃功兄同一斬決。倘因案係故殺，竟置伊兄罪犯應死於不議，似未允協，將周一喃比例夾簽 | 《刑案匯覽續編》卷23《刑律·鬥毆·毆大功以下尊長》「故殺罪犯應死功兄比例夾簽」條 |

| 2-8-4 | 同治四年 | 吳迎因共曾祖小功堂叔吳幗輔向其父吳幗印索討墊項，起釁爭毆。該犯見其父受傷甚重，一時情急，拾槍嚇扎，適傷吳幗輔肚腹身死 | 將吳迎照例夾簽 | 《新增刑案匯覽》卷11《刑律·鬥毆·父祖被毆》「救父情切毆死小功服叔」條 |
|---|---|---|---|---|
| 2-8-5 | 同治七年 | 蒙古朋楚克端都布因隨同伊母搬家，中途被牛闖倒摔落槍上火石，仍欲安放機上用石子錘打，碰落烘藥，不意石鐵相磋引燃槍發，鉛子誤傷伊母身死，實係誤傷 | 與過失殺律注相符，照子過失殺母例將朋楚克端都布問擬絞決，夾簽聲明 | 《刑案匯覽續編》卷19《刑律·人命·戲殺誤殺過失殺人》·「用石砸槍不期轟斃伊母」條 |
| 2-8-6 | 同治七年 | 徐偵朋聽從伊母徐王氏幫同揢按胞兄徐偵傳，致徐偵傳被徐王氏毆傷身死私埋匿報，徐王氏恐到官問罪，旋即投繯殞命 | 將徐偵朋照毆死胞兄律擬斬，夾簽聲請 | 《刑案匯覽續編》卷24《刑律·鬥毆·毆期親尊長》「毆死罪犯應死胞兄仍應擬斬」條 |
| 2-8-7 | 同治七年 | 當徐縣民婦左李氏因與潘家士有姦，致伊夫左桂香被潘家士謀殺身死。該氏並不知情，先行首報，又質成其獄，尚有不忍致死其夫之心 | 將左李氏照例夾簽聲請，減為杖一百，流三千里，係犯姦之婦，杖決流贖，追取贖銀入官，該犯婦給予親屬領回 | 《新增刑案匯覽》卷8《刑律·人命·殺死姦夫》「姦夫謀殺本夫姦婦不知情事後首告」條 |
| 2-8-8 | 同治八年 | 易方中因見出嫁胞姊易氏之夫鍾峪發將伊嫁母卓邱氏推掀倒地，用鐵鎊鎊傷。該犯奪鎊將鍾峪發鎊傷倒地。復因易氏將伊並伊母砍傷，該犯救護情切，又將易氏鎊傷各殞命 | 因救親情切，尚非無故逞兇干犯，將易方中照例夾簽 | 《刑案匯覽續編》卷24《刑律·鬥毆·毆期親尊長》「救親毆斃胞姊夫婦命夾簽」條 |
| 2-8-9 | 同治十三年 | 李應襄因降服小功服兄李應潰不給應分磚價，經伊父李一柱催索爭罵，被李應潰棍毆致傷，並舉向復毆。該犯情急救護，用棍抵格，致傷李應潰身死 | 救親情切，尚非有心干犯，將李應襄照例夾簽聲請 | 《新增刑案匯覽》卷11《刑律·鬥毆·父祖被毆》「救父情急毆死功兄」條 |
| 2-8-10 | 光緒二年 | 太湖縣民王育材因大功服兄王美之與伊妻余氏通好，盤知姦情，經勸隱忍，嗣復撞獲王美之在余氏房內調笑，登時砍傷王美之殞命 | 死係犯姦尊長，殺由激於義忿，將王育材夾簽聲請，量從末減，依例擬杖一百，流三千里 | 《新增刑案匯覽》卷8《刑律·人命·殺死姦夫》「捉姦殺死大功堂兄」條 |

限於成書時間和成書規模，咸同光三朝的夾簽案例主要收錄在《新增刑案匯覽》（16卷）及《刑案匯覽續編》（32卷）中，數量較少且案件類型也大都集中在有明確夾簽條例的律門之下。一方面是由於咸豐以降，夾簽制度在司法中的使用逐漸收縮，加之前朝已有的通行、成案，最終定型成為限定在一定小範圍內的司法慣例，常用於法律規定下的案件類型中，援引比附的情況減少。另一方面，此時中國社會逐漸陷入到複雜動盪、內外交困的局勢之中，清政府忙於應對統治危機，對傳統服制法律的關注度降低，也使得夾簽制度的存在感愈低。

不過從收錄的夾簽案例上來看，其在維護傳統服制法律的權威、明刑弼教以正社會倫紀的方面依然不遺餘力，與前朝相比在強調依法裁斷、嚴格限制夾簽使用的根本原則上始終保持一致，同樣在司法中也一直發揮著寬宥可矜、衡平情法的作用。可見，這些典型特徵與夾簽在司法中的運用相伴始終，直至最後消亡。同時借助這些案件，可以對清代末期司法實踐中的夾簽制度有進一步的補充說明。

首先，我們以「救親情切」服制案件為切入點，對兩請與夾簽的問題再次進行討論和檢驗。表2-8中收錄了四起有救親情節的服制案件，分別是「毆大功以下尊長」門下案2-8-1，「毆期親尊長」門下案2-8-8，以及「父祖被毆」門下的案2-8-4和案2-8-9，可以更好地幫助我們理解在司法中此類服制案件的兩種不同處置方式。

其中最具有代表性的是案2-8-9同治十三年（1874）皖撫題亳州民人李應襄情急救父，致傷降服小功兄李應潰身死一案。此案已死李應潰本係李應襄共祖大功堂兄，因李應襄之父李一柱出繼胞伯李體志為嗣，李應襄與李應潰降服小功。兩家先有公共房屋三間，因被李應潰之父李一擎獨自折取磚瓦賣錢使用，李一柱查知不依，經族鄰處說分給一半磚價，李一柱屢向李一擎及李應潰索討未給。嗣李一柱瞥見李應潰由門外經過，又向催索不給，彼此爭罵，拾取柴棍將李一柱左額角毆傷，李一柱接棍拉奪，仍被李應潰奪回，舉向復股。李應襄由家內聞鬧，趕出看見，一時情急救護，順取門旁短棍趕上抵格，致傷李應潰偏左倒地殞命。該撫將李應襄依毆小功兄死者斬律，擬斬立決，聲明情急救父，援引孟傳冉案內奉諭旨照例兩請，候旨定奪。

該撫所依據的孟傳冉案，據《清實錄》所載係咸豐九年（1859）之成案，曾因為辦理此案失誤而使一干司法官員遭到了議處：

此案山東情實招冊第七起孟傳冉一犯，因朱勝溪乘醉尋釁，將其妻父即該犯之父孟毓峯扎傷。是死者已犯有服尊長，該犯回歸救護，將朱勝溪用槍扎傷致死。是其救父情切，事在危急，不得以金刃傷多且重，入於情實。孟傳冉著即照例減等，以昭平允。其原辦此案錯誤之該省應議各員，並會勘之刑部大理寺各員，均著查取職名，交部照失入例分別議處。〔註121〕

同治九年（1870）修例時，根據此案制定了新的兩請條例（表1-2 條例3），「確由救親起釁，如死者係犯親本宗外姻有服卑幼，先將尊長毆傷，共子目擊父母受傷，情急救護，將其致斃，不論是否實係事在危急，及有無互毆情形，定案時，仍照本律定擬。援引孟傳冉案內欽奉諭旨聲明，照例兩請，候旨定奪。」〔註122〕所以該撫按照條例規定援引諭旨兩請候旨。

表面上看起來兩起案件情節類似，都是卑幼毆傷尊長在先，其子目擊父母受傷，情急救護將其致斃，該撫兩請候旨似乎並無不妥。然而，刑部卻予以了駁回，明確要求不得兩請：

臣等查救親致斃人命案件，如死係犯親本宗外姻有服卑幼，先將尊長毆傷，其子目擊父母受傷，將其致斃，若服屬緦麻，罪應斬候者，不論是否事在危急，有無互鬥，俱照例援引孟傳冉之案，兩請減等，倘死係本宗期功尊長，則罪干斬決，若係情輕，即照例夾簽聲請改為斬候，歷經辦理在案。是定例各有指歸，引斷無虞牽混。〔註123〕

因此可以看到，在有救親情節的服制案件中，採用兩請還是夾簽程序依據的根本還是服制原則，服制逾近，處罰愈重。因此毆死緦麻尊長罪至斬候可以兩請候旨，而毆死期功罪干斬決只能依法裁斷、聲請夾簽。這也是在司法實踐中驗證了之前所論的嘉慶八年（1803）後兩請與夾簽在處置有救親情節服制案件中的遞進與補充關係。同樣，在「父祖被毆」門內的案4，同治四年（1865）太和縣民吳迎因救父情切，扎傷小功服叔吳幗輔身死一案，因死者係小功尊長，

〔註121〕《大清文宗顯皇帝實錄》咸豐九年十一月中《惠親王等奏遵旨覆核孟傳冉案情一摺》。
〔註122〕（清）薛允升：《讀例存疑》卷37《刑律‧鬥毆下》之二，注云「此條繫同治九年，刑部奏准定例。」
〔註123〕《新增刑案匯覽》卷11《刑律‧鬥毆‧父祖被毆》「救父情急毆死功兄」條，第234頁。

也採取了夾簽而並非兩請的司法程序。至案 2-8-1 咸豐元年（1851）江西撫題謝安壬因救母戳傷大功兄謝安堪身死一案死係大功尊長，案 2-8-8 同治八年（1869）易方中因救母毆斃胞姊夫婦，服屬期功，亦都採用了夾簽的司法程序。

　　另外稍顯特殊的便是案 2-8-5，理藩院片據庫倫大臣諮蒙古朋楚克端都布誤傷伊母身死一案。緣朋楚克端都布係蒙婦都拉木所生之子，同治七年（1868）八月二十日伊母與鄰舍蒙古都嘎爾同日搬家。馱載走後，見有都嘎爾落下裝藥看家鳥槍一杆，朋楚克端都布即將此槍扛拿，趕牛在馱後行走，中途忽聽伊母喊稱拉車牛驚，令伊追拿，當被驚牛闖倒，起來看見槍上火石摔落，因恐槍壞，即將槍上火石撿起，仍想安在機子上，隨用石子錘打，碰落烘藥蓋木，不意石鐵相磋，引著烘藥槍發，鉛子誤中伊母身上倒地，是夜因傷身死。該大臣認為此案實係誤傷，但由於蒙古例內並無子孫誤傷祖父母父母作何治罪專條，是否依然按照律問擬，諮請刑部如何辦理。

　　這是《刑案匯覽》系列中所見的唯一一起由理藩院諮部的有關夾簽的服制案件。該大臣需要專門向刑部諮詢，也是因為沒有之前的成案可供援引。清朝是中國統一多民族國家高度發展的重要時期，清代的法律制度除了強調國家法制統一的根本原則以外，也體現者「從俗從宜、各安其習」的特徵。《大清律例》中規定「凡化外（來降）人犯罪者，並依律擬斷。隸理藩院者，仍照原定蒙古例。」〔註124〕嘉慶十六年（1811），清政府在《蒙古律例》的基礎上，吸收了對回疆、西藏、青海等地的立法成果，制定了主要針對西部、北部民族地區的基本法規《理藩院則例》，作為理藩院處理民族事務的基本法律依據，其中就有承認對各民族制定的法律規範分別在各民族地區有效的內容。由於它的大部分內容規定的是蒙古地區的「自治條款」，因此清朝一直把它習慣稱之為《蒙古則例》。〔註125〕「隸理藩院者，仍照原定蒙古例。」確認了蒙古例在蒙古地區、青海和新疆蒙古人居住區的法律效力，在司法中還應該包括針對不同地區的所有少數民族地區法律。

---

〔註124〕《大清律例》卷 5《名例律・化外人有犯》。所謂「化外人」，是指清朝統治　　　　下的蒙古族等所有已經歸附中央政權的少數民族。理藩院是清代管理民族事　　　　務的專門機構，下轄蒙古、西藏、回疆、苗疆等少數民族地區。所謂蒙古例，　　　　是指自清太宗以來，清政府頒布的針對蒙古人住居地區的詔令和成例的彙　　　　編。除了蒙古律外，理藩院還制定有《回疆則例》《欽定西藏章程》《番例條　　　　款》《苗犯處分條例》等針對不同少數民族地區的民族單行法規。

〔註125〕徐曉光、陳光國：《清朝對「蒙古例」、〈理藩院則例〉的制定與修訂》，《內蒙　　　　古社會科學》1994 年第 3 期，第 52～57 頁。

　　回到此案，恰好是發生在蒙古的一起子孫誤傷父母的案件，而蒙古例中並沒有子孫誤傷祖父母父母的規定條款。對此刑部如何處理呢？首先刑部查檢律條，區分了子孫誤傷父母致死因不同情節擬罪不同的兩種情況：與人爭鬥誤傷父母身死者於凌遲處死罪上改擬斬決；過失殺父母之案例應夾簽聲請，於絞決罪上改擬絞候。其次，刑部細核案件經過與具體情形，認定此案非其意料所及，確實與過失殺律注相符，而後作出了應照子過失殺母例問擬絞決，仍將可原情節照服制情輕之例夾簽聲明，恭候欽定，改為擬絞監候的最終判決。〔註126〕從審斷過程來看一方面，刑部的判決是根據《理藩院則例》中的規定，「蒙古例無專條引用刑例」，「蒙古處分例無專條，准諮取吏兵、刑部《則例》比照引用」。〔註127〕既然蒙古例中沒有相應規定，那麼引用《大清律例》中的夾簽條例是合乎法律規定的。而且此案被刑部官員收入具有司法示範性意義的《刑案匯覽續編》中，也就是對理藩院轄下其他少數民族地區的類似服制案件的審斷都具有借鑒意義。另一方面也看到，蒙古大臣會因為一起有「可矜」情節的服制案件而專程向刑部諮詢夾簽，間接說明在某種程度上蒙古律也受到了服制法律的影響，與內地律的法律適用趨於統一，這無疑也是清政府長期在全國範圍內推行以儒治國，倫理教化的結果。

　　《刑案匯覽》系列中收錄的夾簽案例至光緒二年（1876），不過在中國第一歷史檔案館藏刑科題本中還可以查閱到光緒三十一年（1905）直隸總督袁世凱提交的《為審明直隸廣宗縣民人畢茂修因救父情切扎傷小功堂兄畢春太身死一案夾簽聲請事》〔註128〕的附片，抄錄如下：

　　　　封面：閱抄

　　　　正文：

　　　　袁世凱片

　　　　再廣宗縣民人畢茂修因救父情切，用奪獲小刀扎傷小功堂兄畢

　　　春太身死一案。前據該縣知縣張繼善審批擬府解習，因恐案情未確

〔註126〕《刑案匯覽續編》卷19《刑律・人命・戲殺誤殺過失殺人》「用石砸槍不期轟斃伊母」條，第0867頁。

〔註127〕《理藩院則例》卷43《審斷》，轉引自徐曉光《清朝民族立法原則初探》，《民族研究》1992年第1期，第99～104頁。對此相關論述，亦見於張晉藩《中國古代國情背景下的司法制度》，《司法論壇》2010年05期，第103～110頁。

〔註128〕《為審明直隸廣宗縣民人畢茂修因救父情切扎傷小功堂兄畢春太身死一案夾簽聲請事》，光緒三十一年十二月，中國第一歷史檔案館藏清代內閣刑科題本，檔號：16-01-001-000076-0031。

駁，據升任保定府知府朱家寶審明議擬解習勘轉到。臣因值駐津餉委唐習代審無異，將犯業回。茲據署按察使陳啟泰造具審看清冊呈請奏諮前奏。臣復加確核，緣畢茂修與已死小功堂兄畢春太素睦無嫌，光緒三十年一拾月二十三日畢茂修胞伯畢洛懷病故乏嗣，應歸畢茂修過繼。當因家道貧難，畢洛懷亦無遺產，由畢茂修之父畢洛均湊集錢文設法從儉棺斂，擇定二十四日出殯。畢洛均憶及畢春太平日奉教兇橫，又在教民家佐工，恐畢春太事後挑剔，令畢茂修前往通知畢春太趕回，果以棺斂太薄為詞橫行阻撓。經親友勸散，畢洛均仍按原定日期為畢洛懷出殯，令畢茂修執幡，雇人抬赴墳地埋葬。畢春太查知氣忿，欲乘夜間向刨先屍身。畢茂修同弟華茂魁即赴墳上看守一夜，天明均各回歸閉門睡熟。畢春太即於是早，手攜鐵鍬腰插小刀，找至畢茂修家門，首用鐵鍬撞門。畢洛均聞聲啟視，畢春太村斥薄情，畢洛均分辨，致相揪扭爭毆。畢茂修驚醒起身，出見畢春太光赤上身，腰腋小刀，一手揪住畢洛均髮辮掀按在地，騎坐身上，一手舉起鐵鍬欲砍。畢洛均喊救，畢茂修見事危急，情切救護，上前奪獲畢春太小刀，扎傷畢春太右胯，移時殞命。報驗訊詳，審擬由府解習，駁據保定府審明由習勘轉到院委審確核無異。畢茂修應依卑幼毆本宗小功兄死者斬律擬斬立決，遵照新章改擬絞立決。准係犯尊卑幼扎由救親情切事在危急，並非有心干犯，核與聲請之例相符，應由部夾籤，聲請恭候欽定。除註冊諮部外，應照新章專案具奏，理合附片陳明伏乞聖鑒，敕部核覆謹奏。光緒三十一年十二月十四日奉朱批刑部議奏欽此。

　　　　　　　　　　　光緒三十一年十二月
　　　　　　　　　當月司　主事　葆元
　　　　　　　　　　　　員外郎　增煒

案情本身並不複雜，就是一起有救親情節的卑幼毆死小功尊長的服制案件，作為直隸總督的袁世凱向刑部聲請夾籤。值得特別注意的是案件之外的兩個問題：其一，這份文檔的出處來源於督撫專摺具奏的附片。原本作為地方要員向皇帝上報案件聲請夾籤，應該是督撫按律例定擬，於題本內將案內並非有心干犯各情節分晰敘明，聲請夾籤。而根據刑部新章中的規定，地方督撫對特殊案件要以奏摺專案具題，還要附片說明。這份文檔就是在皇帝發下刑部議奏之

後，由刑部將督撫奏摺附片和朱批一併抄錄下來存檔的文件。也就是說，此時地方督撫就聲請夾簽的形式有所變化，由專本具題改為了專摺上奏附片。其二，本案之犯原本應依卑幼毆本宗小功兄死者斬律擬斬立決，但同樣是因為遵照刑部新章，要改擬為絞立決。何為清末之新章？夾簽案件的申報形式為什麼會發生變化？為何原本按律斬決要改擬為絞決？這就要追溯到二十世紀之初的清末法制改革。

　　光緒二十六年（1900），清政府面臨著前所未有之危機，八國聯軍攻入北京，慈禧與光緒帝被迫西逃。此時，非取法歐美不足以圖強之聲日沸於上，清政府不得不從法律制度入手，改弦易轍實行變法，就此拉開了長達數十年清末法制改革的序幕。

　　之前所述，關於死罪案件之題本具題與奏摺具奏，嘉慶十三年（1808）就訂定了條例對死罪案件進行了詳細區分和規定。一般來說，尋常死罪案件使用題本，情節重大死罪案件使用奏摺。〔註 129〕按照規定，情可矜憫准夾簽聲明之案應該以專本具題，即以題本形式上報的。不過在實際司法中，仍時有依條例規定非屬專摺具奏的死刑案件還是在以專摺呈報。同治年間，太平天國運動興起，軍政要務日漸繁忙，為使案件盡快得到處理，死罪案件以專摺具奏益形普遍。光緒二十七年（1901），清政府為整頓庶政，刪繁就簡，下令改題為奏：

　　　　上諭李鴻章等奏妥籌本章辦法一折。據稱向例各項本章均由內
　　閣票批進呈，其請補請署各項事件必先進呈御覽始行遵旨辦理，請
　　嗣後凡遇缺分題本改題為奏，以免積壓，其餘本章照舊票批進呈等
　　語。內外各衙門一切題本本屬繁瑣，現在整頓庶政，諸宜刪汰浮文。
　　嗣後除題本仍照常進呈外，所有補缺輪署本章及向來專係具題之件
　　均著改題為奏，其餘各項本章即行一律刪除以歸簡易，將此通諭知
　　之欽此。八月十五日。〔註 130〕

自此，奏摺徹底取代了題本，通行明清兩代之題本制度遂行廢除。光緒二十八年（1902）正月，「掌納各省之題本，以達於內閣」的通政使司也被清廷明令裁撤，退出了歷史舞臺。〔註 131〕因此，直隸總督袁世凱就夾簽之案請旨亦改題為奏，以奏摺形式上報並附片說明。

---

〔註 129〕參見本文第一章第一節中的相關論述。

〔註 130〕《大清光緒新法令》諭旨。

〔註 131〕那思陸：《清代中央司法審判制度》，北京大學出版社 2004 年版，第 112～113
　　　　頁。

接下來再來看為何要改擬絞決。光緒二十八年（1902），在直隸總督袁世凱、兩江總督劉坤一、湖廣總督張之洞的舉薦之下，刑部左侍郎沈家本、出使美國大臣伍廷芳受命一同主持修訂法律。光緒三十年（1904）修訂法律館開館修律，兼取中西，開始了中國傳統法律的近代化轉型。光緒三十一年（1905），律例館先將例內今昔情形不同，及例文無關引用，或兩例重複，或舊例停止者，奏准刪除了三百四十四條法條。同時，修訂法律大臣沈家本等奏請刪除重法數端，據《清史稿》所載：

> 見行律例款目極繁，而最重之法，亟應先議刪除者，約有三事：一曰凌遲、梟首、戮屍。凌遲之刑，唐以前無此名目，遼史刑法志始列入正刑之內。宋自熙寧以後，漸亦沿用。元、明至今，相仍未改。梟首在秦、漢時惟用諸夷族之誅，六朝梁、陳、齊、周諸律，始於斬之外別立梟名。自隋迄元，復棄而不用。今之斬梟，仍明制也。戮屍一事，惟秦時成蟜軍反，其軍吏皆斬戮屍，見於始皇本紀。此外歷代刑制，俱無此法。明自萬曆十六年，定有戮屍條例，專指謀殺祖父母、父母而言。國朝因之，後更推及於強盜。凡此酷重之刑，固所以懲戒兇惡，第刑至於斬，身首分離，已為至慘。若命在頃忽，菹醢必令備嘗，氣久消亡，刀鋸猶難幸免，揆諸仁人之心，當必慘然不樂。謂將以懲本犯，而被刑者魂魄何知；謂將以警戒眾人，而習見習聞，轉感召其殘忍之性，實非聖世所宜遵。請將凌遲、梟首、戮屍三項，一概刪除，死罪至斬決而止。凡律例內凌遲、斬梟各條，俱改斬決。斬決而下，依次遞減。
>
> 一曰緣坐。緣坐之制，起於秦之參夷及收司連坐法。漢高后除三族令，文帝除收孥相坐律，當時以為盛德。惜夷族之誅，猶間用之。晉以下仍有家屬從坐之法，唐律惟反叛、惡逆、不道，律有緣坐，他無有也。今律則姦黨、交結近侍諸項俱緣坐矣，反獄、邪教諸項亦緣坐矣。一案株連，動輒數十人。夫以一人之故而波及全家，以無罪之人而科以重罪，漢文帝以為不正之法反害於民。北魏崔挺嘗曰：「一人有罪，延及闔門，則司馬牛受桓魋之罰，柳下惠膺盜跖之誅，不亦哀哉」，其言皆篤論也。今世各國，皆主持刑罰止及一身之義，與「罪人不孥」之古訓實相符合。請將律內緣坐各條，除知情者仍坐罪外，其不知情者悉予寬免。餘條有科及家屬者准此。

一曰刺字。刺字乃古墨刑，漢之黥也。文帝廢肉刑而黥亦廢。魏、晉、六朝雖有逃奴劫盜之刺，旋行旋廢。隋、唐皆無此法。至石晉天福間，始創刺配之制，相沿至今。其初不過竊盜逃人，其後日加煩密。在立法之意，原欲使莠民知恥，庶幾悔過而遷善。詎知習於為非者，適予以標識，助其兇橫。而偶罹法網者，則黥刺一膚，終身僇辱。夫肉刑久廢，而此法獨存。漢文所謂刻肌膚痛而不德者，未能收弼教之益，而徒留此不德之名，豈仁政所宜出此？擬請將刺字款目，概行刪除。凡竊盜皆令收所習藝，按罪名輕重，定以年限，俾一技能嫻，得以糊口，自少再犯、三犯之人。一切遞解人犯，嚴令地方官僉差押解，果能實力奉行，逃亡者自少也。

奏上，諭令凌遲、梟首、戮屍三項永遠刪除。所有現行律例內凌遲、斬梟各條，俱改為斬決。其斬決各條，俱改為絞決。絞決各條，俱改為絞監候，入於秋審情實。斬監候各條，俱改為絞監候，與絞候人犯仍入於秋審，分別實緩。至緣坐各條，除知情者仍治罪外，餘悉寬免。其刺字等項，亦概行革除。旨下，中外稱頌焉。〔註132〕

據此，光緒三十一年（1905）將凌遲、梟首、戮屍三項從清律中永遠刪除，原律例內凌遲、斬梟各條，俱改為斬決；其斬決各條，俱改為絞決。這也就是為何在袁世凱片中要據新章將斬決之犯改擬絞決。在此關鍵時期，作為朝廷要員的袁世凱看似平平無奇的一道奏請夾簽之片，恐怕也是在表明其對保薦的沈家本等人修律的支持態度。

光緒三十二年（1906）清政府宣示「仿行憲政」，實行中央官制改革，設法部與大理院，以法部掌司法，以大理院任審判。都察院不再參與各省刑名復判，廢除了三法司之制。秋、朝審專屬法部，按例當緩者隨案聲明，不更加勘，而九卿、科道會審制度也被廢除。同時京師暨各省設高等審檢廳，都城省會及商埠各設地方及初級審檢廳，改按察使為提法司，法部奏定了各級廳試辦章程，開啟了與法律修訂相配套的司法體系的變革與制度架構。〔註133〕出於集權的目的，在原本的改革方案下司法權被劃分為司法行政權與司法審判權，審判權由大理院掌握，法部掌司法行政，並握有一定的審判權對大理院實行監督。但在具體施行中法部與大理院之間，圍繞各自權限的劃分有了著名的「部

---

〔註132〕　《清史稿》卷 143《刑法志二》。
〔註133〕　《清史稿》卷 142《刑法志一》。

院之爭」。部院之爭在法律層面主要涉及行政權與司法權相分立的問題，核心在於審判權的獨立；在行政層面則關涉司法行政機關法部和審判機關大理院的機構轉型、權限分配以及部院之間的關係問題。最終的結果是清廷以行政平衡的權術暫時平息了爭端，採取了折衷的權限劃分方案，去除大理院在司法行政事務上的權力，保留法部對重案及死刑案件的覆核權，大理院有對其參與覆核的重案及死刑案件的共同署名權，實際上大理院的獨立審判權未能實現。

光緒三十四年（1908）八月初一日清政府宣布預備立憲，頒布了《欽定憲法大綱》。與此同時沈家本等人繼續加緊法律修訂工作，宣統二年（1910）頒布了《大清現行刑律》。因為同時還在制定新刑法，該律被視為是一部暫行適用的過渡性法典，其主體內容是在《大清律例》的基礎上刪改而來，保留了大量傳統律法的條文，並沒有脫離傳統法律的窠臼。不過，沈家本等人在修訂這部法律時，還是對其中內容做了盡可能的修改，如改變了舊律以六部分類的辦法，開始將傳統律法中混雜在一起的民事、刑事相分離。廢除了凌遲、梟首、戮屍等項嚴酷刑罰，用罰金、徒、流、遣、死五刑的新刑罰體系取代了過去的笞、杖、徒、流、死五刑。刪改了若干陳舊不用的條款和罪名，制定了一些符合時代推移的新罪名及定例，如毀壞鐵路、電訊和私鑄銀元罪等。雖還停留在傳統法律的框架之下，也不失為具有一定的時代進步性。

因此，在「仿行憲政」、中央官制改革和《大清現行刑律》修定的時代背景下，夾簽制度也最終走向了消亡。據《大清宣統政紀（附錄）》中所載，宣統二年（1910）二月間曾就夾簽案件的處置問題予以了明確：

> 至該部原奏所稱大赦特赦，係君主憲法上大權之一等語，恭查欽定憲法大綱，君上大權各條內載一爵賞及恩赦之權，注明恩出自上，非臣下所得擅專等因，是大赦特赦，自屬恩赦範圍。惟吾國憲法尚未奉欽定頒布，除恭逢恩詔大典，應由該部照例辦理，及有特旨赦免者應即遵依奉行外。現在新刑律既未頒布實行，將來應如何由該部奏請特赦之處，應俟核訂刑事訴訟律時再行規定，暫應毋庸置議。**其服制情輕應夾簽聲敘，由立決量減監候及例內載明請旨定奪，並援案兩請應行隨案減等各項，查現行刑律雖未有酌量減輕及宥恕減輕之條，然引律減等究屬斷罪當然之事，應仍由各該審判衙門按律辦理。**擬請嗣後遇有此項案件，係大理院現審或覆判者，即由該院奏請。係京外高等地方審判廳判決者，各按此次奏定辦法，

分別呈報法部。應具奏者，即由該部據判奏請，俾歸簡易。至法院
編制法第一百六十二條所定，係專指關於法律及司法行政事宜而言，
引斷及事實上發見疑誤之處，自不在本條詢問陳述範圍之內，此折
衷原擬以求允當者又一也。〔註134〕

首先，過去服制情輕夾簽之案及及例內載明請旨定奪，並援案兩請應行隨案減
等各項屬於司法審判權的內容，伴隨中央官制改革之後，應該歸於最高司法審
判機關大理院。其次，在「仿行憲政」下，將夾簽之案的具體處置權象徵性下
放，可以由審判衙門直接引律減等兩請上報，夾簽已經失去了存在的必要性，
因此對夾簽條例進行了大幅的刪除和修並。

在宣統二年（1910），《大清現行刑律》中對光緒朝所見的18款夾簽條例，
刪除了11條，分別是條例1、2、3、4、7、8、9、10、13、15、16；修改了7
條，將條例18由「毆大功以下尊長」門移入「斷罪不當」門下，並將條例11
與條例12合併為一條，修改後的條例為：〔註135〕

卷二十三　殺死姦夫

條例 6　凡姦夫自殺其夫，姦婦雖不知情，而當時喊救與事後
即行首告，將姦夫指拿到官，尚有不忍致死其夫之心者，仍照本律
定擬，**並切實聲明大理院核判時聲敘量減一等擬流三千里，於折內
雙請，候旨定奪。**

卷二十三　戲殺誤殺過失殺傷人

條例 14　因瘋致斃期功尊長尊屬一命，或致斃尊長尊屬之外，
復另斃律應絞抵有服卑幼一命，或另斃平人一命，俱仍按致死期功
尊長尊屬本律問擬，**大理院將可原情節聲明減為擬絞監候，於折內
雙請候旨定奪。**若致斃期功尊長尊屬二命，或致斃尊長尊屬一命，
復另斃律應絞抵有服卑幼二命，或另斃平人二命俱按律擬絞立決，
不准援例雙請。

卷二十五　毆大功以下尊長

條例 17　致斃平人一命，復致斃期功尊長尊屬之案，除另斃之
命律不應抵，或例得隨案減等，及例內指明被殺之尊屬、尊長罪犯

〔註134〕《大清宣統政紀》（附錄）宣統二年二月。
〔註135〕下列條例都引自《欽定大清現行刑律》，（清）吉同鈞，宣統二年，仿聚珍刻
　　　　本。

應死，淫惡蔑倫，並救親情切聽從尊長主使毆斃，仍按服制擬罪准將可原情節**聲明雙請**外，其餘另犯謀故鬥殺復致斃期功尊屬尊長，雖係誤殺情輕，亦不准援例雙請。

### 卷三十四　斷罪不當

**條例 18**　卑幼毆死本宗期功尊長尊屬之案，於敘案後毋庸添入詰非有心致死句，專用實屬有心干犯勘語，以免牽混。其例內載明情輕，如被毆抵格無心適傷之類，仍於勘語內聲明並非有心干犯**援例雙請**，倘有聲敘未確，經大理院核覆時改正具奏，將承審之員隨本附參交吏部分別從重議處。

### 卷二十五　毆期親尊長

**條例 5**　期親卑幼毆傷伯叔等尊屬，審係父母被伯叔父母姑外祖父母毆打情切救護者，照本律流二千里罪上減一等徒三年。

### 條例 11 和條例 12 合併

期親弟妹毆死兄姊之案，如死者淫惡蔑倫，復毆詈父母，經父母喝令毆斃者，定案時仍照律擬罪，**大理院覆判時隨本改擬流三千里請旨定奪**。其案內情節未符者，仍照毆死尊長情輕之例照律擬罪，於折內雙請不得濫引此例。期親卑幼聽從尊長主使，共毆以次尊長尊屬致死之案，訊係迫於尊長威嚇勉從下手邂逅致死者，仍照本律問擬絞決，**大理院覆判時將應行減擬罪名於折內雙請候旨定奪**。不得將下手傷輕之犯，止科傷罪。如尊長僅令毆打，輒行迭毆多傷至死者，即照本律問擬不准聲請。

可見，除了已經刪除的夾簽條例，依然保留的夾簽條例中除了條例 5 直接規定了減等處罰，其餘的都將原來的刑部夾簽改為了大理院依律減等後兩請候旨。但這並不意味著大理院擁有完整的司法審判權，因為在部院之爭中保留了法部對重案及死刑案件的覆核權，因此原本的夾簽案件將由大理院引律減等兩請後，要諮報法部專摺陳奏上報：

又原奏內稱外國刑事制度、死罪案件，申報於司法大臣，察其情有可矜者，得隨時奏請特赦。察其引律及其事實有違誤者，得令原檢察官或上級檢察官提起非常上告及再審。擬請嗣後大理院所定死罪案件，無論係覆判現審，如有引斷及事實上發見疑誤之處，即按照法院編制法得加詢問，俾其陳述意見。**其關於應請赦宥者除恭**

> 逢恩詔大典，由部匯冊陳奏外，餘如服制情輕應夾籤聲敍，由立決
> 量減監候，及例內載明請旨定奪，並援案兩請應行隨案減等者，均
> 與東西各國司法大臣奏請特赦之權相符。遇有此項案件，由該院判
> 定後諮報法部專摺陳奏，以示區別。如無以上各項關係者，概照該
> 院原判施行，仍於每月匯案覆奏，以免稽延而昭慎重。至京外高等
> 地方審判廳死罪案件，如有應請赦宥，或發見疑誤之處仍照前章辦
> 理。其無此等關係者，亦照各該廳原判施行一節。〔註136〕

這樣一來，對原夾籤案件的處置方式、處置程序都有了新的規定，夾籤制度無
論是在法律條文還是司法實際中都已經完成了它的最終使命，泯然於歷史的
長河之中。不過，從被保留修改的條例來看，其在維護傳統禮教、社會綱常倫
紀方面是如出一轍，並沒有實質變化。正如近代著名法學家江庸指出的《大清
現行刑律》「僅刪繁就簡，除刪除六曹舊目而外，與《大清律》根本主義無甚
出入，與今之《新刑律》亦並未銜接，實不足備新舊律過渡之用。」〔註137〕
實際上，夾籤制度的廢黜不過是為清末的「仿行憲政」做粉飾，形式上被放棄
了的君主特權，在官制改革中被部分下放至大理院，最終又通過大理院、法部
的層層兩請候旨回到了君主的手中。因此，無論是君主專制下的夾籤制度，還
是「仿行憲政」下的大理院兩請，其在維護封建王權方面的作用是殊途同歸的。

---

〔註136〕《大清宣統政紀》（附錄）宣統二年二月。

〔註137〕謝振民編著：《中華民國立法史》下冊，張知本校訂，中國政法大學出版社
　　　　　2000 年版，第 882 頁。

# 第三章　社會與法律視域下的夾簽制度

## 第一節　夾簽制度的社會根源

### 一、傳統的「慎刑」思想

「慎刑」，即慎用刑罰，作為傳統的法律思想在中國由來已久，對我國古代的立法和司法活動影響深遠。中國古代法的慎刑觀受自然地理、宗法血緣、經濟形態以及宗教文化等因素的影響，長期存在並持續三千多年之久。從思想淵源上來說，受到人本論、民本論、天道說、仁政說、因果論等多種學說的影響。自先秦直至明清時期，在中國古代的法律文化與實踐中均可窺見慎刑的思想及其制度化、司法化的外在表現。

「慎刑」思想可以追溯到西周時期。《尚書‧康誥》中所載：「惟乃丕顯考文王克明德慎罰，不敢侮鰥寡，庸庸，祗祗，威威，顯民。」周公認為正是文王能夠崇尚德教、謹慎用刑，不欺孤苦，任用賢才，保持敬畏，恩威並施並將治國之道昭告百姓，才使得周朝日益強大取殷代之。這既是對夏、商亡國的反思，也是將德政與刑罰相結合的政治主張。在此思想下周朝的統治者一方面高度重視德政教化，另一方面立法與用刑都強調寬緩慎重，《尚書‧立政》曰「茲式有慎，以列用中罰」，即在定罪量刑時要刑罰得當，不枉不縱。「明德慎罰」的思想不僅是周朝國家治理的統治手段，也可視之為民本思想在這一時期的萌芽，極大地促進了西周社會的發展繁榮，對後世的法律思想也產生了深遠的影響。

　　春秋戰國時期社會動盪，以儒家學派的「慎刑」主張最具代表性。孔子提出了以德治仁政教化為主，政令刑法為輔即「德主刑輔」的主張。孔子所論「禮樂不興，則刑罰不中；刑罰不中，則民無所措手足」，〔註1〕禮樂若興自然刑罰得當，這被視為是其所提倡的刑罰適用原則。「刑中」從哲學上來講意味著中庸之道，在法律思想上明顯的表現出慎刑主張。孟子繼承發展了孔子學說，將「德治」思想發展為「仁政」學說，主張「施仁政於民，省刑罰，薄稅斂」自能「地方百里而可以王」，〔註2〕同樣體現了慎刑的思想。至荀子時融合禮法，「治之經，禮與刑，君子以修，百姓寧，明德慎罰」，〔註3〕承認刑罰也是治國安邦之經緯，將謹慎的使用刑罰視作是德治禮教的重要補充，提倡「德法兼重」。

　　西漢漢武帝時期「罷黜百家，獨尊儒術」，董仲舒繼承了孔子「德主刑輔」的思想，將儒家、法家與「天道」「陰陽」「五行」之說相結合形成理論化的體系。他在《春秋繁露》中所論「陽為德，陰為刑，刑反德而順於德，亦權之類也，雖曰權，皆在權成」，主張「前德而後刑」「大德而小刑」「務德而不務刑」，〔註4〕其中顯然蘊含著德治為主，慎用刑罰之意。

　　此後，伴隨中國社會法律儒家化的進程，歷代的立法和司法活動都與儒家的慎刑觀念一脈相承。太宗「以寬仁治天下，而於刑法尤慎」。〔註5〕作為最具代表性的《唐律疏議》以「德禮為政教之本，刑罰為政教之用，猶昏曉陽秋相須而成者」〔註6〕為指導思想，強調禮法結合、立法寬簡。唐律中除了有各類減免處罰的法律規定，在抓捕拷訊、審判制度、死刑覆核等司法實踐中都有相應的「慎刑」措施。

　　南宋理學之集大成者朱熹，以天理說為理學的核心，主張「存天理，滅人慾」，在強調「德主刑輔」的同時，認為德、禮、刑、政本質上是一致的，都只是「存天理，滅人慾」的手段。在司法方面堅持重刑治國，以寬濟之的原則，明確提出「明謹用刑」「據罪論刑」〔註7〕的主張，要求司法官員在審理案件

〔註1〕　《論語‧子路》。
〔註2〕　《孟子‧梁惠王上》。
〔註2〕　《荀子‧成相》。
〔註4〕　《春秋繁露‧陽尊陰卑第四十三》。
〔註5〕　《新唐書‧刑法志》，中華書局1975年，第1938頁。
〔註6〕　《唐律疏議‧名例律》，中華書局1983年，第3頁。
〔註7〕　《朱文公集》卷14。

時，要依法定罪，斷案公平。這些思想主張被後世統治者作為治國之典加以運用，對中國法律思想的傳承和發展起著重要作用。

元代法典受到傳統儒家化法律思想影響，在吸取前朝歷史經驗的基礎上提出要以恤刑輕典來治理國家。元世祖強調「朕治天下，重惜人命」。〔註8〕時人徐元瑞在其吏學著作中談到「矧治新國，古用輕典，欽乃攸司，恤哉惟刑」。〔註9〕明代理學名臣邱濬所作《大學衍義補》中同樣表述了「慎刑恤獄」的理論，主張「治獄必先寬」「疑罪從輕」，〔註10〕認為慎刑仁政、重視人命關係到國家的長治久安。

至清代統治者自覺汲取傳統儒家學說，皆以「慎刑」為其施行仁政之重要內容。《清實錄》載順治十三年（1656）皇帝就曾諭刑部：「朝審秋決，係刑獄重典。朕必詳閱招案始末，情形允協，令死者無冤」，〔註11〕皇上對死刑案件都是要親自過目詳閱，以示重視人命。康熙帝時特別強調「慎刑慎殺」「刑疑從輕」，再三強調人命重大，司法官員務必要謹慎刑罰，「上諭申飭刑部，令其慎刑清獄，天下民命，皆全於皇上好生一念中矣。」〔註12〕雍正帝也曾說：「朕惟明刑所以弼教，君德期於好生，從來帝王於用刑之際，法雖一定，而心本寬仁」，〔註13〕主張矜恤慎刑、寬仁用刑。雍正二年（1724）時下旨要求將經秋審具題情實應決外省重囚者，法司亦照朝審之例三覆奏聞，「以副朕欽恤慎罰之至意」。〔註14〕乾隆皇帝亦強調要詳慎司法以重人命：「諭秋審為要囚重典，輕重出入，生死攸關，直省督撫俱應詳慎推勘，酌情准法務協乎天理之至公，方能無枉無縱，各得其平。」〔註15〕嘉慶帝曾專作《御製慎刑論》：「聖往尚德，然不能專用寬柔以治世，必設律例以齊之。弼教化，正風俗，皆從慎刑始。所係豈淺顯哉？酷吏縱慾亂法以濟其貪，王法所必誅。慎之一字，為用刑之大綱，豈可玩視人命，逞一時之喜怒，以致寬嚴失當，則民無所措手足。刑罰不中，上干天和，水旱災荒，皆由此起，可不慎歟，近日喜閱各省招冊，殫心竭慮，

〔註8〕　《元史》卷165《管如德傳》。
〔註9〕　（元）徐元瑞：《吏學指南·諸箴·提刑箴》，浙江古籍出版社1988年，第132～133頁。
〔註10〕　《大學衍義補》卷一〇〇、九。
〔註11〕　《大清世祖章皇帝實錄》順治十三年十月。
〔註12〕　《大清聖祖仁皇帝實錄》康熙二十二年九月。
〔註13〕　（雍正朝）《大清會典》卷190《刑律·斷獄》。
〔註14〕　《大清世宗憲皇帝實錄》雍正二年四月。
〔註15〕　乾隆朝《欽定大清會典則例》卷125《刑部·秋朝審》。

唯求一是，勉於慎刑，愛惜民命，曷敢稍有忽略乎？故著此論以示法司，我君臣同折衷於慎刑，庶幾獄訟漸鮮，所保全者眾矣。」〔註16〕

因此，在清代立法與司法實踐中始終貫徹著「慎刑」的思想，《大清會典》載「國家刑罰禁令之設，所以詰姦除暴，懲貪邪，以端風俗，以肅官方者也。然寬嚴之用，又必乎因其時。」〔註17〕強調了要時移事易，司法時應根據需要寬嚴相濟。清律中規定「凡聽斷，依狀以鞫情，如法以決罰，據供以定案」，〔註18〕也就是斷案審訊時應依據呈狀審問案情，按照法律規定裁決刑罰，根據當事人招認的口供來定案，體現了對司法中慎重斷案、嚴格審判的要求。此外清代在司法當中亦有保留和發展了許多慎刑矜恤措施，包括赦宥制度、保辜制度、存留養親製度、恤囚制度、容隱制度、死刑覆核制度等。

死刑覆核制度是傳統「慎刑」思想在司法領域的重要表現之一，其體現的正是「慎刑恤殺，重惜人命」的理念。這一制度立於北魏時期，《北魏律》中明確規定死罪必須上報皇帝後才能施行：「當死者，部報奏聞，以死者不可復生，懼監官不能平，獄成皆呈，帝親臨問，無異辭怨言乃決制之。諸州國之大辟，皆先讞報乃施行。」〔註19〕至隋朝沿革魏晉定制，規定「諸州死罪不得便決，悉移大理案覆，事盡然後上省奏裁。」〔註20〕把死刑案件的最終核定權收歸到了中央。自此以後，唐、宋、明、清各朝基本上承襲並進一步發展了該制度，圍繞皇帝的終審權還建立起了與之相配套的一系列司法制度，如唐朝的雜治、「三司推事」「九卿議刑」，明朝的三司會審、九卿會審、寒審，至清代則有朝審、秋審、熱審等。從法律範疇上來說，夾簽制度就應該屬於死刑覆核制中對以卑犯尊服制命案的最高複審級別，其中對特殊案件中「可矜」情節的合理考量，所追求的「盡乎律例之用，以劑情法之平」的司法衡平之境同樣也是「慎刑」思想影響下的產物。

## 二、嚴苛冷峻的服制法律

五服之制本為民間禮俗，在宗法制度下，由於家國一體成為國家禮制，以後隨著「禮法合一」又成為法律原則。因此五服制度兼涉古代禮制與法制兩大

---

〔註16〕《大清仁宗睿皇帝實錄》嘉慶十三年十二月上。
〔註17〕（嘉慶朝）《欽定大清會典事例》卷593《刑部·名例律》。
〔註18〕（嘉慶朝）《欽定大清會典》卷42《刑部·尚書郎職掌》。
〔註19〕《魏書·刑法志》。
〔註20〕《隋書·刑法志》。

領域，在傳統社會中其宗法血緣等級與政治法律等級互為表裏，是中國古代等級制度的核心，也是維護國家統治的重要禮法制度。

西晉太始四年（268）制定《晉律》（也稱太始律），《晉書・刑法志》中載「減梟、斬、族誅、從坐之條，除謀反、嫡養母出、女嫁皆不復還坐……竣禮教之防，准五服以治罪也」，〔註21〕據此法史學界普遍認為服制入律自西晉時始。瞿同祖先生認為「（晉律）開後代依服制定罪之先河。」〔註22〕張晉藩教授亦認為：「准五服治罪，始於晉律，一直延續至清末」。〔註23〕在具體的法律適用方面，丁凌華教授認為魏晉時「准五服以制罪」主要表現在親屬株連方面，而在親屬相犯方面家族主義法還只限於家庭的範圍，尚未有對五服服敘的需求。南北朝時親屬株連的範圍逐步向家庭範圍壓縮，而親屬相犯的家族主義法的範圍則由家庭向宗族擴展，從而「准五服治罪」重心由親屬株連向親屬相犯轉移，標誌著封建國家與宗族的關係由對抗逐步轉向聯合，也為唐律全面「准五服制罪」奠定了基礎。〔註24〕

至唐代，制定了中國古代最具代表性的法典《唐律疏議》，標誌著中華法系的趨於成熟。由於唐律「一準乎禮」，〔註25〕是法律儒家化的代表之作，禮與法得到了高度融合併成為中華法律的正統，服制也完成了其法律化、制度化的轉變，對之後的宋元明清都產生了深遠的影響。從法律適用方面，學者研究認為在唐代中刑法上的服敘制度已大致達到封建法律所要求的完善程度，此後的變化都基本只在親屬範圍的擴大，而在罪名上不出《唐律疏議》的框架。在宋代以後，隨著社會經濟發展的要求，民事法規逐步從原則化向細則化演進，服敘制度也逐步滲透到細則化的民事法規中。〔註26〕

元朝作為第一個少數民族建立的全國性的統一多民族封建王朝，元朝的法律制度體現了蒙漢法律文化的融合，具有鮮明的融合性、多元性和民族性等特點。

元朝的法律一方面堅持「祖述變通」，對一些蒙古舊制風俗做了盡可能的

〔註21〕《晉書・刑法志》。

〔註22〕瞿同祖：《中國法律與中國社會》，商務印書館 2015 年，第 387 頁。

〔註23〕張晉藩：《中國法制文明的演進》，中國政法大學出版社 1999 年，第 210 頁。

〔註24〕丁凌華：《五服制度與傳統法律》，商務印書館 2013 年版，第 212 頁。

〔註25〕（清）永瑢、紀昀等撰：《欽定四庫全書總目》卷 82《史部・政書類二》，臺灣商務印書館股份有限公司 1986 年影印版，第 720 頁。

〔註26〕丁凌華：《五服制度與傳統法律》，商務印書館 2013 年版，第 224 頁。

保留；另一方面「附會漢法」，充分吸收中原王朝的唐宋舊律，進行了一系列的立法活動，如頒布和編修了《至元新格》《大德律令》《大元通制》等法典律令。因此，元朝的法典在內容上深受儒家思想為中心的中國傳統法律影響，同樣繼承和發展了五刑、五服、十惡、八議等制度。元世祖至元十七年（1280）頒布的《國朝典章》附有六種喪服圖（《本宗五服之圖》《外族服》《三殤服》《女嫁為本族服》《三父八母圖》《妻為夫之族服》），這是《喪服圖》首次正式入律。〔註27〕此後歷代法典中也都沿襲此慣例，將《喪服圖》附於法典之中。元英宗至治三年（1323）「著五服於令」，也將服制入律作為貫徹儒家綱常倫理的重要舉措。

　　明朝繼續承襲了以服制定罪的原則，將服製圖附於律文之中，便於在司法中處置服制案件時參考使用。《大明律》附有「八禮圖」即服製圖，包括《喪服總圖》《本宗九族五服正服之圖》《妻為夫族服圖》《妾為家長族服之圖》《出嫁女為本宗降服之圖》《外親服圖》《妻親服圖》《三父八母服圖》。《明史·刑法志》載：「又為喪服之圖凡八：族親有犯，視服等差定刑之輕重。」而且與唐律相比，《大明律》對於服制案件中以卑犯尊者的處罰更為嚴厲，服制逾近處罰愈重。如謀殺期親尊長的案件，《大明律》中規定：「謀殺祖父母父母及妻親尊長，外祖父母、夫、夫之祖父母、父母已行者斬，已殺者皆凌遲。」〔註28〕而在《唐律》中「諸謀殺期親尊長、外祖父母、夫、夫之祖父母、父母者，皆斬。」〔註29〕可以看出，明代對服制倫理的強調更甚前朝。

　　清朝入關後，基本上沿襲了明律關於服制的法律規定，並根據統治者和社會發展的需要進行不斷補充和完善。《清史稿》所載：「順治三年，定喪服制，列圖於律，頒行中外。道光四年，增輯《大清通禮》，所載冠服、絰、屨，多沿前代舊制。」〔註30〕乾隆五年（1740）頒布的《大清律例》作為我國封建社會最後一部國家基本法，是服制原則在法律中的最後和最集中的體現，是中國古代服制立法的集大成者，也是中國古代禮法結合的完美典範。〔註31〕整部法典貫徹著以「服制者，擬罪必論其親疏以定罪之輕重也」〔註32〕的基本原則，

〔註27〕高學強：《服制視野下的清代法律》，法律出版社 2018 年版，第 35 頁。
〔註28〕《大明律》，法律出版社 1999 年版，第 151 頁。
〔註29〕《唐律疏議》，中華書局 1983 年版，第 327 頁。
〔註30〕《清史稿》卷 93《禮十二·凶禮二》。
〔註31〕高學強：《服制視野下的清代法律》，法律出版社 2018 年，第 54 頁。
〔註32〕《大清律例匯輯便覽》卷 2《諸圖》。

在刑事法、民事法、行政法、司法審判制度等方面無不體現出服制入律的烙印。《大清律例》頒布後，律文不再修改，此後主要通過修訂條例來彌補律文規定之不足。特別是在乾隆中葉後，服制名分受到高度重視，在立法中受到格外地強調，為弘揚倫紀綱常而制定的服制條例空前增多，「乾隆即位以後，服制的加強是一個明顯的趨勢，新增例及新修改例多明顯突出了服制背後的道德內涵。」〔註33〕

　　為什麼在中國古代歷代王朝的法律制度中都高度重視服制立法，最根本的原因恐怕還在於帝制國家政治體制的人治本質，及其維護統治的官方意識形態──儒家倫理。在中國古代人治社會的統治思想中，儒家思想一直居於主流地位，它以倫常綱紀為中心，以「親親」「尊尊」為出發點，所講在貴賤、尊卑、長幼、親疏有別。欲達到有別的境地，就要制定富於差別性的行為規範即儒家所謂之禮。而「以禮入法」、中國古代法律的儒家化，一直是中華法系最具代表性的突出特點，其對社會歷史發展產生了深遠的影響。服制原則的應用，實際上是在法律中確定區別對待的原則，這是與儒家所倡導的禮有等差的思想相適應的，充分反映了古代禮法合一、以封建法律維護尊卑等級秩序的主要特征和儒家化、倫理化的色彩。因此，服制入律體現的就是封建法制所追求的，亦是儒家所倡導的：君君臣臣、父父子子，定分止爭，然後安分守己，從根本上適應了古代宗法倫理社會下政府維護國家統治的需要。

　　此外，為何在有清一代特別在法律層面對服制予以強化，還有一個重要的社會原因在於，作為一個少數民族入主中原的中央政權，必須積極地吸收和借鑒長久被奉為主流思想的儒家思想和文化，這樣才能彰顯其政權的正統性和合法性，以達到凝聚人心，鞏固和維護其統治的最終目的。綱常名教是包括清代在內的帝制中國社會最為根本的官方價值觀和意識形態，是立國之基。清朝入關以後，歷代的統治者無不強調尊崇儒術、禮法治國，以維護封建的「法治」與「人道」。

　　清朝前期以來，隨著集權政治的高度發展和儒家倫理的日益綱常化，為捍衛皇權利益和維護名教之需，更加強調服制法律的神聖不可侵犯，服制立法成為清代維繫統治的禮法體系的重要組成部分。以尊犯卑者減輕或減免處罰，而以卑犯尊者加重處罰，這一服制原則無論是在立法修例還是司法實踐中都得

---

〔註33〕顧元：《服制命案、干分嫁娶與清代衡平司法》，法律出版社 2018 年版，第 169 頁。

到了嚴格貫徹，從而使服制法律愈發嚴酷冷峻。但在服制命案的司法實踐中，總會出現個別明顯「可矜」的案例，為了達到「情罪相允」，不得不對其有合理的「情理」衡量。夾簽制度正式確立於乾隆一朝，其出現的直接原因正是「在立法日重名分綱紀的趨勢之下，司法審判中對涉及服制的命案的裁判呈現出形式責任嚴格化的趨向，對於主觀犯意和罪過的有意無視和忽略，在某種程度上加重了傳統刑法的結果主義和客觀主義傾向。」〔註34〕因此，夾簽作為一種衡平制度，實際上可以緩和因過於重視服制名分而給刑罰制度帶來的嚴苛性和刻板性，這一點從夾簽條例的數量伴隨乾隆朝以後服制方面條例的增纂而逐步增多，可以得到驗證。

清代是我國封建社會制度走向高峰的時期，乾隆時期正值「康乾盛世」，清朝的疆域已達到了極盛，統一多民族國家進一步鞏固和發展，同時皇帝的權力進一步高度集中。然而，商品經濟的發展、社會觀念的轉變與專制朝政的漸衰、社會控制的削弱共同為封建王朝的盛極轉衰埋下了伏筆。為此，乾隆皇帝一方面繼續推行以儒家倫理教化社會，以綱常禮教端肅人心的德治，另一方面，更以文字獄、編纂《四庫全書》收繳禁書、增撰法律條例等舉措充分發揮國家強制力的作用，以維護帝國的統治。「乾隆年間例文的大量增修，一方面是為了彌補律文的疏簡，另一方面也是為了保證法操自上，嚴格限制法司的『自由裁量權』。」〔註35〕對於清朝的最高統治者皇帝而言，強調法律的貫徹執行與皇權的高度壟斷是互為表裏的。「夾簽」取代「兩請」，強調「依法決斷」的實質是建立皇權對司法權的嚴格把控和對司法擅斷的嚴密防範。皇帝既要強力貫徹法律的實施，防止司法官員徇私枉法、沽名諛責；又要在司法中衡情酌理，體現儒家仁義治國精神，成為凌駕於帝制法律之上的最高仲裁者。這就是隱藏在法律背後的權力技術和利益動機，既樹立起皇帝絕對的立法和司法權威，充分發揮法律維繫國家統治的社會功能，也體現著以德治為本的治國方向。

## 三、司法官員的為官之道

帝制王朝的司法官員深受儒家義理的教化，秉承傳統「哀憫慎刑」的司法理念，慎刑恤獄、情法兩平始終是其孜孜追求的司法理想。因此，清代的司法

〔註34〕顧元：《服制命案、干分嫁娶與清代衡平司法》，法律出版社 2018 年版，第 49 頁。

〔註35〕張晉藩、林乾；《序》，《刑案匯覽三編》北京古籍出版社 2004 年，第 2 頁。

運作中，上至各級官員下至地方幕僚，無論是其法律論著還是司法實踐中始終都在強調和踐行著哀矜恤刑的司法原則。

清初著名律學家王明德在其代表著作《讀律佩觿》中曾解讀了一篇明代如何讀律的舊賦《金科一誠賦》：

> 玉律貴原情，金科慎一誠。夫姦妻有罪，子殺父無刑。不殺得殺罪，流罪入徒縈。出杖從徒斷，入徒復杖征。紙甲殊皮甲，銀瓶類瓦瓶。傷賤從良斷，屠牛以彖名。達茲究奧理，決獄定詳明。

作者對此賦進行了逐句的解釋和辯疑之後還進行了總體評論：

> 按賦文，計七十言，章分十四句。首句「原情」二字，是綱；次句「慎」與「誠」，即原情之全腦。中十句，則原情之目也。末二句，合言誠慎原情之效，決而厥之，愈以見誠之不可不慎。然中十句雖云分隸十事，而命義卻分五段。其五段中，兩兩相對，各各相反，以恒情視之，似乎輕重懸殊，情法倒置，殊不知實有重輕輕重歧分一視之妙，即末二句內所謂之奧理也。自非潛心體會，驟而關之，鮮有不為炫然者。
>
> 吾儒讀書懷古，惟知芸窗課誦、志切青雲而已。刑名律法，素所深鄙，崇尚風炫五色時，焉能一一詳為分決。稍有未慎，即動違情理，況更逞臆以自是乎？是以先賢特舉律義數條，聊示原情榜樣，用為斷獄標準，俾讀法者重為錯愕，深思紬繹，以克達夫奧理所存，此本賦所由興。而故明定律君子，並為備採傳注，以附乎律後之深意也。若賦中所指，雖止十事，各具奧理，當為細加詳究。然全律中，其酌定之同乎此，以及獄情之不止乎此者，何一不各具各情，各有奧理之當究。倘不即此詳推神明而變通之，則食生不化，膠刻無移，欲求克當乎明允，豈易言哉。故賦更重之以達，達則迎刃而解，無往其不宜矣。孔子曰：賜也達，於從政乎何有，又奚止於決獄詳明而已耶？然非慎之又慎，誠而又誠，將何以達乎奧，而畢原乎其情歟？是在講讀君子，秉誠抱慎，善達而善原之，則思過半矣。〔註36〕

作者認為此賦中所述看似情法倒置、輕重懸殊之司法結果，恰恰是原情慎誠、決獄祥明的表現，認為執法者在司法中不能食古不化、膠刻律法，而應以慎刑原情為斷獄準則。

---

〔註36〕（清）王明德撰：《讀律佩觿》，法律出版社 2001 年版，第 20～36 頁。

《清史稿》中曾記載乾隆年間章佳‧阿克敦的這樣一則軼事，阿克敦掌理刑部事務十餘年，平恕易簡，未嘗有所瞻顧。一日，阿克敦與其子阿桂有一番對話，阿克敦問道：「朝廷如果任用你作為刑官，治獄宜如何？」阿桂答：「行法必當其罪，罪一分與一分法，罪十分與十分法。」不料阿克敦聞言大怒，甚至要索杖毆之，阿桂惶恐求教。阿克敦曰：「如汝言，天下無完人矣！罪十分，治之五六，已不能堪，而可盡耶？且一分罪尚足問耶？」後來阿桂也職掌刑部，多次以此事告誡僚屬。〔註37〕由此可見在以阿克敦、阿桂為代表的清代官員中，寬簡恤刑的觀念根深蒂固，他們所追求的並不是充當執行嚴酷刑罰的苛吏，而是希望能夠實現儒家以德治國的政治抱負，維護天理、國法與人情之衡平公義。

除了傳統「慎刑」思想的陶染，清代司法胥吏們也受到神靈敬畏、因果報應等民間觀念的影響。清代乾嘉時期的著名幕友王又槐，一生主要從事幕友工作和幕學律學的著述。晚清學者張廷驤稱其精通刑名之學，為「乾隆中葉法家老手」。王又槐代表著作之一《辦案要略》成書於乾隆時期，從中可以明顯看到除了受到儒學倫理道德的影響外，對代表著「天地良心」的神靈敬畏也是司法官恤民審斷的原因之一。書中所論「即反覆刑訊，部院照供成獄，而清夜問心，終難自信，幸而法得其當，而無慚於衾影。設使罪非其人，恐難質諸鬼神矣。」〔註38〕強調了必須慎刑明斷，否則冤枉必報、鬼神難容。「不可捕風捉影，懸揣刑求。倘率混詳報，一經翻駁，措手無及，抑或別處拿獲真凶，失人之咎難辭。即使始終屈抑成招，而天良何在？冤枉必報，秉筆者不可不慎也。」〔註39〕則以天理昭昭，因果循環之說警戒胥吏。同為乾嘉時期的清代著名刑名幕友汪輝祖也曾感慨，「州縣一官作孽易，造福亦易……果盡心奉職，昭昭然造福於民，即冥冥中受福於天；反是則下民可虐，自作之孽矣……其於陽譴陰禍親於其身，累及子嗣者，率皆獲上朘民之能吏，而守拙安分，不能造福，亦不肯作孽者，間亦循格遷官。勤政愛民，異於常吏之為者，皆親見其子之為太史為侍御為司道。天之報施捷於響應。是以竊祿數年，凜凜奉為殷鑒，每一念及，輒為汗下」。〔註40〕也充分反映出此種天道輪迴、因果循環之思想對官吏

---

〔註37〕《清史稿》卷303《列傳九十‧阿克敦傳》。

〔註38〕（清）王又槐：《辦案要略》，群眾出版社1987年，第4頁。

〔註39〕（清）王又槐：《辦案要略》，群眾出版社1987年，第4頁。

〔註40〕（清）汪輝祖：《學治說贅》，《官箴書集成》（第5冊），黃山書社1997年版，第314頁。

謹慎司法的引誡作用。

　　光緒年間清人宋邦傿任職刑部期間所作札記《祥刑古鑒》，「祥刑」即矜慎用刑，該書匯輯前任祥刑言論與掌故，強調要以古為鑒、慎用刑罰，其中專有「定讞必平恕」之條目，「謹按：官司出入人罪，及斷罪不當，刑律綦嚴，所以責成承審官，求情法之平也。惟無枉無縱，而尤必以慈祥愷惻之意行平其間，孔子曰：『其用法一也。思仁恕則樹德，加嚴暴則樹怨。』至哉言乎！」〔註41〕勸誡司法官員應以仁恕之意斷罪執刑，務求情法之平。同時在書中也收錄了一些因刑罰公允而得善果，濫刑酷吏而遭報應的掌故軼事，突出強調了刑獄中的禍福報應觀來提醒官員引以為鑒，「刑獄所關，重則生死出入，輕則笞杖流徙，稍有枉抑即咎有所歸」，故「是編法戒具陳間於前人禍福之報，並錄之以為鑒」。〔註42〕因此，寬恕慎刑一直以來是清代司法人員所推崇奉行的執法理念，其實質是通過法司「自由裁量權」的實現而在情法之間開闢出一個緩衝地帶，以實現「情法兩協」的理想境界，但從某種程度上這與帝制集權下「嚴格執法」的要求之間難免出現齟齬。並且現實中天下之案紛紜，案情變換詭奇，法有盡而情無窮，司法官員常常要面對法律規定與司法實踐中的兩難，使其不得不反覆對細密的條文和錯綜的案情做仔細地分析和辨明，旁證援引、比附酌情，在有限的司法裁量權下運用高超的司法技藝與手段以達情法衡平之境，這被視為是官員司法水平的至高境界，即所謂「執已成之案，以斷未成之獄，吾能必案之無畸重畸輕，而不能必獄之無有枉濫，則所謂哀敬折獄者又自有本矣。」〔註43〕

　　具體到清代服制命案中的夾簽制度，誠如學者所言「名分攸關」的司法語境下，「依法裁斷」固然是省事省心又安全無責的自然選擇，但明顯的「可矜」案件又體現了對社會公義的客觀要求。〔註44〕因此，夾簽制度對以刑部為代表的司法者而言，為他們爭取了一定的自由裁量空間，給了刑部官員量刑的迴旋餘地，甚至成為他們規避在此類案件中的審斷責任的手段。對地方官員而言，雖然無法直接夾簽，卻可以通過修改對案件的表達陳述，影響夾簽的使用，從而為司法舞弊提供了方便之門。因此，夾簽制度的出現既是司法官員施展司法技藝的用武之地，也成為維護其自身權力與利益的有效工具。

---

〔註41〕　《祥刑古鑒》，「定讞必平恕」。

〔註42〕　《祥刑古鑒》，「凡例」。

〔註43〕　（清）許槤：《刑部比照加減成案‧敘》，法律出版社2009年版，第3頁。

〔註44〕　顧元：《服制命案、干分嫁娶與清代衡平司法》，法律出版社2018年版，第49頁。

## 第二節　夾簽制度所反映的清代司法體制特徵

### 一、依法決斷的實質

「治之經，禮與刑」，〔註45〕戰國後期已出現了禮法合流之勢，在強調德治的同時承認刑法對國家治理的重要性。「禮之所去，刑之所取，出禮則入刑，相為表裏。」〔註46〕則強調了禮與刑互為表裏，共為治國經緯。刑法在中國古代社會中一直是作為德治的重要輔助，是統治者剛柔並濟、維繫統治的治國之道。自漢代儒學確立了其正統地位後，德主刑輔、禮法並用的思想就深刻影響了中國歷朝的封建統治，對維護和鞏固國家統治起著十分重要的作用，「禮法互補可以推動國家機器有效地運轉，是中國古代法律最主要的傳統，也是中華法系最鮮明的特徵。」〔註47〕

隨著社會的發展，中國傳統治國思想從兩漢、魏晉時期的德主刑輔，到隋唐時期強調德刑並重，再到到宋朝的重刑化趨勢，明朝「重典治世」「明刑弼教」的思想，在國家統治中越來越重視刑罰的作用，並以此來達到理想的政治統治秩序。清朝統治者也清醒地認識到這一點，高度重視以法律刑罰來維護其政治統治，強調國家意志的貫徹和法律的嚴格執行。伴隨著清代專制集權的建立和逐步加深，一方面在立法方面加緊法律條文的修纂，進行了一系列的立法活動。順治初年即在《大明律》的基礎之上參酌事宜進行修撰，於順治四年（1647）頒布了《大清律集解附例》。雍正朝時在《大清律集解附例》上因時增損，於雍正三年（1725）頒布了《大清律集解》。乾隆年間更是高度重視立法，任命三泰等為總裁，統籌重修大清律，對原有律例逐條考證，同時詳校定例，折衷損益，並經乾隆帝親自裁定，於乾隆五年（1740）頒布了中國歷史上最後一部代表性的封建法典《大清律例》。另一方面加強在司法方面的控制，強調必須「執法引律」，嚴格審斷。順治帝在《大清律集解附例》御製序文中就言：「朕仰荷天休，撫臨中夏，人民既眾，情偽多端。每遇奏讞，輕重出入，頗煩擬議……爾內外有司官吏，敬此成憲，勿得任意低昂，務使百官萬民，畏名義而重犯法，冀兒刑措之風，以昭我祖宗好生之德。子孫臣民，其世世守之。」〔註48〕強調司法官員務必依法審斷、平允公正，方能安邦定國。

---

〔註45〕《荀子·成相》。
〔註46〕《漢書·陳寵傳》。
〔註47〕張晉藩：《中國法律的傳統與近代思想》，法律出版社1997年，第34頁。
〔註48〕《清史稿》卷142《刑法志一》。

如前所述，夾簽制度出現於乾隆十三年（1748 年），為何過去作為行政議事慣例的夾簽會此時正式制定法律條例，取代「兩請」成為相對規範的法律制度？夾簽制度的確立又在釋放什麼樣的政治信號？這就要回溯到乾隆朝以來國家形勢的變化以及相應的治國之策的調整。

雍正十三年（1735）乾隆帝平穩地完成了政權更迭，繼承大統。此時歷經康熙帝、雍正帝時期的勵精圖治，國家整體局勢平穩安定，社會治理有序，國力蒸蒸日上。初登帝位的愛新覺羅·弘曆所考慮的主要政治問題是即位之初如何打開新的局面，確立起皇帝的威信，取得朝堂的臣服。針對雍正朝政令峻急、刑法嚴苛之弊，乾隆帝決定要重新樹立起仁德為懷的帝王形象，因此即位之初他就開始強調在國家治理中要「寬嚴相濟」，「治天下之道，貴得其中，故寬則糾之以猛，猛則濟之以寬。而記稱，一張一弛，為文武之道。」〔註49〕為了緩和雍正朝以來的嚴酷統治，消弭整個官場乃至社會彌漫著的緊張氣氛，乾隆帝倡導力行「寬嚴相濟」的統治方針，從各方面改變雍正時期苛嚴的政策，對上至皇族宗室、下至官吏百姓的許多重大案件都予以寬大處理，國家統治政策也以寬緩為主。〔註50〕

然而到乾隆十三年（1748）情況卻發生了變化，一系列朝堂內外的變故促使了王朝政策從寬緩向嚴厲的轉變。一方面，乾隆朝前期的寬大政策流弊愈顯，官場廢弛，吏治日益腐敗，「朕觀近年來虧空漸熾，如奉天府尹霍備任內，則有榮大成等五案，山西則有劉廷詔之案……揆厥由來，實緣該管上司，見朕辦理諸事，往往從寬，遂以縱弛為得體」〔註51〕各省虧空抗糧鬧賑事件層出不窮，已經充分引起了乾隆帝的警惕，勢必要調整措施、整頓朝綱，維持統治秩序。另一方面，恰逢乾隆十三年外有金川戰事不利，內有孝賢皇后崩逝的影響，更使得心緒不佳的皇帝藉此痛下殺手，重典治國，嚴厲處置了一批朝堂官員，衝擊和震懾了當時的官場。這一時期國家司法處置也愈發嚴厲，在隨後的朝審、秋審之中，亦將大批犯人勾決處死。正如清史研究專家戴逸先生指出「皇后喪葬和金川戰爭刺激乾隆採取更加極端的手段，促進和加速了政策從寬鬆到嚴厲的趨勢。」〔註52〕這也就意味著，乾隆十三年正是乾隆朝時期統治政策

---

〔註49〕《大清高宗實錄》雍正十三年十月上。

〔註50〕戴逸：《乾隆初政和「寬嚴相濟」的統治方針》，上海社會科學院學術季刊，1986 年第 1 期。

〔註51〕《大清高宗純皇帝實錄》乾隆十二年四月下。

〔註52〕戴逸：《乾隆帝及其時代》，中國人民大學出版社，2008 年第 145 頁。

由「寬」趨「嚴」，向著新的統治格局和統治作風演變的一個標誌性的時間節點，而夾簽條例的出現正當此時，並與時任刑部官員阿克敦（1685～1756）的後期政治生涯起伏息息相關。

乾隆五年（1740），阿克敦調刑部，復調吏部。乾隆十年（1745）兼翰林院掌院學士，乾隆十一年（1746）正授刑部尚書，乾隆十三年（1748）為協辦大學士。《清實錄》中記載了乾隆十三年三月庚寅（1748 年 4 月 3 日），刑部處理的一起「刑部題覆浙江巡撫顧琮將毆死小功服兄之周賢千兩請」案件，地方官員以毆死小功服兄情有可原為由，兩請奏報。阿克敦等刑部官員同樣以兩請上奏，卻遭到了皇帝的駁回：

> 又諭，刑部題覆浙江巡撫顧琮將毆死小功服兄之周賢千，用手遮格，致樁木隨勢格轉中傷周爾三耳輪耳根，至於殞命，以為情有可原。不知弟殺小功服兄，倫紀攸關，若非實有可原之情，斷難末減。本內所稱用手遮格隨勢中傷，豈有適中耳輪耳根，而不中傷他處之理。看此情節，明係外省有司，欲為周賢千開脫，緣飾其辭，以冀輕減。刑部職司執法，遇有此等案情，理應詳慎推勘，如果並非實情，縱例得聲明，亦應駁詰更正。乃竟以兩請上陳，朕若直下斬決一簽，則又似朕巡行在外，未曾留心本章，將援例末減之犯亦置典刑。此本著發回另擬。〔註53〕

皇帝從案情出發認為此案明顯是地方官員緣飾其辭移情就案，為罪犯借由開脫，希望減輕罪罰。而刑部作為最高執法部門，應該詳讞情案，對審非實情的案件必須駁詰更正。但刑部卻依就「救生不就死」的舊習，未加慎勘便以兩請上陳，因此將此案駁回。不僅如此，皇帝對刑部官員依就地方巡撫兩請上奏十分不滿，認為阿克敦等刑部官員辦案游移，與地方官員一同飾詞諉責，使得辦案不公、國無立法，為此專門傳旨訓諭，以誡臣工：

> 近來刑部似此游移之案頗多，總之伊等辦理本意，不過以被毆之人既死，且為生者留此一線之路。殊不思兇惡之徒得邀幸免，不但國家無以立法，且亦不能服死者之心，平允之謂何？此種習氣積漸已久，從前盛安在刑部時尚能執持己見不肯因依，近見阿克敦、汪由敦辦理案件，未免仍蹈故轍，殊屬非體，著傳旨訓諭之。〔註54〕

〔註53〕《大清高宗純皇帝實錄》乾隆十三年三月上。
〔註54〕《大清高宗純皇帝實錄》乾隆十三年三月上。

此時已經可以看出乾隆帝因阿克敦等刑部大臣辦事不力而心懷芥蒂，帝王與官僚機構之罅隙可見一斑。從另一方面來說，皇帝的訓誡非同小可，阿克敦等刑部大臣此後自然要對地方督撫的兩請之奏慎之又慎，可謂為夾簽條例的出現埋下了伏筆。因此，表面看來皇帝是因服制重案刑部不詳加勘察，與地方有司一併為案犯矯飾開脫，推卸司法責任而訓諭臣下。而當我們把視野放寬，聯繫到這一時期乾隆朝政策轉變的背景，就更可以看到這其實是皇帝對朝廷官員敷衍塞責，帝國統治紊亂鬆弛的警示訓誡。

幾日之後，乾隆十三年三月乙未（1748 年 4 月 8 日）孝賢皇后富察氏在陪同乾隆帝東巡途中，行至德州病逝。乾隆帝與孝賢皇后青邸成婚，伉儷情深。皇后所生二子，皇次子永璉（嫡長子）於乾隆元年（1736）被秘立為皇太子，未料乾隆三年（1738）即因病夭折，年僅九歲。而乾隆十二年除夕（1748 年 1 月 29 日）乾隆帝與皇后再次痛失他們的第二個兒子皇七子永琮。接連遭到打擊的皇后撒手人寰，更讓乾隆帝陷入到了極度悲痛之中，在哀慟鬱懣中皇帝的態度空前嚴厲。這一年裏因孝賢皇后的喪葬事宜引發了一連串的上至皇子被訓斥、下至官員被貶責黜革甚至賜死事件，被稱為皇后喪葬事件。此前就已因「兩請」而招致皇帝訓諭的阿克敦在皇后喪葬期間的遭遇就頗具代表性。

孝賢皇后崩逝一個多月後，十三年四月癸酉（1748 年 5 月 16 日），翰林院上呈諡儀冊文，乾隆帝在審查冊文時，發現「皇妣」一詞的滿文譯成了「先太后」，認為翰林院悖謬乃大不敬，欲召臣下詢問，不期張廷玉、阿克敦等諸位官員未候旨便已退下出宮。乾隆帝頓時龍顏大怒，尤其認為阿克敦是因前日協辦大學士被解，轉授給了孝賢皇后胞弟富察·富恒而心懷怨望，於是下令免其官職，敕下刑部問罪。乾隆帝下旨時已羅列出了阿克敦大不敬、怨望、人臣無將的三大罪狀，其中任意一條無疑都屬罪至重刑。不料刑部官員竟未按照皇帝諭旨行事，只將阿克敦以清文誤翻治罪，比照了增減制書未施行者律，擬以絞監候。這反倒更加激怒了乾隆帝，他責備刑部「瞻顧寅誼，黨同徇庇」，「有意援引輕比，冀薄其罰」。同時，乾隆帝也敏銳地意識到長期以來相對寬緩的政策甚至助長了朝廷朋黨之風的復蘇：

> 從前朝紳比周為姦、根株盤互、情偽百端，賴皇考以旋乾轉坤之力廓清而變化之，朋黨之風，為之盡滌。而邇年以來，故智又將復萌，豈見朕諸事寬大，遂藉是以行其私耶？夫寬嚴相濟，政是以和。即位以來，亦屢將此意宣諭臣工矣。朕嘗云，能令朕宣揚皇考

之寬仁者，惟諸臣；即令朕昭示皇考之嚴義者，亦惟諸臣。況將則必誅，人所共曉，而縲首之與大辟，相去懸殊。伊等試思雍正年間，若有此等嚴旨交部之案，該部敢如此辦理乎？朕御極十三年，因物付物，一秉至公，初無成見。而臣僚朋比黨援之風，必不可開。該部尚敢以平日黨同之陋習，為此嘗試之朽術，將視朕為何如主乎？阿克敦雖氣局瑣細，尚屬舊人。朕曾向大學士等降旨，以伊縱有應得之罪，朕意不過使彼知警，將來棄瑕錄用，如侍郎副都統之職，猶可備員。今觀該部如此定議。則阿克敦必不可宥。是阿克敦之罪，成於該堂官之手。該堂官欲傾身以救阿克敦，微特阿克敦不可救，而身蹈罪戾，且不能自救矣。刑部堂官著交部嚴察議奏。此案著另議具奏。〔註55〕

從這道諭旨中可見雖然之前乾隆帝列數阿克敦之罪狀，其原意仍然只是以此作為警戒，並未真的打算要取這位三朝老臣的性命，甚至是準備日後仍要對阿克敦錄用授職的。但刑部的做法卻使皇帝對臣下忤逆聖意的行為愈發激忿，引起了帝王對官員朋比黨援之風的警惕，加劇了皇帝與官僚集團之間的矛盾，也刺激乾隆帝下定決心要以「嚴」代「寬」，整肅朝綱。後來乾隆帝將刑部全堂問罪，包括署理滿尚書盛安、漢尚書汪由敦，侍郎勒爾森、錢陳群、兆惠、魏定國均革職留任，而阿克敦則照「大不敬」議罪擬斬監候，秋後處決。這樣的嚴懲看似是一時的龍顏大怒，無疑也是敲山震虎，使官員們無不人人自危。

兩個月後，盛怒的乾隆帝稍作平復，乾隆十三年（1748）六月以「念係舊人，著照革職留任之例」，將阿克敦予以赦免，命在內閣學士上行走，署工部侍郎。七月間，在朝堂中又發生了「錦州府知府金文淳剃頭一案」，剛被補授為刑部滿洲尚書未及半月的盛安被革職查辦。這一案件既為阿克敦重執刑部創造了契機，也成為夾簽制度出現的導火索。

如前所述，自乾隆十三年（1748）四月孝賢皇后崩逝以來，因皇后喪葬事宜引發了一系列朝堂上下、京師內外的皇子官員被貶斥懲處的政治風波，其中就包括對百日喪期內擅自剃頭官員的懲處。按照滿清舊俗，遇有國恤，百日以內均不剃頭，違例私犯者處斬，但在清朝會典律例中並未刊以明文規定。乾隆十三年（1748）六月地方巡撫參奏奉天錦州府知府金文淳、山東沂州營都司姜興漢，皆於孝賢皇后百日內剃頭，乾隆帝一方面要求立行正法，以彰憲典；另

〔註55〕《大清高宗純皇帝實錄》乾隆十三年四月下。

一方面也顧及律例會典究無明文傳諭，要求對當前已經查出之案進行參處，而其餘未發覺者，概不另行飭查。據此，該案已經於斬決本內畫題，而盛安在七月補授刑部尚書後，向皇帝上奏此案雖已畫題，然似應擬斬候。乾隆帝諭以盛安，讓他與同部堂官按例定擬，皇帝自加恩宥。但盛安此後仍然遲回觀望，久而不奏，及皇帝當面詰問時又藉口搪塞，惹得皇帝大為光火，下旨訓飭，所責有三：

其一，盛安目無君上，巧偽沽名，肆行私意，屈法徇庇。皇帝認為盛安明知聖意從寬，並不將此旨告之同官，有意延報，不肯令改寬之旨出於皇帝特恩，而出於己，為自己沽取持平之名，「又巧謂恐人議其過重，於朕名為不美。試思部議重而朕特從輕宥，傳知海內，為美名乎？為不美之名乎？伊以執法之司，不遵明旨，不按成法，不通知同官，而固執私見，激朕使怒。重治其罪，則過在君父，而已居美名，豈非巧偽之尤者。」〔註56〕這成為盛安最主要的罪狀。後來，刑部就以盛安曲意徇私、市恩邀譽，擬斬立決，經從寬改為監候。

其二，金文淳等剃頭案件性質惡劣，屬於違逆國制之重罪。因為盛安為自己辯解時，就以恭仁皇后大喪內佐領李斯琦剃頭案問擬斬候，恐與此案辦理兩歧，招致非議為由。乾隆帝則駁斥道李斯琦乃屬廢官私自剃頭，而金文淳乃翰林出身，官至知府，並非冒昧不知大義者可比。並且同城之防禦又曾以滿官皆未剃頭規勸於金文淳，而他悍然不顧，乃屬有心故犯，輕視國制。進而，乾隆帝又解釋了雍正帝駕崩時未對此等案件進行查辦，皆因當日新帝即位之初，忙於重大軍國機務，無暇旁顧。而當下形勢不同，對此等案件的處置正為明正國法，以彰祖宗之制，以明上下之分。

其三，相關官員朋比黨援，有意寬縱。乾隆帝指出刑部尚書汪由敦等與金文淳誼屬同鄉，輩稱前後，「自樂於盛安之有此議，而不肯為盛安之激怒試朕者，則漢人之巧習也，此亦不能逃朕洞鑒。」〔註57〕所以乾隆帝將刑部堂官，除兆惠持議不從外，其餘都交部嚴察議奏，以剎朋黨屈庇之風。最終，刑部尚書汪由敦，左侍郎勒爾森、錢陳群，右侍郎今調吏部右侍郎魏定國，均以溺職照例革職，後皆從寬免其革任。

盛安被革職後，乾隆十三年閏七月癸丑（1748 年 8 月 24 日），阿克敦再度擢署刑部尚書，十月兼翰林院掌院學士，十二月覆命協辦大學士。阿克敦終於

---

〔註56〕《大清高宗純皇帝實錄》乾隆十三年七月下。
〔註57〕《大清高宗純皇帝實錄》乾隆十三年七月下。

從這場政治風波中得以脫身。此後八年阿克敦的為官生涯相對平穩，十四年加太子少保，迭署左都御史、步軍統領。二十年，致仕。二十一年，卒，諡文勤。

　　夾簽擬定條例的時間恰是在乾隆十三年（1748）七月，將事件的前因後果加以聯繫，回到當時的歷史情境之下，更便於我們深入地理解，在皇后喪葬事件中命運跌宕的阿克敦，重執刑部的當月就奏請制定夾簽條例的深層原因。一方面是阿克敦等吸取了之前「周賢千案」和刑部滿洲尚書盛安的經驗教訓。循情寬宥、「法外之仁」乃天子仁德，不容臣下肆意僭越、越俎代庖，更不允許臣子藉此妄行私意，屈法徇庇。因此，夾簽制度確立的司法紅線就是法司必須「依法決斷」，這一要求的實質是集權體制下對司法權的嚴格監控和對司法擅斷的嚴密防範。夾簽條例的制定使得可矜服制命案在審理過程中更加有章可循，以明確的條文劃定了各級法司的職權範圍，正如張晉藩、林乾教授曾指出的：「乾隆年間例文的大量增修，一方面是為了彌補律文的疏簡，另一方面也是為了保證法操自上，嚴格限制法司的『自由裁量權』。」〔註58〕另一方面，也是阿克敦等刑部官員對這一時期以來治國之策調整的揣度與迎合。乾隆十三年（1748）以來國家統治格局變化，寬緩政策流弊愈顯，亟需整頓吏治，端肅風氣，加強國家統治。夾簽從清代的一種行政議事慣例，衍生成為專門針對服制案件的規範法律制度，其核心要義就在於將服制案件的裁斷權層層集中於中央和皇帝手中。這樣一來，事實上是著重強調了所有的司法機關都必須貫徹國家意志，嚴格地執行包括服制法律在內的國家大法，重申了國家統治的令行禁止。看似是偶然事件的疊加，其實背後是歷史態勢的必然，夾簽制度的出現正順應了此時最高統治者調整政策、強化集權、加緊控制的政治需要。

　　如前所述夾簽條例制定後不久，乾隆十五年（1750）御史王荃奏請將「服制矜疑」之案，無論部議應准應駁，盡皆夾簽聲請，此奏經刑部查明駁議。該御史不滿，復以刑部蒙混覆奏，向皇帝具折指參。對此，皇帝選擇了支持刑部的意見：

> 夫服制為理攸關，伊古按律定擬，其中間有情節可原，該督撫於疏內聲請，該部酌量加簽者，乃數年以來格外之仁。即該部夾簽，而朕仍從律處者，誠以人倫為重也。若如該御史所奏，一概加簽，是轉輕視服制，與平人有何區別？非昔人定律之意矣。〔註59〕

〔註58〕張晉藩、林乾：《刑案匯覽三編·序》，載〔清〕祝慶祺等編《刑案匯覽三編》，北京古籍出版社2004年第2頁。

〔註59〕《大清高宗純皇帝實錄》乾隆十五年十二月下。

皇帝認為「夾簽」乃是個別情節可原案件中的「法外之仁」，如果一概夾簽也就是所有的服制案件都有減輕刑罪的可能，這與以人倫為重的律法中對服制案件加重處罰的初衷是相違背的。這可能是該御史思慮未及的，他的本意甚至是強調對服制案件的重視，對此乾隆帝批駁道：「在該御史之意，以為一經夾簽，則批覽時多一提撕。不知朕披閱奏讞，無論加簽與不加簽，無不準情酌理，詳悉推求，權衡不爽銖黍，豈待一一加簽，方行詳閱。設令不為詳閱，則雖每案加簽，於事理亦復何裨？刑部議覆，實未蒙混。該御史乃自執成見，一經議駁，妄意指參。當此政務清明之時，豈容如此嘵嘵置辯以滋護非競勝之陋習，王荃著交部察議具奏。」〔註60〕此事以該御史交部察議而告終，所反映出的是朝堂臣工對於「夾簽」性質的認識分歧問題。之所以不能在所有服制案件中「一概夾簽」，根本原因在於夾簽是具有「法外施恩」特殊性質的司法審判方式，並不能將其作為服制案件常態化的司法程序。

## 二、情理衡平的追求

　　什麼是清代司法審判中的「法源」，是「情理」抑或「法律」？這是長久以來法史學界不斷追尋的問題。這種爭論的核心在於，「情」「理」「法」，誰作為清代司法審判中最具代表的法源，誰就會對最終裁決起到關鍵性的決定作用。然而，當提出這樣的問題時，正如學者所言其實已經陷入了一個非此即彼、二元對立的預設情境之下。其實在古代中國的「禮法社會」中，由於「律令與禮樂互為表裏」，〔註61〕法律本身就充滿著濃厚的道德意味，並發揮著明刑弼教的雙重社會功能。在以往的研究中，學者們亦已經將清代律法視為「情理」的載體之一，如日本學者滋賀秀三就曾論及「國家的法律是情理的部分實定化」，〔註62〕或者說「情」在司法審判中最重要的表現形式即是以律例為代表的成文法典。在此意義上，「情」、「法」可謂異質同源。〔註63〕在這個意義上，很難簡單的認定清代的法律裁判過程是依情理裁判還是依法裁判，因為在某

〔註60〕　《大清高宗純皇帝實錄》乾隆十五年十二月下。

〔註61〕　（清）徐棟：《牧令書・刑名上》，《官箴書集成》（第 7 冊），黃山書社 1997 年版，第 394 頁。

〔註62〕　（日）滋賀秀三：《清代訴訟制度之民事法源的概括性考察——情、理、法》，載王亞新、梁治平編：《明清時期的民事審判與民間契約》，法律出版社 1998 年版，第 40 頁。

〔註63〕　參見姚暘：《清代刑案審理法源研究》，《南京大學法學評論（2010 年春季卷）》，第 54 頁。

種程度上來說「情」「理」「法」雖然具有不同的表現形式，但它們具備共同的本質內核和價值趨向，因此在司法中我們就更應該將「情」「理」「法」三者作為一個相互融會的整體進行考察。有學者提出傳統司法的核心價值觀即是「衡平司法」，實質上就是司法官盡可能地權衡其所面臨的所有社會條件，而作出的能夠最大限度地達到和諧與均衡的判斷的過程。〔註64〕而這所有的社會條件，就包括天理、國法、人情、風習等等社會要素。

天理、國法、人情的融合協調，是中國古代法律的重要傳統，也是司法審判的最高境界。歷代統治者為使法情允協、綜合為治，在立法上使親情義務更加法律化，在司法上強調執法原情，準情定讞。〔註65〕正因如此，才會出現一方面強調援法定罪，不得違法徇情，另一方面為了凸現德化仁政、明刑弼教之功，而在司法中以「原情定罪」為標榜。清代的司法者，上至皇帝下至官吏都以「情法兩盡」「情罪允協」為司法目標，總是在「依法判決」前提下的予以必要的「情理」考量，以達司法衡平之境。根據《大清律例》的規定，「凡（官司）斷罪，皆須具引律例」，〔註66〕對有治罪明文即犯罪事實與法律規範之間有明確對應關係的普通案件進行裁決時，司法官一般都依法審判。但在「例無專條，情節疑似」的案件中，卻更多地展現出了司法審判過程中「平衡情法」的推理過程，「面對疑難案件，（司法官員們）在基於情理和經驗的職業直覺判斷與具體而微的律例規則二者之間小心翼翼地尋找平衡點」〔註67〕的過程，即所謂「權輕重而平其衡」。〔註68〕在此過程中，執法原情之「情」本身就是多義的，它既可以是宗法社會下的血緣倫理關係即「人情」，也包含社會廣泛流行並得到認可的社會公義即「情理」，還蘊含著詳甄案情、區別情節等客觀涵義。這種「執法原情」是禮刑結合、明刑弼教在司法實踐中的具體化，是「情」「理」「法」三者的高度融合與統一，也是社會精英與普通民眾的共同訴求。因此，情與法之間的關係與其說是始終涇渭分明的天平兩端，不如說是相得益彰、二元一統的治世經緯。誠如南宋判官胡石壁所說：「法意、人情實同一體，

〔註64〕顧元：《服制命案、干分嫁娶與清代衡平司法》，法律出版社 2018 年，第 44 頁。

〔註65〕參見張晉藩：《中國法律的傳統與近代轉型》，法律出版社 1997 年，第 41～53 頁。

〔註66〕《大清律例》卷 37《刑律·斷獄下·斷罪引律令》。

〔註67〕王志強：《清代國家法多元差異與集權統一法》，社會科學文獻出版社 2017 年版，第 132 頁。

〔註68〕（清）熊莪《刑部比照加減成案·敘》，法律出版社 2009 年，第 4 頁。

徇人情而違法意，不可也，守法意而拂人情，亦不可也。權衡於二者之間，使上不違於法意，下不拂於人情，則通行而無弊矣。」〔註69〕當然，情與法仍然是各司所職、各有側重的，其在司法審判中自有所代表的「情理價值」，不可等同而語。由是在不同的案件類型中，如民事案件與刑事案件、普通案件與服制案件、簡單案件與複雜案件等，世輕世重不免有所爭議，「在由立法到司法的諸環節中，『情』『理』『法』之間的矛盾糾葛也正是各自『情理價值』相互作用下的產物。」〔註70〕即便如此，我們也不能否認情理衡平亦是共同追求的價值取向。

正如前揭，如果我們將清代刑事案件籠統地分為一般刑案和服制刑案的話，毫無疑問，在服制刑案的審判過程中更加凸顯在「依法判決」前提下的「情理」考量，夾簽制度就是這一「情理」考量的具體表現形式。夾簽制度原本因「情」而生，因「法」而定，最終目的是要「得情法之平」。因此，從這一制度的產生、發展，到在司法中的適用，「情理法」在其中始終交融貫穿，這充分佐證了即使是在案情重大的刑事審判中也要對「情理」因素進行必要的考量。因此，夾簽制度可以作為清代「衡平司法」亦或「情理法」司法審判特徵的一個注腳，可以讓我們從微觀的角度對宏觀問題進行一些闡述。

我們以道光年間圍繞夾簽條例 12 的修訂，朝堂大員對此展開的激烈辯爭為例，來看看古人對此的認識。條例 12 在道光十四年（1834）的修訂涉及到道光四年（1824）的一起牽涉甚廣的舊案：

> 戊寅諭內閣，前據御史萬方雍奏刑部審擬文元毆死胞侄伊克唐阿一案，引律失當，特派托津等查核。茲據奏稱伊克唐阿致死之由，既經刑部訊明，係伊伯文元毆傷所致，伊弟奇里繃阿實止聽從幫毆有傷，應將奇里繃阿照毆傷期服尊長本律擬徒。刑部照毆死胞兄律擬以斬決，仍照聽從下手之例，夾簽聲請，並將聽從毆傷小功尊長之鈕勒渾蘇，亦照毆死例，問擬滿流，均屬錯誤。
>
> 著刑部即將奇里繃阿照毆傷期服尊長本律，改為杖一百，徒三年。係旗人，照例折枷鞭責發落。鈕勒渾蘇亦著照毆傷小功尊長本律，改為杖七十，徒一年半，業已鞭責折枷，即予釋放。所有辦理

〔註69〕《名公書判清明集》，中華書局 1987 年，第 311 頁。

〔註70〕姚暘：《清代刑案審理法源研究》，《南京大學法學評論（2010 年春季卷）》，第54 頁。

錯誤之刑部堂司各官，著交吏部查取職名，照例分別議處。尋議上，得旨。刑部司員薩勒杭阿、葉文馥，降三級調用，再降一級留任。尚書那清安、陳若霖，侍郎凱音布、戴敦元、史致儼，署侍郎常文，部議降一級調用。姑念一時簡用乏人，加恩改為降三級留任，仍罰俸六個月。〔註71〕

道光四年（1824）十二月，刑部處理了一起江西司諮報的案件，此案中胞伯文元毆死胞侄伊克唐阿，奇里繃阿聽從胞伯文元下手幫毆胞兄伊克唐阿傷輕一案。刑部依據嘉慶年間修定的夾簽條例「至聽從下手毆死期親尊長、尊屬之案，仍擬斬立決，夾簽聲請」，將奇里繃阿照律不分首從擬斬，夾簽聲請，奉旨改為斬候。不料此案遭到前任陝西道御史萬方雍的彈劾，認為刑部引律失當，於是皇帝下旨派大學士托津等查核。最終結果是將奇里繃阿改依止科傷罪擬徒，因旗人照例折枷鞭責奏結，而所有經辦此案的刑部堂司官員，上至尚書、侍郎，下至司員全都受到牽累，交部議處。可以說御史萬方雍的一紙奏劾讓整個刑部都在此案上栽了一個大跟頭，究竟是什麼導致此案審理畸輕畸重，對案犯的處置竟從斬候減輕到僅以折枷鞭責完結？我們從《清實錄》的另一段記載中可見端倪：

> 查明聽從尊長毆傷期親尊長，已結各案，與上年查辦奇里繃阿一案擬罪不符。因例無專條，而乾隆四十五年通行又未纂入，以致辦理參差。應即查照前辦通行纂定條例，以資引用。得旨，依議。其從前承辦各員，因例無專條，又未將乾隆年間通行纂入例冊，以致辦理參差，既據查明更正，俱著加恩免其議處。〔註72〕

原來御史萬方雍所依據的是乾隆四十五年（1780）未纂入例冊的通行。所謂通行是指「各直隸省通行，係律例內所未備載，或因時制宜，或隨地立法，或欽奉諭旨，或奏定章程，均宜遵照辦理者也。」〔註73〕通行一經頒布即是法司辦案時必須參考的法律依據，其時效性甚至要比「例」強，如果遇到案件仍引用舊例，會遭到刑部駁議。「通行」中的一部分也在律例館修例時作為新例編入《大清律例》中。而未編入刑法典的「通行」對全國具有指導意義，因而也在一段時間將其編輯成冊，作為判案的依據，同樣具有法律效力。應該在這則乾

---

〔註71〕《大清宣宗成皇帝實錄》道光四年十二月。

〔註72〕《大清宣宗成皇帝實錄》道光五年正月。

〔註73〕張晉藩、林乾：《刑案匯覽三編序》，《刑案匯覽三編》北京古籍出版社2004年版，第6頁。

隆年間的通行中有期親卑幼聽從尊長共毆尊長尊屬致死，下手傷輕之卑幼依律止科傷罪之類的規定，但並未被編入例冊。而刑部所依據的是嘉慶年間修定的夾簽條例，期親卑幼聽從尊長共毆尊長尊屬致死，不分首從擬斬，夾簽聲請，由是出現了辦案兩歧、輕重懸殊之局面。但嚴格意義上來說，刑部審理此案並不能算是例無專條，在陳年未纂入例冊的通行和有明文規定的夾簽條例中，刑部選擇了後者，不僅出於法律時效的問題也有法理上的考慮。但此時道光帝支持了御史萬方雍的奏議，並用政治手段平息爭議，免去了相關刑部官員的議處。於是刑部只好遵照皇帝的旨意，於道光五年（1825）纂輯條例時，修定了條例 12。除了在條例內容上極盡繁複，對所謂「下手傷輕」予以種種限制條件，恐怕以刑部官員為代表的一批朝臣都意甚不忿。

甚至在此後幾年，道光帝都會以此案為例指責刑部辦事不力、例案兩歧，這更是讓刑部等官員覺得如芒在刺、如鯁在喉。

> 諭內閣，御史徐養灝奏請將刑部例案改歸畫一，並招募件作足額一折。辦理刑名事件，應以律例為憑，例所未備，始仿照成案定擬。如該御史所奏，近來辦案各員，不能詳繹例意，往往例案不符，遂致罪名歧異。如奇里繃阿及支大秋兩案，或特派大員查辦更正，或經朕看出指示，恐此外例案兩歧者，尚不止此。著刑部堂官督同律例館司員，悉心參酌，務期例案咸歸畫一，不得稍有參差。〔註74〕

於是十年後，關於此條例的爭論便日沸於上，多位朝堂大員都指出了道光四年（1824）所修條例之不妥，紛紛上表奏請恢復原夾簽舊章。道光十四年（1834）二月內，江西道監察御史俞焜曾就恢復夾簽條例，以肅典刑而正人心而上書：

> 奏請申明律義以正倫紀，略言。律載「弟妹毆同胞兄姊死者皆斬」，注云「毆死期親尊長，若分首從，則倫常斁矣」。此古今定律，所以維名教也。其聽從尊長毆死以次期親尊長之犯，向律擬斬，定案時夾簽聲請，迭經改為斬監候，歸入服制情實。自道光三年御史萬方雍奏，將聽從尊長毆死以次期親尊長，下手傷輕之卑幼均科傷罪，刑部定為條例，至今沿之。因思例從律出，例因時變通，律一成不易。致死尊長，豈得仍論傷之重輕？今以勉從尊長，下手傷輕，止科傷罪，則與「死者皆斬」之律未符。此例既百無一抵，何以肅典刑而正人心。請仍遵不分首從本律，夾簽聲請，以昭平允，

〔註74〕《大清宣宗成皇帝實錄》道光六年正月。

下部議行。〔註75〕

## 理學大師唐鑒（1778～1861）也為申明恢復夾簽舊律而專門著文：

請申明毆期親舊章以符定律議

竊維禮分尊卑長幼，所以明人倫而出乎禮即入乎刑。刑審大小重輕所以止罪惡而失於刑即乖於教。查律載弟妹毆同胞兄姊，以未傷、已傷，分徒二年半、徒三年之罪，折傷者滿流，篤疾者擬絞，注云各依首從。法言雖毆而未死，故有等差，亦分首從。至死者皆斬，注云不分首從，言毆期親尊長至死，若再分首從，則倫常斁矣。至若案情不一，有因誤而殺者，有救親情切而殺者，有聽從尊長威嚇勉從而殺者，各按本律定罪，而原其致死之曲，究非有心干犯，不可不少為區別，故又有夾簽聲請之條，迨九卿核議，改為斬候歸入服制情實辦理，本極詳慎。自道光三年十二月刑部由江西司現審文元主使胞侄毆死其胞兄一案，先經刑部照例將文元依故殺胞侄例定罪，其聽從毆死胞兄之犯照律不分首從擬以斬決，因係尊長主使被逼勉從，照例夾簽奉旨改斬監候在案。後因升任御史萬以乾隆四十五年，刑部通行有聽從尊長毆死期親以次尊長止科傷罪之文，聲明前後辦理舛謬具折參奏。奉旨派大學士尚書核議具奏，將所有聽從尊長毆死期親以次尊長之案，前經擬以斬決夾簽改斬監候者悉行更正，均科傷罪擬以徒流絞各罪增入例冊。

某繹此例文揆以情理竊見流弊所至，其所關係有三焉：

一則人心澆薄，兇橫易生，所賴者見法而生畏、聞刑而改，勉耳。若斃一尊長而得以主使威嚇止科傷罪，是弟與次兄有隙，可援長兄以毆其次兄；侄與胞叔有隙，可援胞伯以毆其胞叔；弟妹與胞姊有隙，可援兄以毆其胞姊；與先母所出之兄若姊有隙　，可援後母而毆其先母所出之兄姊；其或兄弟數人不相睦，私於長即可以仇於次伯叔，數人不相能昵於伯，即可以忿於叔。是例一行將何以消其乖戾，何以導其善良？此關於人心者是也。

一則俗有淳漓，化操自上，風有美惡，教為之先，弟斃其兄而得脫罪於其長，侄斃其叔而得脫罪於其伯，弟妹斃其姊而得脫罪於長姊長兄，其有父在者脫罪於父，有母者脫罪於母，無不可脫罪之

---

案，即無不可被毆之人。兄弟相殘，叔侄相害，至逆事也而乃皆得避重就輕，一家為之，孝悌安在？一鄉傚之凌競必多。是例一行將何以興仁讓，何以泯禍亂？此關於風化者是也。

　　一則律由禮出，稱情而行，例從律生，與禮相準，兄弟叔侄一本之親，以弟而毆兄，其情豈尚可問，而況毆而至死乎？毆而至死，而猶以傷之輕重科罪之大小，是為次兄者不幸。而有長兄為叔者，不幸而有伯，以至被毆至死，竟無抵命之人。在俗吏執救生不救死之說，正樂得有主使威嚇之尊長，以開一從寬之路，而為尊長者或貪其財賄、愛其私昵，又明知不至於死，何苦而不為之承認乎？是衡情則似為周詳，而揆理則大失平允。且較之毆大功以下尊長各條，亦多不合。向來斷罪期、功各有差等，惟至死則期、功從同。今將毆期親尊長傷輕者止科傷罪，而毆大功者自折傷以及誤傷致死，情有可憫者，並餘限外因傷斃命者，當擬以絞決、絞候，歸入情實。則期親反輕於大功矣。是例一行，將何以明大義，何以符舊典？此關於律令者是也。

　　至若萬御史執有乾隆四十五年刑部通行為據。不知刑曹修例五年小修，十年大修，其有窒礙者概行刪除故例，首凡例有修例後，前此一切通行不得引用之條，則所執本不足為據。某不揣冒昧，竊見止科傷罪之例實有窒礙難行，不敢因其增入例冊，遂為膜視謹據情議上，伏祈奏交刑部核議停止，仍遵不分首從本律施行謹議。〔註76〕

唐鑒所論條理清晰、文采斐然，他從人心、風化、律例的三個角度痛斥了聽從尊長毆死期親以次尊長止科傷罪之流弊，奏請恢復夾籤舊章。從另一個角度來說，也就是在時人眼中看來，服制案件中的夾籤條例應該是順應人心倫常、維護社會道德、無悖國家法制的，也就是「順情、合理、契法」下的產物，亦是實現情理衡平的途徑之一。

　　刑部也上書道光帝，羅陳法理、司法和情理等多方面的因素，指出當年舊案所立條例之弊端：

　　　　自道光四年十二月刑部江西司文元現審一案，經御史萬方雍參奏奉旨覆議，將所有聽從尊長毆死以次期親尊長案內，下手傷輕之

---

〔註76〕《四部備要・集部・唐確慎公集》10卷。

卑幼均科傷罪纂定條例，至今沿之。臣尋繹例文，竊以為例從律出，例有因時變通，律乃一成不易，有增減之例，無增減之律，古今皆然。以期親尊長而共毆至死，豈得仍論其傷之輕重？定律不分首從，用意甚深，今以勉從尊長下手，傷輕止科傷罪，則與死者皆斬之律顯有不符，且與傷而未死者何所區別？此例既行，則如子侄與弟毆死胞叔，其父母必有出而承認主使，以輕其子之罪者；其毆死以次胞兄，則伯叔長兄必有出而承認主使，以脫其侄與弟之罪者。救生不救死之說，承審官尚不免沿此陋習，況在親屬安得禁之窮其流弊？

凡毆死期親尊長尊屬者，百無一抵，何以肅刑典而正人心？〔註77〕

最終，皇帝不得不同意了刑部「慎重倫常起見」的建議，道光十四年（1834）三月刑部修例時將下手傷輕止科傷罪之例刪除，頒布通行各省一體遵照，並重新修訂了相應的夾簽條例。至此這起十年前的公案得到了徹底平反，我們也可藉此一窺清代從立法到司法中都講求情理衡平的法律特徵。

## 三、司法權力的制衡

如前所述，夾簽條例的出現本就是在皇帝整飭吏治、加緊控制的時代背景之下，與皇權控制和官僚體系的此消彼長密切相關，其根本目的就在於維護以「皇權」為核心的帝國法治體系。「夾簽從司法行政的慣例到被納入正式的法律條文中，這種立法上的客觀具體主義，實質上是旨在建立對於司法權的嚴格監控和對司法擅斷的嚴密防範制度，以否定司法官的自由裁量來防止律例解釋的異化。另外，行政法律又會對於司法官員行使審判權力建立繁複的、絕對確定的法律責任，這種對於執法者的不信任態度，實際上反映了皇帝對於立法權和司法權的高度壟斷。」〔註78〕因此，夾簽制度的出現既體現了中國傳統法律為了適應國家和社會統治需要而不斷地發展完善，更是帝制國家強化皇權和中央集權的重要表現之一。因此我們也注意到，在夾簽制度中圍繞著專制皇權、中央各部之間也存在著各種司法權力的博弈與衡平。

在中國傳統社會中，皇權始終是國家政權的集中表現，是至高無上的專制權力。清代的君主專制更達登峰造極，從政治制度、法制體系、思想文化等方

---

〔註77〕《刑案匯覽》卷42《刑律・鬥毆・毆期親尊長》「聽從尊長毆死次尊仍遵本律」條，第2188頁。

〔註78〕顧元：《服制命案、干分嫁娶與清代衡平司法》，法律出版社2018年，第171頁。

方面面都要確立起皇帝的絕對權威，不容置喙更不得侵犯。在司法體系中，皇帝位於金字塔的塔尖之上，生殺予奪在彼一人，既是最高司法者也是最高司法監督者，甚至擁有凌駕於法律之上的權力。乾隆十六年（1751）曾有這樣一起與夾簽有關的案件可以輔助說明這一點：

> 御史范廷楷奏四川民陳昌妻趙氏因夫死絕嗣，遂謀殺夫弟之子元書、元格，嚇逼元書未成婚養媳劉氏執燈同往，手刃元書，將殺元格，劉氏熄燈扯止。部議將趙氏照謀殺卑幼律擬絞監候，援赦寬免，劉氏照謀殺夫律凌遲處死。趙氏因已無子，遂欲並殺叔子，以絕先嗣，準情比律，明犯十惡不睦之條。且劉氏童年無知，趙氏陷以極刑。若將首惡趙氏援免，劉氏凌遲處死，殊未平允。

> 得旨。御史范廷楷摺奏四川省趙氏謀殺夫弟之子陳元書一案，其所援引議論，雖覺支繞，但其案情若果如所奏，則刑部定擬實屬拘例而不順情，舛謬之極矣，著刑部堂官明白回奏。尋奏，趙氏係期親尊屬故殺卑幼，並非十惡，與援赦例相符。劉氏年已十六，非無知識，雖不造意，實屬同行。況欲殺夫弟，則知熄燈扯止，致死伊夫，則竟持燈立視，情難曲宥。刑部執法定案，不敢移律就情。雖該督聲明情節，仍不夾簽。

> 得旨。趙氏謀殺夫弟之子陳元書一案刑部明白回奏之處，輾轉辭費，終歸迴護，究不出於前旨拘例而不順情之語。既有尚未成婚情節，即當據此聲明夾簽矣。此案御史范廷楷所奏為是。初不因御史先入之言，稍有成見也。劉氏童年愚稚，尚未成婚，遽處以極刑，情屬可憫。然部中指其知救夫弟而不救夫，則朕亦不能法外貸其死矣，著改為立斬。趙氏情實恨毒，著依本律，不准援免。〔註79〕

該案件中趙氏著實歹毒，竟因夫死絕嗣而將夫弟之子謀殺致死，卻因服制法律規定下謀殺卑幼律擬絞監候，甚至可援赦寬免。而被殺陳元書之未成婚養媳劉氏卻因執燈同往，即照謀殺夫律凌遲處死。在皇帝和御史范廷楷看來首惡援免，從犯凌遲，實係拘例而不順情，恐怕在大部分民眾的眼中都會覺得殊未平允。但刑部認為這正是嚴格執法定案，堅持不予夾簽。此時情與法之間、不同的情理之間出現了矛盾衝突。最終皇帝運用了他的權力，將劉氏改為立斬，而趙氏不准援免來了結此案。這個案件充分說明了「皇帝的絕對司

---

〔註79〕《大清高宗純皇帝實錄》乾隆十六年三月上。

法權力體現著專制制度下法制的最高原則。」〔註80〕刑部的依法斷案是專制制度下的硬性要求，而傳統法律下過於重視服制名分加劇了刑法的冷酷刻板，甚至與普通的人情物理相悖，造成了情與法的疏離。在這個時候皇帝就以其最高司法者的身份施以「法外之仁」，調節和平衡了其間的法情衝突。因此依法決斷的法律體系下是可以有「唯一的例外」，這個例外只能是皇權。當然這並也不意味著皇帝就此為所欲為，事實上皇帝也不會輕易動用這樣的權力造成法治體系的混亂，這在某種程度上來說是特殊情形下從法律體系之外對帝國司法體系的補充修葺。

　　嘉慶年間皇帝曾就服制情輕夾簽之案、劫盜之案交於九卿會議之時，朝堂臣工流於形式、隨同畫稿，以致有名無實，下旨訓飭：

> 　　十二年諭。大學士會同刑部議奏服制及盜劫案件，勅交大學士九卿會議者，酌擬核實辦理一折。向來案關服制罪干斬決人犯，情可矜憫者，俱援例雙請。嗣於乾隆年間，經刑部奏請遇有服制情輕之犯，令該督撫按律定議，法司核覆亦照本條科罪，惟將所犯情節實可矜憫者，夾簽聲明。有奉特旨改為監候者，有勅交九卿議奏者。其劫盜重案，則自康熙、雍正年間，節經奉旨令大學士會同法司，將法無可貸、情有可原分別詳議。仰維我聖祖世宗皇考立法之初，原以明慎用刑，凡稍有一線可原者，必周諮博採，詳審折衷，誠恐該督撫等於定案時或有畸輕畸重，未協情法之平。是以集思廣益，不厭詳推，迄今遵循已久，自應仍照舊章。若謂會議時視為具文，竟致有名無實，輒改歸刑部徑行核覆，不復勅令酌商，恐外議又將以刑部之權為過重矣。嗣後服制劫盜案件，發交大學士九卿會議者，仍著循照舊例，務須虛衷商確，斟酌至當。如有意見不同者，不妨彼此簽商，定議具奏。若於會議時既隨同畫稿，旋又退有後言，則是依違遷就，一經參奏必當加以懲處。〔註81〕

皇帝訓誡的表面原因是列位臣工九卿會議時的潦草敷衍、依違遷就，根本原因是忌憚於這種司法上的廢弛，會導致刑部權力失去制衡而一家獨大，造成司法權力的旁落和對皇權專制的威脅。可見，儘管刑部在清代的司法體系中處於中樞核心地位，但皇帝還是會以三法司核議、九卿會議等形式來形成權

---

〔註80〕鄭秦：《清代司法審判制度研究》，湖南教育出版社 1988 年，第 13 頁。
〔註81〕（嘉慶朝）《欽定大清會典事例》卷 653《刑律・斷獄・有司決囚等第》。

力的制衡。

　　按清制「凡刑至死者，則會三法司以定讞」，因此刑事命案都要經「三法司核擬具奏」，再呈報給皇帝決斷。清代的三法司包括刑部、大理寺和都察院，順治年間曾任大理寺卿的魏琯認為「持天下之事者（刑）部也，執法糾正者（都察）院也，辦理冤枉者大理（寺）也」，〔註82〕指出刑部審判、都察院監察、大理寺核覆的關係。「三法司核擬」的具體經過一般是由刑部擬定出讞語意見，「送都察院參核」，都察院參核無異再轉送大理寺審核。三法司在司法審判事務中，以刑部為首，故有「部權特重」之謂，但由於有大理寺和都察院的掣肘，使刑部不能專擅其職，這也是加強皇權，使最高司法審判權操縱在皇帝手中的制度性措施。尤其是在清代康雍乾時期，「三法司核擬」或會審的作用仍不可低估。〔註83〕據《清實錄》所載就曾有乾隆十六年（1751）院寺因服制案件夾簽不予送核，上告皇帝，指責刑部獨斷的記載：

　　　　本年五月初七日，刑部四川司送到石應選毆死小功服叔一案，內有救母情節夾簽字樣，並不將夾簽送核。又江西司送到馬鎔毆傷胞叔身死案內，有誤傷情節，將夾簽送核，事同辦異諮詢。刑部覆稱去年議覆御史王荃奏稱嗣後督撫題奏案件，有關服制一應罪名，臣部會同三法司照律核擬，其情可矜疑者，臣部於出本時照例加簽，恭候欽定。其江西司送往會核，係書吏錯誤等因。

　　　　臣思院、寺、刑部並稱法司，謂刑部得以獨斷，則刑部為專權，院、寺為曠職矣。且刑分生死，向令院、寺察核，恐有書吏舞文之弊。如果無庸，此為更易舊章，自應奏明請旨。今查部臣議覆王荃原奏並無此字樣，乃借出本為名，改易成憲，合無仰懇。訓飭刑部，嗣後仍照定例，將夾簽移送院、寺，公同核擬。

　　　　得旨。所奏請院、寺會核，自屬集思廣益，著照所請行，至於深文吹求，謂該部為專權，此不過憤於不會核，而遊詞以加之罪耳。言官惟應據事直陳，不宜簧鼓相攻。〔註84〕

刑部以乾隆十五年（1750）御史王荃奏請將「服制矜疑」之案盡皆夾簽聲請遭到駁議為由，在送都察院、大理寺核擬時不送呈夾簽，實際上是將夾簽權力盡

---

〔註82〕《清朝文獻通考》卷77。
〔註83〕張晉藩：《中國司法制度史》，人民法院出版社2004年，第397頁。
〔註84〕《大清高宗純皇帝實錄》乾隆十六年閏五月上。

歸刑部，引起了都察院與大理寺的不滿。乾隆皇帝一方面訓飭刑部，要求將夾簽一併送核，另一方面對刑部專權的指控不以為然。因為之前都察院與刑部曾因在核擬重案時屢有兩議，以致乾隆帝以部院各持意見，竟成兩衙門相角，曾降旨訓諭，所以在此事的處理上採取了息事寧人的態度。這樣處理的結果是三法司核擬又往往以兩議為諱，乾隆十八年（1753）又不得不下旨「嗣後三法司核擬重案，如有一二人意見不能相同者，原可兩議具題，但不得合部合院各成一稿。朕欽恤庶獄，不厭博諮，諸臣亦當悉祛成見，勵乃靖共，將此通行曉諭知之。」〔註85〕藉此，我們瞭解到了夾簽在三法司核擬過程中的流程，也看到了圍繞夾簽制度院部之間權力的角力。

# 第三節　牴牾中存在的夾簽制度

## 一、夾簽制度的內在張力

如前所述，夾簽制度作為清代司法中的一種衡平機制，其實際作用就是在維護服制法律規範的前提下，為具體的特殊案件的處理提供一個可資參商的緩衝空間，在一定程度上彌補法律過於嚴苛所造成的情理缺失。它的出發點是為了維護服制法律和綱常倫理，但從它的出現就已經與其立法初衷埋下了潛在的衝突隱患，正如有學者所指出的「『夾簽』所代表的情理價值本身就與社會基本倫理相牴牾，因此，它『天生』不具備發展擴大的基礎條件。」〔註86〕因此，它注定只能作為帝國法治的注腳之一。根據封建倫理道德「親親尊尊」，長幼有序，尊長對卑幼擁有絕對的權力，卑幼必須無條件服從於尊長，不得對尊長的意志有任何形式的違背和忤逆。具體表現在服制法律中，便是尊長與卑幼明顯處於不對等的法律地位，以尊犯卑，處罰很輕甚至免除處罰；而以卑犯尊，不論尊長本身是否有錯，犯罪人必須被施以重懲。在此前提下，夾簽制度的出現卻在為以卑犯尊這類絕對「大逆不道」的犯罪行為考量其「可憫」的情節，卑幼犯罪的主客觀因素乃至於尊長自身是否具有責任都可以在其考慮範圍內，卑幼加重處罰的司法處置亦不再簡單絕對，這在一定程度上與時人看來最為根本的儒家綱常倫紀是有衝突的。

---

〔註85〕《大清高宗純皇帝實錄》乾隆十八年五月下。
〔註86〕姚暘：《論清代刑案審理中的「夾簽」制度》，載《天津社會科學》2009年第5期，第137頁。

　　《刑案匯覽》中就曾收錄過道光二年（1822）譚正紀等捉姦毆傷小功服叔譚綜第身死一案。此案譚正紀因小功服叔譚綜第與伊妻鄧氏通姦，邀允伊兄譚正倫、堂兄譚正剛幫捉。三人各帶木棍打開房門，譚綜第欲逃，譚正紀等各用木棍將其毆傷，譚綜第辱罵，譚正紀又毆譚綜第傷重殞命。該省將譚正紀依毆死小功尊屬律擬斬，聲明並非無故逞兇干犯，譚正倫、譚正剛照毆傷小功尊屬本律上量減一等，分別擬以徒杖等具題。而刑部對該督撫所題予以駁回，理由是譚綜第被毆斃命，係本夫譚正紀後下手傷重致死，其譚正倫、譚正剛二犯係本夫親屬，例許捉姦，該省將該犯等照尋常毆傷小功尊屬律上量減定擬，係屬錯誤，應將譚正倫、譚正剛均改依本夫有服親屬捉姦，殺死犯姦尊長之案，止毆傷者勿論例勿論。〔註87〕此案被錄入成案，在一定程度上反映出督撫與刑部的意見發生分歧，督撫認為卑幼毆尊長之罪不可不罰，即使緣於捉姦也只能減等一級予以處罰；而在刑部看來尊長通姦之罪是要大於卑幼毆傷尊長之罪的。清人薛允升在《讀例存疑》批註殺死姦夫門下夾簽條例時就認為「尊長內亂科以姦罪可也，而以之寬卑幼之罪，似非情理。」他認為因尊長犯姦為由，就寬宥了卑幼犯尊的大罪是不合適的，這是「執法者衹知犯姦者之為瀆倫傷化，而反昧卻行兇者之為。以卑犯尊，重於捉姦，而輕於干犯，此例行而大義泯然矣。」〔註88〕在薛氏看來這是本末倒置，有違社會大義的，這種認識在某種程度上已經體現出了夾簽制度的內在張力。

　　因此，有清一代中對夾簽條例的制定和使用都是非常謹慎的，一定要將其控制在可允許的方寸範疇之內，藉此將這樣的潛在矛盾消弭於無形之中。例如，立法時在允許夾簽的可矜情形中設立了非常繁複和具體的限制條件。如殺死姦夫門下條例 6「姦夫自殺其夫」，要同時滿足「姦婦不知情」「當時喊救」「事後即行首告指拿到官」「尚有不忍致死其夫之心」者才能予以夾簽。條例10 和條例 13「有服尊長強姦卑幼之婦未成」，被本夫本婦、本夫本婦有服親屬致斃，則必須滿足「登時」「忿激至斃」的成立條件。至於條例 16「致死期功尊長尊屬」更是非常具體，只有在同時滿足以下情形中的一種或幾種時才能准允夾簽：「與他人鬥毆誤傷致斃」「或被尊長揪扭，刀械交加，身受多傷，無處躲避，實係徒手抵格，適傷致斃」「死者罪犯應死及淫惡滅倫」「並救親情切各

〔註87〕《刑案匯覽》卷 24《刑律・人命・殺死姦夫》「捉姦毆死功尊幫毆之親勿論」條，第 1336 頁。
〔註88〕（清）薛允升：《讀例存疑》卷 32《刑律・人命・殺死姦夫》。

項情節」等等，而「其餘持械抵格，情同互鬥，概從本律，問擬斬決，不得以被毆抵格、奪刀自戳等詞，曲為開脫。」意圖以立法中極為苛刻的成立條件來達到限制夾簽的目的。

條例中已極盡法網密細之能，同樣在司法中也在強調嚴格地對具體案件情形予以甄別區分，只有在滿足非常嚴苛的特定情形下才能予以夾簽，甚至在必要的時候不惜犧牲夾簽中的小「情理」來順應社會環境下更重要的「大義」。乾隆二十八年（1763）有山西民人鄭凌黑夜放槍捕賊，適伊母在房靠窗窺瞰，以致誤傷身死一案，該省將鄭凌擬以凌遲。刑部核覆具題，因係黑夜之中思慮不及，情法尚屬兩歧，駁令複審。最終欽奉聖諭：「以過失殺人，在平人固無可議，若子孫之於祖父，即使實出無心，亦何心偷生，靦顏自立於人世。但究係犯時不知，自當免其凌遲，定以繯首。」最終將鄭凌擬以絞決，並著為定例，頒行在案。嘉慶年間，刑部在修纂條例時還對此作出解釋：「竊以彈射禽獸、投擲磚瓦二項，本係可以殺傷人之物，又出自其人之手，其事究能自主。如在平人尚可以其不期而殺，原情寬貸，若因而戕及祖父母、父母，即使出於無心，而子若孫者，亦復何顏偷生視息。」〔註89〕因此，對此案的處理皇帝與刑部的意見自始至終都是一致的，倫常倫理是最大的社會公義，子孫過失致死父母祖父母，無論是從人倫還是法律角度都屬罪無可赦，不能因無心過失就罪無所抵，全其屍身就已經是最大的恩典了。

再如，同治七年（1868）管理刑部事務官員官文提交了關於駁回陝撫諮報陝西藍田縣民人王四保格傷大功服兄王潰保兒身死一案的題本，該案陝撫將王四保依律擬斬立決並聲敘無心干犯聲請夾簽，結果遭到了刑部駁回，要求務得確情核實妥擬具題。現將該題本貼黃抄錄如下：

> 文華殿大學士管理刑部事務臣官文等謹題為委審事。該臣等看
> 的藍田縣民人王四保格傷大功服兄王潰保兒身死一案。據前任陝西
> 巡撫喬松年疏稱，緣王四保藉隸該縣務農度日，與已死分居共祖大
> 功服兄王潰保兒素睦無嫌。同治五年十一月間撚匪竄入縣境，王四
> 保將男女衣服同王潰保兒衣服各自包裹，一併藏放王潰保兒家窖內，
> 分挈眷口逃避。六年正月半間，王四保同王潰保兒回家查看，見窖
> 口被撚匪挖開，將兩家衣服抖散，並將好衣揀去，其餘仍留窖內，

---

〔註89〕《大清律例根原》卷79《刑律‧人命‧戲殺誤殺過失殺傷人》，郭成偉編，國家清史編纂委員會文獻叢刊，上海辭書出版社2012年版，第1275頁。

內有王四保之妻紅布夾襖一件。王潰保兒認作伊物，同餘剩衣服一併攜去。維時王四保因妻逃難未回，記認不清未敢爭論。至二十六日上午，王四保之妻歸回，王四保問明裏面顏色，實是伊妻之衣，當往討要。王潰保兒不給，互相口角。王四保負氣走回，適其族叔王應元在伊家閒坐。王四保向其嚷訴王潰保兒瞞昧衣服情由，因聲音過高，被王潰保兒隔牆聽聞，攜帶木棒趕至王四保家內斥罵王四保誣賴。王四保未及分辨，王潰保兒即舉棒撲毆。王四保用右手架格，致被毆傷右手腕，王四保往後退避，王潰保兒趕攏復用木棒毆傷王四保偏右，王四保身已靠牆無處再避，一時情急順取傍牆團練所用鐵頭矛杆抵格一下，適傷王潰保兒左大眼角相連鼻樑，左仰跌倒地。王應元連忙喝阻，將王潰保兒扶送回家，經王潰保兒胞兄王金潰詢明情由，醫治罔效，延至二十七日晚，王潰保兒因傷殞命。報驗訊詳，委審擬解覆鞫據供不諱，詰非有心干犯。王四保合依卑幼毆本宗大功兄死者斬律，擬斬立決，照例刺字，聲明並非有心干犯等因具題前來。查致斃期功尊長案如係徒手抵格及雖非徒手確係將尊長所持之械格回，適傷尊長殞命，方可照情輕之例准予夾簽聲請。若供係抵格適傷，而覈其斃命之由並非死於格回之械，實由卑幼用械將其致斃，即屬逞兇互鬥，自應按律問擬斬決，不得概援無心干犯之例率行聲請，致滋輕縱。

此案王四保與大功堂兄王潰保兒因被賊竄擾，將衣服共藏窖內。賊退後王潰保兒將該犯之妻夾襖一件認作己物攜去。該犯索討不給口角。王潰保兒用棒毆傷該犯右手腕，該犯退避。王潰保兒復毆傷其偏右，該犯身已靠牆，無可再避，順用鐵頭矛杆抵格適傷王潰保兒左大眼角連鼻樑左，越日殞命。該前巡撫將王四保依卑幼毆本宗大功兄死者斬律擬斬立決，聲明該犯被毆，情急抵格一傷適斃，並非有心干犯，照例聲請，聽候部議等因。臣等查核該犯王四保先被大功服兄王潰保兒用木棒毆傷右手腕退避，復被王潰保兒毆傷偏右，斯時該犯雖已靠牆無可再避，惟伊兄所持木棒，究非金刃可比，如果該犯無逞兇干犯之心，自無難用手搪奪，何必遂取鐵矛相向，即謂因被毆情急，實係意圖抵格，亦當用矛杆將木棒格開，何至轉用矛頭向其抵戳，係因被兄毆傷逞忿，將其致斃。檢查屍格，死者所

受刃傷重至骨損，跡其下手情形難保無逞兇互鬥情事。承審之員於此等服制重案並不嚴究確情，率據趨避供詞，謂為無心干犯，殊涉開脫。案情既未確鑒，罪關立決夾簽，臣部未便率覆，應令該撫再行提犯嚴鞫，務得確情按律核實妥擬具題到日再議。臣等未敢擅便謹題請旨。〔註90〕

真可謂一件衣服引發的血案。從題本中可以得知此案中王四保與大功服兄王潰寶兒兩家相鄰而居，因捻軍起義戰亂而共藏衣物，平日應該的確沒有什麼嫌隙。對這一件衣服的歸屬，王四保初未敢爭論，後上門索要即使口角也未有爭鬥，回家後向其族叔嘆訴，結果被隔壁王潰寶兒聽聞趕來攜棒相毆，抵格中適傷致斃。在該撫看來案件起因只是偶然事件，王四保亦屬被毆抵格，僅回擋了一下便致死大功服兄，詰非有心干犯，故聲請夾簽。而刑部則堅持認為此類毆死期功尊長之案必須嚴格遵照條例規定，必須滿足「徒手抵格」或「雖非徒手，尊長確係死於格回之械」方可照情輕之例准予夾簽，否則一概按照與尊長逞兇互鬥加重處罰。該題本批紅「部駁甚是依議」。而最終此案以同治八年（1869）署理陝西巡撫劉典上奏《題為審理部駁藍田縣民王四保情急傷斃服兄王貴（潰）保兒案遵駁擬斬因已在監病故毋庸議請旨事》〔註91〕而告終。因為一件衣物，終致使兩家人命皆非善終，反目為仇，頗為唏噓。這樣的例子在清代「不得夾簽」的駁案之中並不罕見，在法司看來所堅持的既是夾簽條例中嚴格的法律規定，更是綱常倫理的社會大義。

即便夾簽的性質決定了它只能也必須是適用對象非常有限的特殊制度，實際上從它誕生開始，在司法實踐中就始終有著擴大化的內在趨向，這既與封建國家體制下的人治統治密切相關，實際上也是夾簽制度內在張力的釋放。夾簽的立法本意是作為嚴苛法律體系中的衡平機制和制度補充，是為達「情法允協」之境的技術手段。然而，「不同的司法觀念、不同的情理價值乃至於不同的政治立場都因人因案而異，反而使得司法者於輕重之間難以取捨，對罪刑標

---

〔註90〕《為陝西藍田縣民人王四保格傷大功服兄王潰保兒身死一案陝撫將王四保依律擬斬立決並夾簽聲敘無心干犯部駁務得確情核實妥擬具題事》，同治七年六月二十五日，北京：中國第一歷史檔案館藏清代內閣刑科題本，檔號：02-01-02-2825-007。

〔註91〕《題為審理部駁藍田縣民王四保情急傷斃服兄王貴保兒案遵駁擬斬因已在監病故毋庸議請旨事》，同治八年八月十六日，北京：中國第一歷史檔案館藏清代內閣刑科題本，檔案號：02-02-01-12671-018。

準莫衷一是，這樣不斷搖擺的態度，恰恰成為律例規定與司法實踐『畸輕畸重』的直接誘因，原有的『情法』關係也因而遭到破壞。」〔註92〕夾簽制度的出現是以嚴苛的清代服制法律為前提的，它的原意是要維護服制法律的嚴格執行，而它的實施尤其是其在司法中擴大化的趨勢，實際上是以特例的方式一次次地打破了服制法律的原則，事實上從內部對服制法律起到瞭解構作用。比起探究事實真相、實現司法正義，司法者更關心的是德昭公序良俗，維護社會秩序。對於司法者而言，維護禮法倫常是「情理」亦是「法律」，而執法原情，慎重民命則同樣是「法」「情」的雙重要求，因此兩者之間如何衡平，恐怕的確仁者見仁智者見智。所以，這也是為何帝國最高統治者一方面要不斷的修撰夾簽條例，一方面又要三令五申的嚴禁濫用夾簽的重要原因。

如前所述，嘉慶年間制定的夾簽條例11是因案生例，根據嘉慶五年（1800）直隸總督審題王仲貴聽從伊父王尚才主使毆傷胞兄王仲香身死一案，規定了期親弟妹毆死兄姊罪關斬立決之案，如死者同時滿足「淫惡滅倫」「復毆詈父母」「經父母喝令毆斃者」三者條件，法司核擬時照王仲貴之案，可以隨本改擬杖一百、流三千里，也就是可以直接申請減罪二等。此外其他的「毆斃罪犯應死兄姊，與王仲貴案內情節未符者，仍照毆死尊長情輕之例，照律擬罪，夾簽聲明，不得濫引此例。」〔註93〕此條例的制定，是將毆死罪犯應死期親兄姊的「可矜」案件，又區分出了直接申請減罪二等和刑部夾簽聲請（一般會減罪一等改為斬候）的兩個減罪等級，表面看來法條更加詳備。然而，「法欲密而轉疏，義求明而反晦」，〔註94〕在司法實際中卻帶來了更多的問題。我們在《刑案匯覽》系列中就見到了所收錄的多起「援引王仲貴之案」被駁回的案件，例如：

嘉慶二十二年（1817）晉撫題因胞兄張進申偷竊伊母衣服，並屢向頂撞。後欲硬取伊母養贍糧食變賣，伊母不允將其推跌擦傷。復強姦胞兄之妻已成，淫惡蔑倫，嗣張進高聽從母命活埋胞兄張進申身死。其實從案情來看已經滿足了王仲貴案情中的「淫惡滅倫」「復毆詈父母」「經父母喝令毆斃者」三個條件，但刑部依然駁回了「請援照王仲貴之案一律改流」的申請，理由是雖

---

〔註92〕姚暘：《論清代刑案審理中的「夾簽」制度》，載《天津社會科學》2009年第5期，第137頁。

〔註93〕張榮錚、劉勇強、金懋初點校：《大清律例》，天津古籍出版社1993年版，毆期親尊長條例1235，第494頁。

〔註94〕（清）薛允升：《讀例存疑·序言》。

然案情與王仲貴之案相符。但王仲貴之案係聽從父命毆死胞兄，屬毆殺本律止於斬決，故得改為杖流。今張進高係聽從母命活埋胞兄，係謀殺律應凌遲處死，較之毆死者為重。因此不能按照王仲貴之案隨本減流辦理，只可照例夾簽聲請。〔註95〕

又嘉慶二十四年（1819）湖廣司題胡達係胡明胞弟，伊母李氏因胡明屢次為匪，復被推跌，意欲毆打出氣，冀其改悔，令胡達相幫摁按。胡明出言混罵，李氏忿極，順取菜刀將胡明疊砍致斃。該撫援引王仲貴之案隨本聲請減流，被刑部駁回。刑部認為雖然胡明屢次為匪，雖推跌其母，罪犯應死，但並無淫惡蔑倫情事，與王仲貴之案不符，而與例載毆斃罪犯應死，兄姊仍照毆死尊長情輕夾簽之語符合，因此駁令擬斬，夾簽聲請。〔註96〕

道光三年（1823）還有廣東撫題陳順盛誤傷胞兄陳順振身死一案。此案陳順盛因胞兄陳順振向伊母聶氏爭曬茶子未允，陳順振出言頂撞，並將伊母所曬茶子踩踏，伊母氣忿，拾杴向毆。陳順振奪杴頂住伊母胸前，伊母喊救，陳順盛聞聲趨救，喝不放手，伊母愈加叫喊，陳順盛情急用手拉杴，致杴柄退後，誤傷陳順振腎囊殞命。該撫聲明陳順盛情切救母，無毆兄之心且並無毆兄形狀，其拉杴退後誤傷胞兄斃命，實出意料之外，援引汪應鳳、王仲貴免死減流之案，候部請旨定奪等因。刑部核覆查汪應鳳之案係奉旨特加恩宥，並未纂入例冊，未便援引。而此案伊兄究無淫惡蔑倫情事，又非伊母喝令毆打，核與王仲貴之案情節未符，斷無期服尊長遂可以救親情切聲請減流之理。惟是死者罪犯應死，該犯因救母誤傷，其情固不無可原，衡情成讞，自應依情可矜憫例夾簽聲請為允。〔註97〕

雖然這三起案件法司最終都是以「與王仲貴之案情節未符」為由予以了駁回，不得直接減流而改為夾簽聲請，但在某種程度上反映出了一些問題。一方面，條例規定並非不明晰，但仍有多起案件地方督撫意圖援引此例繞過刑部夾簽，達到減輕更多刑罰的目的。或許這是出於司法者個人「情罪允協」的考慮，認為僅夾簽不足以原其可矜之情，或許是在救生不救死的慣例下運用職權的

〔註95〕《刑案匯覽》卷43《刑律・鬥毆・毆期親尊長》「聽從母命謀死淫惡蔑倫胞兄」條，第2211頁。

〔註96〕《刑案匯覽》卷42《刑律・鬥毆・毆期親尊長》「幫按胞兄並不知母臨時故殺」條，第2185頁。

〔註97〕《刑案匯覽》卷43《刑律・鬥毆・毆期親尊長》「救母誤斃毆母之兄止准夾簽」條，第2203頁。

斡旋。不管出於何種原因，該條例的制定看起來都為爭取「法外之仁」提供了更多機會；或者換個角度來說，服制法律可能會因此而受到更多的衝擊。另一方面，這也能反映出由於條例愈密給司法體系帶來的困擾和無意義的司法損耗。原本服制案件中的夾簽案件數量就不多，能夠同時滿足條例規定的三個限定條件的更是鳳毛麟角，可以肯定此類被駁回的案件一定數量遠大於允許直接減流的案件，正如道光三年（1823）所載「誠以服制攸關，未便輕議末減，必實係情可矜憫者，始得夾簽聲請。又必實係死者淫惡蔑倫，復毆詈父母，經父母喝令毆斃此等三項兼全之案，與王仲貴之案情節相符者，始得改擬杖流。故例內復聲明與王仲貴案內情節未符者，不得濫引此例等語，界限分明，不容牽混。歷來胞兄罪犯應死，其弟將其毆傷致斃，並非有心干犯之案，均係由斬決夾簽改為斬候，每年秋審內似此案件正復不少。」〔註98〕這一規定不僅對司法集權收效甚微，反倒帶來了更多額外的司法負擔。

## 二、夾簽制度的實際效果

對於制定法的運作，日本學者寺田浩明曾提出：「與所謂『沒有實效』或『不起作用』的看法相比，對『有實效』或『發揮作用』的觀點更有必要問一個究竟『有什麼樣的實效』或『發揮什麼樣的作用』的問題。」〔註99〕因此，對夾簽制度也要從司法和社會層面考慮其實際效果。

首先，夾簽出現在清代刑事案件從地方到中央審轉覆核制度的過程中，從「兩請」到「夾簽」，題請「法外之仁」的主體由督撫一級提高到了刑部、內閣等中央級別，表現出中央對地方官員司法權的嚴格限制，要求地方官員只能嚴格地按照律法裁斷。然而，這樣的制度設計是否真的能夠保證地方司法的「依法裁斷」，避免其在司法過程中上下其手了呢？答案顯然不是確定的。

逐級審轉覆核制作為刑事審判的一項基本程序，是按照司法要求自動審轉，是官府上下級間的例行公事。清代以這樣層級明確、規定詳備的「逐級審轉覆核制」來實現對司法權力的規範與監督，金字塔層級式的帝國司法體制下最終以皇權決斷為最高標準。在這種「對上不對下」的司法體系下，下一級法

---

〔註98〕《刑案匯覽》卷 43《刑律·鬥毆·毆期親尊長》「救母誤斃毆母之兄止准夾簽」條，第 2203 頁。

〔註99〕（日）寺田浩明：《日本的清代司法制度研究和對「法」的理解》，王亞新譯，載（日）滋賀秀三等《明清時期的民事審判與民間契約》，北京：法律出版社1998 年版，第 114 頁。

司在案件申報時最重要的是論證其審斷的合法合理性，規避司法駁議、獲得上級首可，而案件當事人的訴求並不重要。同時「刑事案件的逐級向上申報，構成了上一級審判的基礎」，〔註100〕也就是地方官員掌控案件處理的事實認定環節，那麼為了自證清明、避免上司詰問，刑名幕吏們裁剪事實、「移情就案」的手段也就可想而知。對此，我們可以通過許多刑部駁案可見一斑，甚至在刑科題本中也可以見到這種技術性的操作。〔註101〕

筆者在中國第一歷史檔案館查閱到了光緒年間因一起救母扎死胞兄案件從地方督撫奏報聲請夾簽，到刑部核覆後最終准予夾簽的兩則題本，能夠比較完整的反映出一起夾簽服制命案是如何由地方審轉至中央刑部的過程，特摘錄如下：

**山東巡撫題本：題報萊蕪縣民韓皆書因救母情切扎傷胞兄韓潤書身死擬斬立決事　光緒十三年四月初三日　山東巡撫張曜**

封面：三法司核擬具奏

正文：

頭品頂戴兼兵部尚書衛督察院右副都御史巡撫山東等處地方提督衛兼理監政　臣　張曜謹題為駁審事。據按察使覺羅成允呈查接管卷內，據濟南府知府梅啟熙會督候補知府劉嘉幹、候補知縣吳邦治招開案，經前署司以該府等審解萊蕪縣案犯韓皆書因救母情切扎傷胞兄韓潤書身死一案。因恐案情乃未確切駁飭研訊等因，先查原招內開，光緒十一年五月十八日據孀婦韓李氏呈稱本月十七日晚伊次子韓潤書偷割伊養老地內麥禾，被伊查知不依，用刀扎傷韓潤書右胳膊，韓潤書奪刀撩棄，將伊推跌騎壓搯住咽喉，經伊四子韓皆書聽見救護，拾刀扎傷韓潤書右後肋身死，合將韓皆書帶案投首，呈請驗訊等情，並據地保朱玉祥稟同前由各到縣，據此當經該縣丁兆德帶領刑仵押犯親詣如法相驗。據仵作藺思棟驗報，已死韓潤書，問年四十一歲，仰面不致命右胳膊刃傷一處，斜長五分闊三分，深抵骨骨不損，合面不致命右後肋刃傷一處，斜長五份闊

〔註100〕鄭秦：《清代司法審判制度研究》，湖南教育出版社1988年版，第153頁。

〔註101〕已有學者對此做了相關的研究，參見中國第一歷史檔案館：《刑部主事余繼生勾結書吏裁改題本案》，《歷史檔案》1994年第3期。徐忠明《臺前與幕後：解讀一起清代命案的真相》，《明鏡高懸：中國法律文化的多維觀照》廣西師範大學出版社2014年版等。

三分，深由骨縫透內、骨不損，以上各傷均皮卷血污，餘無別故，委係因傷身死報畢。丁兆德親驗無異飭，取兇器小刀，比傷相符，填格取結。又醫訊據地保朱玉祥供與稟詞，同據鄰證韓元隆、楊彥同供，韓皆書的二哥子韓潤書向不務正，把分得家產蕩盡，他母親韓李氏屢次管教沒改，小的們是知道的。光緒十一年五月十七日晚，韓潤書怎樣偷割韓李氏養老地裏麥禾，被韓李氏查知不依，用刀扎傷韓潤書右胳膊，韓潤書奪刀撩棄，將伊推跌騎壓搯住咽喉，韓皆書拉勸不開，拾刀扎傷韓潤書倒地，小的們都先不知道，是小的楊彥聞鬧趕去勸歇，通知韓潤書的女人小韓李氏，同去查看問明情由。不料韓潤書停了一會就因傷死了，並沒別故。小的楊彥實是勸阻不及是實。據小韓李氏供，韓潤書是小的男人，合夫弟韓皆書分居各度，素睦沒嫌，男人向不務正，把分得家產蕩盡，婆母韓李氏屢次管教沒改。光緒十一年五月十七日晚，小的赴母家探望沒回，男人怎樣偷割婆母養老地裏麥禾，被婆母查知不依用刀扎傷男人右胳膊，男人奪刀撩棄，把婆母推跌騎壓搯住咽喉，韓皆書拉勸不開，拾刀扎傷男人倒地，小的先不知道，是楊彥通知小的趕回，同向問明情由，不料男人停了一會就因傷死了，並沒別故是實。據韓李氏供，年六十一歲，男人已故，四個兒子，大兒韓琴書，從小出繼，三兒韓韻書早故，四兒韓皆書合二兒韓潤書分局各度，素睦沒嫌。二兒向不務正，把分得家產蕩盡，小的屢次管教沒改。光緒十一年五月十七日晚二兒偷割小的養老地裏麥禾，小的查知不依，二兒用言頂撞，小的生氣順拿桌上小刀扎傷二兒右胳膊，二兒奪刀撩棄，把小的推跌倒地擦傷左膝。小的翻身坐起，二兒把小的按倒騎壓身上要毆，小的喊救，二兒用手搯住小的咽喉喊不出聲，適四兒趕到拉勸，二兒堅不放手，四兒情急救護，順拾地上小道扎傷二兒右後肋鬆手倒地。是楊彥趕去勸歇通知二兒的女人，小韓李氏趕回問明情由，不料二兒停了一會就因傷死了，並沒別故是實。據韓皆書供，萊蕪縣人，年三十歲，父親已故，母親李氏年六十一歲，三個哥子，大哥琴書從小出繼，三哥韓韻書早故，韓潤書是二哥。小的女人魏氏，一個兒子，別沒親屬，合二哥分居各度，素睦沒嫌。二哥向不務正，把分得家產蕩盡，母親屢次管教沒改。光緒十一年

五月十七日晚，二哥怎樣偷割母親養老地麥禾，被母親查知不依，二哥出言頂撞，母親用小刀把二哥右胳膊扎傷，二哥就把母親推跌倒地騎壓身上，小的先不知道，是聽聞母親喊救趕去查看，見母親被搯咽喉，面紅氣塞，趕忙上前拉勸。二哥堅不放手，小的恐被搯死，一時情急順拾地上小刀嚇扎適傷二哥右後肋鬆手倒地。是楊彥趕去勸歇，通知二哥的女人小韓李氏趕回問明情由。不料二哥停了一會就因傷死了，並非有心干犯，也沒起鬥別故合在場幫毆的人。兇器小刀已經起□是實。各等供據此詳批飭審覆驗聲，李氏傷已平覆鞫擬議解，經泰安府知府全志訊因犯供翻異，並據犯母韓李氏以情急直陳等情隨招控府將犯發回，飭據該縣差傳韓李氏訊名委因圖減子罪所致，並無別故取結。審照原擬由府解，經前司因恐案情未確，委經該府訊因犯供游移，稟取犯母韓李氏供詞申司發府審擬解勘在案。檄飭前因，隨即會督提犯研鞫，據韓皆書供，萊蕪縣人，年三十一歲，父親已故，母親李氏年六十二歲，三個哥子，大哥韓琴書從小出繼，三哥韓韻書早故，韓潤書是二哥。小的女人魏氏，一個兒子，別沒親屬，合二哥分居各度，素睦沒嫌。二哥向不務正，把分得家產蕩盡，母親屢次管教沒改。光緒十一年五月十七日晚，二哥怎樣偷割母親養老地麥禾，被母親查知不依，二哥出言頂撞，母親用小刀把二哥右胳膊扎傷，二哥就把母親推跌倒地騎壓身上，小的先不知道，是聽聞母親喊救趕去查看，見母親被搯咽喉，面紅氣塞，趕忙上前拉勸。二哥堅不放手，小的恐被搯死，一時情急順拾地上小刀嚇扎適傷二哥右後肋鬆手倒地。是楊彥趕去勸歇，通知二哥的女人小韓李氏趕回問明情由。不料二哥停了一會就因傷死了，並非有心干犯，也沒起鬥別故合在場幫毆的人。兇器小刀已經起□是實等供。據此該濟南府知府梅啟熙會督候補知府劉嘉幹、候補知縣吳邦治審看得萊蕪縣案犯韓皆書因救母情切扎傷胞兄韓潤書身死一案，緣韓皆書，籍隸萊蕪縣，與胞兄韓潤書分居各度，素睦沒嫌。韓潤書素不務正，將分得家產蕩盡。伊母韓李氏屢次管教沒改。光緒十一年五月十七日晚，韓潤書偷割韓李氏養老地麥禾，被韓李氏查知不依，韓潤書出言頂撞，韓李氏氣忿順拿桌上小刀扎傷韓潤書右胳膊。韓潤書奪刀撩棄，將韓李氏推跌倒地致擦傷左

膝，韓李氏翻身坐起，韓潤書將韓李氏按倒騎壓身上欲毆，韓李氏喊救，韓潤書用手搯住韓李氏咽喉。韓皆書聽聞趕至瞥見，上前拉勸，韓潤書堅不放手，韓皆書見韓李氏面紅氣塞，恐被搯死，一時情急順拾地上小道嚇扎適傷韓潤書右後肋鬆手倒地。經楊彥聞鬧趕至勸歇，通知韓潤書之妻小韓李氏趕回問明情由詎。韓潤書移時因傷殞命。報經該縣丁兆德驗訊通詳覆鞫擬議解。經泰安府知府全志訊因犯供翻異，並據犯母韓李氏以情急直陳等情隨招控府將犯發回，飭據該縣差傳聲李氏訊明委因圖減子罪所致，並無別故取結，審照原擬，由府解經前問因。恐案情未確，飭委該府訊因犯供游移，稟取犯母韓李氏供詞，申司發府審擬解。經前署司因恐案情仍未確切，駁飭研訊，隨即會督提犯鞫據供前情不諱，詰非有心干犯，亦無起鬥別故及在場幫毆之人，案無遁飾。查律載弟毆兄死者斬，又例載毆死本宗期功尊長罪干斬決之案，若係情親，將並非有心干犯情節分晰敘明，覈其所犯情節，實可衿憫者夾籤聲明恭候欽定等語。此案韓皆書因減韓潤書將母韓李氏推跌騎壓，手搯咽喉致韓李氏面紅氣塞。該犯拉勸不開，一時情急拾刀扎傷韓潤書右後肋身死。查韓潤書系該犯期親胞兄，雖自首無因可免，自應按律問擬，韓皆書合依弟毆兄死者斬律，擬斬立決。惟死先逞兇犯尊，該犯目擊親母被搯面紅氣塞，情切救護拾刀嚇扎適斃，尚非有心干犯，覈其情節實勘衿憫，應照例由法司夾籤聲明恭候欽定。楊彥訊係勸阻不及，毋庸議。韓李氏傷已平復，其府控訊係圖減子罪所致，並無別故亦毋庸議，擬合解候審轉等情到司。前署司王作孚因查扣限不符，飭據該縣扣明，由府申覆到司。前署司王作孚先已卸事，該按察使司覺羅成允審勘相同擬，合同送到宗圖解候審。題再此案應以光緒十一年五月十八報官之日起，限縣審分限一個月，扣至六月十八日限滿，該縣丁兆德依限審解。自縣至府積限三日，二十一日到府，該泰安府知府全志訊因犯供翻異，並據犯母韓李氏隨招控，府即日將犯發回研訊，該縣於七月十七日審照原擬解府。除傳限二十日，往返程限六日並無遲延。全志於二十七日依限審轉，自府至省程限四日。八月初一日到司，前司林述訓，因恐案未確，即日發委濟南府知府梅啟熙訊，因犯供游移，於初二日稟司飭取犯

母韓李氏供詞，丁兆德於十二年四月二十六日由府審送，飭發到府。除傳限二十日封印一個月，往返程限十四日，小建二日，計遲延六個月零二十八日。梅啟熙應扣委限一個月，於五月二十六日依限解司。前署司王作孚因恐案情仍未確切駁飭，梅啟熙於二十七日審照原擬解司。前署司王作孚因查扣限不符，即日飭據該縣扣明，於十二月初七日由府申覆到司。除查限十日，往返程限十四日，計遲延五個月零二十六日。前署司王作孚先已卸事，該司到任扣至十七日司限滿，所有申覆遲延半年以上及申覆延一個月以上各職名俱，係萊蕪縣知縣丁兆德相應開報等情，依限招解到，臣據報。韓皆書於十三年正月二十四日在監患病至二月二十四日醫痊。經臣親審無異。該臣看得萊蕪縣案犯韓皆書因救母情切扎傷胞兄韓潤書身死一案，緣韓皆書籍隸萊蕪縣，與胞兄韓潤書分局各府，素睦無嫌。韓潤書素不務正，將分得家產蕩盡，伊母韓李氏屢次管教未悛。光緒十一年五月十七日晚韓潤書偷割韓李氏養老地內麥禾，經韓李氏查知不依，韓潤書出言頂撞，韓李氏氣忿順拿桌上小刀扎傷韓潤書右胳膊。韓潤書奪刀撩棄，將韓李氏推跌倒地致擦傷左膝，韓李氏翻身坐起，韓潤書將韓李氏按倒騎壓身上欲毆，韓李氏喊救，韓潤書用手搯住韓李氏咽喉。韓皆書聽聞趕至，瞥見上前拉勸，韓潤書堅不放手，韓皆書見韓李氏面紅氣塞，恐被搯死，一時情急順拾地上小刀嚇扎，適傷韓潤書右後肋鬆手倒地。經楊彥聞鬧趕至勸歇，通知韓潤書之妻小韓李氏趕回問明情由。詎韓潤書移時因傷殞命。報經該縣丁兆德驗訊通詳覆鞫擬議，解經泰安府知府全志訊因犯供翻異，而犯母韓李氏因圖減子罪，即以情急直陳等情隨招。控府將犯發回飭據丁兆德審明仍招原擬由府解。經前司因恐案情未確，飭委濟南府知府梅啟熙訊，因犯供游移，稟取犯母韓李氏供詞申司發府審擬解。經前署司因恐案情仍未確切，駁飭梅啟熙審擬，由司招解提審，供認前情不諱，詰非有心干犯亦無起鬥別故及在場幫毆之人，案無遁飾。

查律載弟毆兄死者斬，又例載毆死本宗期功尊長罪干斬決之案，若係情輕，將並非有心干犯情節分晰敘明，覈其所犯情節，實可矜憫者夾簽聲明恭候欽定等語。此案韓皆書因見胞兄韓潤書將母韓李

氏推跌騎壓，手搯咽喉致韓李氏面紅氣塞。該犯拉勸不開，一時情急拾刀扎傷韓潤書身死。查韓潤書先被韓李氏用刀砍傷右胳膊，傷未損骨不致戕生，惟後被該犯砍傷右後肋透內為重，其為因此致斃無疑，應以該犯擬抵，犯雖自首無因可免，自應按律問擬，韓皆書合依弟毆兄死者斬律，擬斬立決。惟死先逞兇犯尊，該犯目擊親母被搯面紅氣塞，情切救護拾刀嚇扎適斃，尚非有心干犯，覈其情節實勘衿憫，應照例由法司夾簽聲明恭候欽定。楊彥訊係勸阻不及，毋庸議。韓李氏傷已平復，其府控訊係圖減子罪所致，並無別故亦毋庸議。除宗國送部外例合具題。再此案統限連封印犯病扣至光緒十三年三月初四日滿。臣先於二月二十五日辦理河工公出，例得扣展合併呈明，所有申覆遲延半年。以上及申覆遲延一月以上，各職名俱係萊蕪縣知縣丁兆德相應附恭候乞皇上聖鑒，飭下三法司核覆施行，謹題請旨。

貼黃：頭品頂戴兼兵部尚書銜督察院右副都御史巡撫山東等處地方提督銜兼理監政　臣　張曜謹題為駁審事。

該臣看得萊蕪縣案犯韓皆書因救母情切扎傷胞兄韓潤書身死一案，緣韓皆書與胞兄韓潤書分居無嫌。韓潤書素不務正，將分得家產蕩盡，伊母韓李氏屢次管教未悛。光緒十一年五月十七日晚韓潤書偷割韓李氏養老地內麥禾，經韓李氏查知不依，韓潤書出言頂撞，韓李氏氣忿順拿桌上小刀扎傷韓潤書右胳膊。韓潤書奪刀撩棄，將韓李氏推跌倒地致擦傷左膝，韓李氏翻身坐起，韓潤書將韓李氏按倒騎壓身上欲毆，韓李氏喊救，韓潤書用手搯住韓李氏咽喉。韓皆書聽聞趕至，瞥見上前拉勸，韓潤書堅不放手，韓皆書見韓李氏面紅氣塞，恐被搯死，一時情急順拾地上小刀嚇扎，適傷韓潤書右後肋鬆手倒地。詎韓潤書移時因傷殞命，報驗審供不諱。韓皆書依弟毆兄死者斬律，擬斬立決。惟死先逞兇犯尊，該犯目擊親母被搯面紅氣塞，情切救護拾刀嚇扎適斃，尚非有心干犯，覈其情節實勘衿憫，應照例由法司夾簽聲明恭候欽定，謹題請旨。〔註102〕

〔註102〕《題報萊蕪縣民韓皆書因救母情切扎傷胞兄韓潤書身死擬斬立決事》，光緒十三年四月初三日，中國第一歷史檔案館藏清代內閣刑科題本，檔案號：02-01-07-4144-007。

**刑部題本：題為山東萊蕪縣民韓皆書因救母情切扎傷胞兄韓洞書身死議准斬立決事　光緒十三年十一月二十八日　刑部尚書 麟書**

封面：題

朱批：韓皆書改為應斬著監候秋後處決，餘依議。

正文：

刑部等衙門尚書　臣　宗室麟書等謹題為駁審事，刑科抄出。山東巡撫張曜題前事內開據按察使覺羅成允呈據濟南府知府梅啟熙會督候補知府劉嘉幹、候補知縣吳邦治招開審，看得萊蕪縣案犯韓皆書因救母情切扎傷胞兄韓潤書身死一案。將韓皆書依律擬斬立決等情由，府司核轉招解到臣。該臣看得萊蕪縣案犯韓皆書因救母情切扎傷胞兄韓潤書身死一案，緣韓皆書籍隸萊蕪縣，與胞兄韓潤書分居各度，素睦無嫌。韓潤書素不務正，將分得家產蕩盡。伊母韓李氏屢次管教未悛。光緒十一年五月十七日晚韓潤書偷割韓李氏養老地內麥禾，經韓李氏查知不依，韓潤書出言頂撞，韓李氏氣忿順拿桌上小刀扎傷韓潤書右胳膊。韓潤書奪刀撩棄，將韓李氏推跌倒地致擦傷左膝，韓李氏翻身坐起，韓潤書將韓李氏按倒騎壓身上欲毆，韓李氏喊救，韓潤書用手搯住韓李氏咽喉。韓皆書聽聞趕至，瞥見上前拉勸，韓潤書堅不放手，韓皆書見韓李氏面紅氣塞，恐被搯死，一時情急順拾地上小刀嚇扎，適傷韓潤書右後肋鬆手倒地。經楊彥聞鬧趕至勸歇，通知韓潤書之妻小韓李氏趕回問明情由。詎韓潤書移時因傷殞命，報驗訊詳。犯母韓李氏因圖減子罪，即以情急直陳等情。控府提審供認前情不諱，韓皆書合依弟毆兄死者斬律擬斬立決。楊彥訊係勸阻不及應毋庸議。韓李氏傷已平復，其府控訊係圖減子罪所致，並無別故亦無庸議，理合具題。再此案所有申覆遲延半年以上及申覆遲延一月以上各職名俱係萊蕪縣知縣丁兆德相應附恭伏乞皇上聖鑒，飭下三法司核覆施行等因。光緒十三年四月初三日題，六月十二日奉旨三法司核擬具奏欽此。

該臣等會同都察院大理寺看得萊蕪縣案犯韓皆書因救母情切扎傷胞兄韓潤書身死一案。據山東巡撫張曜疏稱緣韓皆書，籍隸萊蕪縣，與胞兄韓潤書分居各度，素睦無嫌。韓潤書素不務正，將分得家產蕩盡，伊母韓李氏屢次管教未悛。光緒十一年五月十七日晚韓

潤書偷割韓李氏養老地內麥禾，經韓李氏查知不依，韓潤書出言頂撞，韓李氏氣忿順拿桌上小刀扎傷韓潤書右胳膊。韓潤書奪刀撩棄，將韓李氏推跌倒地致擦傷左膝，韓李氏翻身坐起，韓潤書將韓李氏按倒騎壓身上欲毆，韓李氏喊救，韓潤書用手掐住韓李氏咽喉。韓皆書聽聞趕至，瞥見上前拉勸，韓潤書堅不放手，韓皆書見韓李氏面紅氣塞，恐被掐死，一時情急順拾地上小刀嚇扎，適傷韓潤書右後肋鬆手倒地。經楊彥聞鬧趕至勸歇，通知韓潤書之妻小韓李氏趕回問明情由。詎韓潤書移時因傷殞命，報驗訊詳。犯母韓李氏因圖減子罪，即以情急直陳等情控府，提審供認前情不諱，詰非有心干犯亦無鬥別故及在場幫毆之人。將韓皆書依律擬斬立決聲明並非有心干犯等因具題前來。

　　查律載弟毆兄死者斬等語。此案韓皆書因見胞兄韓潤書將母韓李氏推跌騎壓，手掐咽喉致韓李氏面紅氣塞。該犯拉勸不開，一時情急拾刀扎傷韓潤書身死。查韓潤書先被韓李氏用刀砍傷右胳膊，傷未損骨不致戕生，惟後被該犯砍傷右後肋透內為重，其為因此致斃無疑，應以該犯擬抵，犯雖自首無因可免，自應按律問擬，應如該撫所題韓皆書合依弟毆兄死者斬律，擬斬立決。該撫稱楊彥訊係勸阻不及毋庸議，韓李氏傷已平復其府控訊係圖減子罪所致，並無別故亦無庸議等語，均應如所題辦理。該撫又稱所有申覆遲延半年以上及一個月以上各職名俱係萊蕪縣知縣丁兆德相應附參等語，恭候命下臣部移諮吏部照例辦理，再此案於光緒十三年六月十八日抄出到部，統計臣部及會議各衙門例限應扣至九月二十四日限滿，因查核例案未能依限具題合併聲明，臣等未敢擅便，謹題請旨。

　　光緒十三年十一月二十八日　刑部　尚書　臣　宗室麟書

　　　　　　　　　　署　尚書　臣　紹祺

　　　　　　　　　　協辦大學士　尚書　臣　張之萬

　　　　　　　　　　左侍郎　臣　宗室桂金

　　　　　　　　　　左侍郎　臣　薛允升

　　　　　　　　　　署　左侍郎　臣　徐用儀

　　　　　　　　　　右侍郎　臣　貴恒

　　　　　　　　　　署右侍郎　臣　續昌

右侍郎　臣　周德潤

山東司掌印　中臣　長春

都察院左都御史　臣　宗室松森

左副都御史　臣　白桓

掌山東道監察御史　臣　愛典阿

大理寺卿　臣　明桂

少卿　臣　楊頤

寺丞　臣　花金綬

### 題本貼黃

刑部等衙門尚書　臣　宗室麟書等謹題為駁審事。該臣看得萊蕪縣案犯韓皆書因救母情切扎傷胞兄韓潤書身死一案。據山東巡撫張曜疏稱緣韓皆書，與胞兄韓潤書分居無嫌。韓潤書不務正業，將分得家產蕩盡，伊母韓李氏屢次管教不悛。光緒十一年五月十七日晚韓潤書偷割伊母麥禾，李氏不依，韓潤書出言頂撞，李氏氣忿用刀扎傷韓潤書右胳膊。韓潤書奪刀撩棄，將李氏推倒擦傷左膝，騎壓身上欲毆，李氏喊救，韓潤書用手搯住李氏咽喉。韓皆書趕至拉勸，韓潤書堅不放手，韓皆書見韓李氏面紅氣塞，恐被搯死，一時情急順拾地上小刀嚇扎，適傷韓其右後肋鬆手倒地，移時殞命，首驗審供不諱。將韓皆書依律擬斬立決，聲明並非有心干犯等因具題前來。應如該撫所題韓皆書合依弟毆兄死者斬律，擬斬立決。既據該撫疏稱救親情切嚇扎適斃尚非有心干犯，相應照例夾簽恭候欽定。臣等未敢擅便，謹題請旨。

### 夾簽

查例載毆死本宗期功尊長罪干斬決之案，若係情輕，將並非有心干犯情節分晰敘明，覈其所犯情節，實可矜憫者夾簽聲明恭候欽定等語。此案韓皆書因見胞兄韓潤書將母韓李氏推跌騎壓，手搯咽喉致韓李氏面紅氣塞。該犯拉勸不開，一時情急拾刀扎傷韓潤書右後肋身死。惟死先逞兇犯尊，該犯目擊親母被搯面紅氣塞，情切救護拾刀嚇扎適斃，尚非有心干犯，覈其情節實勘矜憫，既據該撫於

疏內聲明相應照例夾簽，恭候欽定。〔註103〕

通過巡撫和刑部的這兩則題本，我們對該起救親毆死胞兄夾簽案件如何從地方逐級審轉到中央刑部的過程有所瞭解。原本的審理流程是先經萊蕪縣縣審後，上報到泰安府，再上報到山東司，由山東司巡撫題報皇帝下發三法司核擬，由刑部主審。令人印象深刻的是，該案在審理過程中因犯供游移，導致此案在上報巡撫之前已就案情在縣-府、府-司的之間來回多次審轉。在泰安府上報至司後，山東司又命濟南府知府參與案件覆核。這樣的反覆駁審固然體現出了在清代司法逐級轉審制度下對人命重案的重視和謹慎，但在這一過程中上一級法司並不直接進行審理，而是反覆督促下級法司進行確核，某種程度上其實是將司法責任層層下推，導致的直接後果就是多次駁審到了萊蕪縣一級，實際承擔了最大的司法責任風險。雖然在各級審轉過程中都有非常嚴格明確的時限規定，但萊蕪縣知縣一級在回覆駁審過程中先後延期兩次，分別六個月零二十八日及五個月零二十六日，甚至按照規定應交吏部追責。〔註104〕

此外，再加上所報案犯在監生病、巡撫公出辦理河工等因，以致這起發生於光緒十一年（1885）五月十八日的服制命案在接近兩年後，十三年（1887）四月初三才由山東巡撫提報上呈，六月十二日奉旨三法司核擬具奏，六月十八日抄出到部。從時間上來說，刑部在核覆此案時案件已經過去了兩年之久，可供依據的只有經過層層審轉（或者說層層篩選）後所呈的題本。兩年前的舊案，其事實認定環節實際是完全把握在地方官員手中的，在經過各級法司反覆駁審確核、地方胥吏對案情的精心裁剪潤色之後，從題本的表述上看來可謂「滴水不漏」，案犯各方口徑一致，案情經過明確無疑，夾簽聲請合「法」合「情」。所以從刑部官員的角度來說，從文字表述獲得的真相是極其有限的，更多時候是運用法律推理對案件事實或是因果邏輯進行演繹和類比，推敲其中是否存在可疑的蛛絲馬蹟。此時對地方法司而言，除了夾簽聲請的情法衡平初衷，恐怕維護自身利益、規避上級司法駁議則是更直接的動因。

道光年間皇帝的一則訓諭更能說明在地方法司審理案件中，的確存在這

〔註103〕《題為山東萊蕪縣民韓皆書因救母情切扎傷胞兄韓洞書身死議准斬立決事》，光緒十三年十一月二十八日，中國第一歷史檔案館藏清代內閣刑科題本，檔號：02-01-07-4152-016。

〔註104〕對萊蕪縣知縣為何兩次延期如此之久，題本中並未提及具體原因，筆者揣測或因案情複雜，詰取確供需要時間，或是為顯慎重人命的常規做法，類似於刑部以查詢舊例為由也延期三個月才審結了該案。

樣的技術手段。道光二十二年（1842）十月十七日欽奉上諭：「朕看江西省服制情實冊內藍長仔等案，均係死者用刀柄向毆，各犯接住刀柄求饒，死者用力拉奪，不期奪回勢猛，致刀尖自戳殞命。因思期功卑幼毆死尊長罪干斬決，念其尚非有心干犯，改為監候，原屬法外之仁。斷不容因有此例，競將一切服制重案率聽案犯狡供移情，就例輾轉效尤，如出一轍。試思死者既經用刀向毆，豈有授人以柄，反使刀尖向內，以致自行戳傷。且手握刀刃，自不如握柄者之得力。何以彼此相奪，持柄者轉致鬆手，殊非情理。設使偶有一案尚不能斷其必無。何以一省三案不謀而合，顯有裝點情節。著吳文鎔將藍長仔等三案親提全案人證，復加審訊，務得確情，按律定提具奏。」〔註105〕在同一時間段內竟然有三起服制案內有回刀自戳的情節，確實顯得過於巧合。可見雖然不能直接予以夾簽，但為達減輕刑罰、逃避司法追責的目的，地方官員是不惜「移情就案」，裝點情節來影響刑部決定的。

　　為此除了皇帝多次訓誡整飭之外，刑部也制定相關法律規定，如規定「卑幼毆死期功尊長之案，務命承審各員嚴究確情，按律定擬，仍將是否有心干犯之處於疏內聲明，不准稍涉含混」等，其目的就是為了限制司法官員「移情就案」，「推原例意，誠以案關立決、夾簽，罪名出入甚巨。其是否有心干犯之處，必須研究明催，詳細聲敘，方能分別具題定案。案情以犯供為定，聲敘尤以疏語為憑者，所以重民命而嚴服制，不嫌於至再至三。若於互鬥之案並不聲敘有心干犯字樣，含混題報，迨經部駁，又刪改供招，以遷就無心干犯一語，案牘愈繁，情詞愈幻，殊與例內詳細聲敘之意大相刺謬。」〔註106〕規定雖愈細然而收效甚微，同治年間在司法中仍存在「此等案情，在常鬥中百不逢一而服制之案則比比皆是。承審各員並不嚴切根究，率據該犯狡飾之詞……且為之裝點情節，曲意遷就，殊不足以飭紀綱而成信讞。」〔註107〕可見，濫用夾簽的情況仍然屢禁不止，地方官員或秉承「救生不就死」之慣例或以這樣的方式來實現自身利益的最大化。

〔註105〕《刑案匯覽續編》卷23《刑律·鬥毆·毆大功以下尊長》「拉奪自戳情節支離駁審」條，第1034頁。此論亦見於《刑案匯覽續編》卷24《刑律·鬥毆·毆期親尊長》「奪刀回戳恐有移情就例情事」條，第1072頁。

〔註106〕《刑案匯覽續編》卷24《刑律·鬥毆·毆期親尊長》「是否有心干犯必須隨案聲明」條，第1070頁。

〔註107〕《刑案匯覽續編》卷23《刑律·鬥毆·毆大功以下尊長》「撲跌自戕致斃功兄情節未確」條，第1049頁。

其次，如前所述夾簽制度與社會之間的互動是充滿張力的，事實上很難通過這一司法手段使「情」「法」價值以及不同「情理」價值在審斷中達到真正完美的平衡，相反在一次次試圖修正情法關係的同時，卻往往對固有關係產生著更大的破壞。具體到司法實踐中的表現來說，夾簽條例中對適用的特定案件情形都進行了詳盡的規定，但大部分條例對如何減擬犯罪人刑罰卻並沒有予以明確，十八條條例中僅有七條有具體如何減等的處罰規定，其餘條例都僅夾簽聲明請旨，最終處罰要待皇帝旨意。也就是說即便能夠得到皇帝的首肯，減輕刑罰的等級也是不確定的，端賴皇帝的裁斷或是刑部酌情比附。雖然按照常規處理多為減一等處置，但也不能排除特殊情況的出現。作為一項法律制度，在形式上不夠完善且實施中具有一定的隨意性，更會在一定程度上破壞已有的形式法，司法中這樣的案例也並不少見。

如嘉慶四年（1799）浙江省所題民人汪應鳳因救母情切毆傷胞兄汪應隴身死一案，該案已經按照條例規定予以夾簽請旨。然而皇帝在審理案情經過後仍覺僅夾簽減為斬候不足原其情，特頒下諭旨減罪二等改為了滿流：

> 嘉慶四年諭，三法司衙門具題浙江省民人汪應鳳，毆傷胞兄汪應隴身死，並聲明救母情切一案，經內閣票擬斬決及斬候雙簽請旨，固皆係按律辦理。今朕詳閱案，汪應隴因伊母袒護幼子，將應出養贍食穀不給其母，並出言頂撞。經朱氏嚷罵扭結，汪應隴輒敢將其母推跌壓住，用手撳按胸衣，經汪應鳳往拉，仍不放手。汪應鳳見其母面脹氣塞，喊不出聲，情急用拳向毆，汪應隴移時隕命。是汪應隴之蔑倫肆逆，殊為兇橫可惡，汪應鳳往拉不放，見其母面脹氣塞，事在危急，用拳向毆，實屬出於迫切。以情急救母之人，斃忤逆不孝之犯，固不得以尋常毆死胞兄論，即改擬斬候。亦尚覺情節可憫，汪應鳳著免死改為滿流，定地發配。且閱案內伊母朱氏尚有二子，亦不至侍養乏人，如此準情酌辦，庶可以昭平允而示矜恤。〔註108〕

在皇帝看來這樣的處理才算得上「情法得當」，殊不知卻因最高統治者的一時興起逾越了夾簽的法律規定，從而造成了司法中同類案件「畸輕畸重」之弊。聖意難違，對此即使刑部官員也無可奈何，最多只能將此作為個案，不納入條例來盡力降低其對整個司法體系的影響。

---

〔註108〕　（光緒朝）《欽定大清會典事例》卷812《刑律・鬥毆・毆期親尊長》。

類似的案件還有同治四年（1865）川督所題尹忠英因出嫁降服小功堂姊高尹氏刨挖伊地花生，尹忠英見而攔阻。高尹氏嘗罵撲毆，尹忠英並未與爭，即行走避。高尹氏隨後追趕，自行失跌墊傷，內損身死。該督認為高尹氏之受傷身死係由自行失跌所致，在凡人不過科以不應重律擬杖八十。惟此案死係出嫁降服小功堂姊，服制攸關，未便與凡人相提並論。若竟依卑幼毆功服尊長致死之律擬以斬決，聲請夾簽，不特情輕法重，且與確有爭角情形者漫無區別，故特諮部可否將尹忠英比照卑幼逼迫小功尊長致死，於逼迫期親尊長致死絞罪上減二等，擬以杖二百、徒三年。後經刑部議覆，支持了該督所題，甚至減罪三等直接擬以滿徒。〔註109〕從個案的解決來說刑部以此衡平了該案中情輕法重的問題，但從整體來說這樣的特例卻加大了夾簽條例的不確定性，影響了法律的形式化發展。

再如道光十二年（1832）曾有「姦夫謀殺本夫恐有同謀駁審」一案，此案徐隆興與陶寶觀之妻戴氏通姦，經陶寶觀撞破姦情，將戴氏斥罵，禁止往來。嗣徐隆興詢知陶寶觀外出，意圖續姦，即將所攜瓦酒壺交陶戴氏暫寄，自赴毛廁出恭。適陶寶觀回家認係徐隆興酒壺，觸怒擲碎，並將戴氏斥責，徐隆興聽聞欲圖掩飾姦情，即以寄放酒壺，並無別事之言爭辯，陶寶觀當邀徐隆興之繼祖父徐坤元至家，將徐隆興訓斥。徐隆興畏懼走出，陶寶觀欲將陶戴氏毆打，經徐坤元勸住。時已點燈，徐坤元急欲轉回，因見陶寶觀餘怒未息，恐伊去後戴氏復被毆責，欲令暫避，即稱黑夜年老難行，欲令戴氏執燈送回。陶寶觀應允，戴氏即扶送徐坤元出門，徐隆興躲在左近望見，知是陶寶觀自在家，懷禁絕往來之恨，起意將陶寶觀致死。遂至陶寶觀家推門進內，陶寶觀瞥見上前扭獲，用剪刀剪落髮辮，徐隆興爭奪並扭陶寶觀至門外河邊，將其推跌落河溺斃。陶戴氏回家詢知前情，報縣獲屍驗訊，該撫將徐隆興依姦夫起意謀殺本夫例擬斬立決，聲明在監病故，陶戴氏依姦婦不知情律擬絞，並夾簽聲請等因具題。

從案件經過來看，姦夫徐隆興毆死本夫之時，姦婦戴氏並不在場。因是姦夫一時起意，戴氏也一直並不知情，事後即行首告，將姦夫指拿到官，尚有不忍致死其夫之心，應該來說是符合夾簽條例 6 之規定的。刑部卻將該撫夾簽聲請予以駁回，所持的理由是有三：其一，徐隆興與陶寶觀相爭力敵勢均，尤非徐隆興一人所能制。其二，認為陶戴氏與徐隆興通姦已閱二十餘年之久，迨被

〔註109〕《刑案匯覽續編》卷 20《刑律‧人命‧威逼人致死》「因事致小功姊失跌內損身死」條，第 0885 頁。

本夫陶寶觀撞破禁止之後，復敢任令徐隆興寄放酒壺圖續舊好，揆其戀姦之情，即難保無同謀之事。其三，戴氏所稱扶送徐隆興繼祖父徐坤元同回，實為同場謀害，事後捏稱外出，圖卸重罪。其實所列理由都頗為勉強，只是刑部官員的法律推理，並無實據支撐。而唯一真正的理由恐怕是姦夫已在監病故，如將姦婦夾簽減等，在刑部官員看來「致令因姦謀命之案竟無一人實抵，殊非慎重人命之道」，〔註110〕不符合以命相抵的法律邏輯，所以不惜屈情就法，在某種程度上其實也破壞了夾簽條例作為成文法的法律效力。

　　還有嘉慶十八年（1813）貴撫所題黃定隴毆傷行竊小功服叔黃光甲身死一案。此案黃定隴因小功服叔黃光甲盜賣伊家木植，該犯途遇向理，因被追毆，先後用鋤回格，致傷黃光甲右臂膊、右後脅，並磕傷兩額角右太陽等處殞命。原本像這樣尊長理曲的案件可以參照夾簽條例 1 所規定「卑幼毆死期功尊長罪干斬決之案，若覈其所犯情節，實可矜憫者，夾簽聲明，恭候欽定」等內容予以夾簽。但刑部卻以「查該犯雖釁起理直，惟用鋤回格二下，傷及致命，與事在倉猝，徒手抵格，一傷適斃實在可矜者情稍有間，檢查並無恰對夾簽成案」，為了以示「用鋤回格兩下」與「徒手抵格一下」的區別而未予夾簽。同時又覺「情罪未協」，所以轉以「至親屬相盜致有殺傷，卑幼犯尊長，以凡盜殺傷之罪與服制殺傷之罪從其重者論一條，從前定例係專指賊犯拒傷事主而言，今該犯以卑幼毆死相盜之尊長，未便引用，且係罪關服制之案，稿尾內亦毋庸敘及，死係罪人，致滋淆混，謹改擬稿尾。」〔註111〕也就是以毆死行竊尊長不適用服制殺傷從重之條為由，雖未夾簽但實際減輕了處罰，最終判決斬候。但法司也意識到了據此判案與服制法律的牴牾之處，因此特別強調了帖內毋庸敘及，以致混淆。

　　最後，夾簽制度出現的直接原因是服制法律過於嚴苛，實質上是為了滿足國家統治和中央集權的需要，是「人治」法律下的畸形產物。但不可否認的是，夾簽制度的出現，的確為審視刑事犯罪中的情理要素提供了合理合法的申訴渠道和制度保障，在一定程度上規範了案件的司法審理程序，有利於案件的程式化、規範化審理，是中國傳統司法衡平特徵的制度化表現。同時，以今日眼

---

〔註110〕 《刑案匯覽》卷 24《刑律‧人命‧殺死姦夫》「姦夫謀殺本夫恐有同謀駁審」
　　　　條，第 1303 頁。
〔註111〕 《刑案匯覽》卷 18《刑律‧賊盜下‧親屬相盜》「卑幼格斃行竊功尊改為斬
　　　　候」條，第 1047 頁。

光來看，夾簽制度中無疑也體現了立法者對人命的重視以及對刑事案件審理的慎重態度，其對情理的表達同樣值得當代中國的司法吸收借鑒。

夾簽本就是將服制命案的審斷權集中到了皇帝手中，而嘉慶年間曾有這樣一起刑部請旨夾簽的案件反倒引起了皇帝的不滿。究竟是怎麼回事呢？借助《清實錄》的記載我們可以一探究竟：

> 近日刑部會題河南省商城縣民婦劉姜氏毆傷伊夫劉以舉身死一案，其到斃緣由係因伊夫逼令賣姦不從，并用木犁端向毆，該氏順勢奪犁回毆致斃。現在按律定擬斬決，實可矜憫，但無夾簽聲明之例，奏聞請旨等語。所奏實屬無謂，劉姜氏經伊夫屢次逼令賣姦不從，自知守節，其毆係回抵，雖無致死其夫之心，惟既已傷斃其夫，倫紀攸關，自應按律定擬。該省具題到部，刑部查照本律核議斬決，辦理均屬允當，即該卿員等折內亦稱刑部所擬其罰不浮於罪。伊等皆係執法之員，既知於法無枉，何必又為此奏？朕於內外一切題奏本章，無不親自披覽，而於刑名事件尤必詳細審閱，無論有無夾簽，其情節悉在鑒察之內。良以民命至重，必須確核案由方可定案。是以反覆推究，不厭求詳。現在凡立決本章，即應行照擬辦理者，朕於披覽發下後，尚命批本處次日覆奏，然後照批施行。蓋矜慎庶獄，必當求其可生，而於應行抵法之犯，緣情定案，亦不能稍有曲貸，以致枉法失平。此案既例不夾簽，該法司衙門自當照例具題，候朕核辦。乃今日遽為此奏，豈慮朕於題本上時不及詳細核看，先以此為提奏耶？哈魯堪、曹師、曾福泰均屬不合，著傳旨申飭。〔註112〕

原來這是一起婦女因逼令賣姦不從，被毆回抵致死伊夫的案件，由於案情並不符合夾簽條例的規定，刑部又認為情實可矜憫，因此特地向皇帝請旨示下能否予以夾簽。但從皇帝的角度看來，在君主聖鑒的明察秋毫之下，如此人命重案即使不予夾簽，也能得到公正允協的處理。刑部的申請不僅多此一舉，甚至還是對皇權的冒犯，統治者聖裁明斷的最高司法權和監察權，豈能容臣下僭越置喙，因此傳旨申飭臣下不知進退。此案當然不足以說明專制權力受到制約，但可以在某種程度上表明清代高度發展的專制權力已經制度化，也形成了比較完善的司法體系和衡平機制，在一定程度上保證了案件按法定程序審理，使君主的任情生殺，官吏的違法擅斷在一定程度上得到克制和警戒。

---

〔註112〕《大清仁宗睿皇帝實錄》嘉慶十三年閏五月。

　　同治七年（1868），有山東撫題徐偵朋聽從伊母徐王氏幫同搇按胞兄徐偵傳，致徐偵傳被徐王氏毆傷身死私埋匿報，徐王氏恐到官問罪旋即投繯殞命一案。該撫將徐偵朋依弟毆胞兄死者斬律擬斬立決，同時旁徵博引諸多條款和成案，羅列緣由認為擬夾簽聲請尚不足原其情，擬以減流向部諮請。對此刑部同樣援引諸多法條對所列緣由予以逐條駁回，往來論證邏輯嚴密、針鋒相對，特整理如下：〔註113〕

| 山東巡撫所列緣由 | 刑部駁議 |
| --- | --- |
| 倫紀之大，母子為最，兄弟次之，命而毆兄，弟恃母命而毆兄，則有以弟犯兄之形。子承母命而搇按毆罵其之兄，俾母得以自施庭責，則為以予事母之義。徐偵傳之於其母毆罵不已，並用腳亂蹬，致母不能自施庭責，忿極欲自碰死。該犯求饒不得，迫於母命，勉為搇按，俾母得自行責毆，以稍抒其忿。而司讞者即以其母之一毆適斃，坐該犯以共毆問擬駢誅。則為次子者將皆鑒此，畏法自顧，坐視其母被長子毆罵，莫可如何？且將袖手旁觀，不敢稍為干預，則人子所以事母者安在？而凡孱弱老婦遭遇兇橫不孝之子，力難自伸家法，勢又未易控官，真有不能不甘受其忤逆者，亦非所以重母子之倫。故道光十四年新纂之例，部議亦止就聽從尊長主使幫毆期親尊長有傷者而言。若其幫毆未傷，僅止搇按，即不能照此例辦理，可以不言而喻。湖廣司核覆胡達聽從母命搇按胡明一案，未經通行，不足據以為式 | 律載，弟毆胞兄死者不分首從皆斬。又例載，期親卑幼聽從尊長主使共毆，以次尊長致死之案，無論下手輕重，悉照本律問擬斬決。法司核擬時夾簽聲請，恭候欽定，不得將下手傷輕之犯止科傷罪。又查例載，期親弟妹毆死兄姊之案，如死者淫惡蔑倫，復毆罵父母，經父母喝命毆斃者，定案時仍照律擬罪，法司核擬時照王仲貴之案隨本改擬杖一百流三千里，請旨定奪。其毆死罪犯應死兄姊，與王仲貴案內情節未符者，仍照毆死尊長情輕之例，照律擬罪，夾簽聲明，不得濫引此例。誠以案關服制，罪名綦嚴。以子而毆罵其母固屬罪不容誅，以弟而干犯其兄，亦屬法無可貸。故向來辦理致斃胞兄之案，除與王仲貴案情相符者始得改擬杖流外，其餘雖有可原情節，仍應按律擬斬，夾簽聲請，並無准予減等之條<br><br>該司以子承母命搇按其兄，謂為以子事母之義，恐非篤論。若謂如將該犯問擬駢誅，為次子者將皆鑒此，畏法自顧，坐視其母被長子毆罵，莫可如何。且將袖手旁觀，不敢稍為干預，人子所以事母者安在。殊不知父祖被毆律注內亦有，父母被有服親屬毆打，止宜解救，不得還毆，有還毆者仍以服制科罪之文。且自來辦理事在危急救親致斃胞兄之案，何以均不能減等定擬耶？<br><br>若如山東司所議，以該犯僅止迫於母命勉 |

　　〔註113〕《刑案匯覽續編》卷24《刑律·鬥毆·毆期親尊長》「毆死罪犯應死胞兄仍應擬斬」條，第1086頁。

| | 從揪按，並未幫毆有傷，據欲減等定擬，並以照覆湖廣省胡達聽從母命揪按胞兄擬斬之案，為不足據以為式。設如該犯聽從外人幫同揪按，將伊兄致斃，並未幫毆有傷，能不問擬立決耶？例內並無分別勉從揪按不以幫毆論之文，自不得於例外推廣，致乘服制名分 |
|---|---|
| 期親卑幼聽從尊長主使共毆，以次尊長致死之案，所以無論下手輕重，悉擬斬決夾簽，纂為定例者，原議係恐子侄與弟毆死胞叔、胞兄，其父母、伯叔、胞兄出而承認主使，以脫其子侄與弟之罪，故立例以防之。今徐王氏毆死其子徐偵傳，該氏業經畏罪自盡。則徐偵傳之死實係該氏所毆，並非由欲脫次子之罪冒認主使可見。若仍將該犯徐偵朋問擬斬決夾簽，即例文可以牽合，例意究屬不符 | 詳覈此案情節，已死徐偵傳因向其母徐王氏推毆混罵，業於受傷跌倒之後，被徐王氏用鐵鏵將其腦後、左腮頰毆傷，盡可歇手。即因徐偵傳辱罵腳蹬，既有徐偵傳緦麻服兄徐偵汰在場揪按，並非不能毆責，何以又命該犯相幫。檢閱原驗屍格，死者腦後左腮頰及左太陽各傷均重至骨損，無論以母訓責其子，不應如此凶毆。且徐王氏係以母毆斃罪犯應死之子，即破案到官亦無大罪可科，何以畏懼莫釋，據行自盡。誠恐另有別情，事後控詞串供，冀圖狡卸 |
| 尋常共毆案內原謀畏罪自盡，猶將下手應擬絞抵人犯減等問擬。此案徐王氏毆斃罪犯應死之子，畏慮到官問罪，自盡身死，已不啻以母而抵子命。若將聽從揪按之徐偵朋仍擬斬決夾簽，將來奉准減為斬候，歸入秋審服制情實，是毆死逆子一命，其母並次子二命以償之，恐非情法之平 | 即謂案情屢經飭審明確，毫無疑義。該犯聽從母命揪按胞兄，即與並未動手不同，雖未幫毆有傷，伊兄已被伊母致斃，自應按共毆期親尊長致死不分首從之律定擬。在尋常共毆案內，不得不照餘人問擬滿杖，則致斃胞兄案內即不得不照服制問擬立決。如謂該犯情節可矜憫，例內已有准其夾簽聲請之文。 |
| | 所稱尋常共毆案內原謀畏罪自盡，尤將下手應擬絞抵人犯減等間擬，此案徐王氏毆斃罪犯應死之子，畏慮到官問罪，自縊身死。若將徐偵朋仍擬斬決夾簽，是毆死逆子一命，其母並次子二命以償之，恐非情法之平等語。查，原謀畏罪自監准其抵命將下手應絞之人減等擬流之例，保專指平人同謀共毆者而言。因一命已有一抵，故將下手之人減等問擬。今徐偵朋係聽從伊母幫同揪按致斃胞兄。服制攸關，無論幫毆之卑幼僅止一人及數人不等，均應照律不分首從擬斬，不在援減之列。且例內業經指明有關尊長、尊屬服制之案，悉照本律本例擬抵，不得率請減等。已有專條，更不得相提並論 |

| | |
|---|---|
| 例載期親弟妹毆死兄姊之案，如死者淫惡薍偷，復毆罵父母，經父母喝命毆斃，與王仲貴案內情節尚有未符，但王仲貴之案係聽從父命獨自下手毆斃兄命，定例猶且改流。此案，徐偵朋僅止聽從母命捼按，並未幫毆其兄有傷，較之王仲貴獨自下手毆傷其兄身死者情節之輕不啻倍蓰，自應尤為擬減 | 所稱王仲貴之案，係聽從父命獨自下手，用石毆斃其兄，定例猶且改流。況此案較之王仲貴情節又輕，尤應擬減等語。殊不知王仲貴之案死者淫惡薍倫，復毆罵父母，經父母喝命毆打，始行將其毆斃。因其三項兼備，是以減等擬流，與此案情節亦不相同。例內明言與王仲貴案內情節未符者不得濫引此例，自未便曲為寬減，致與定例不符 |
| 又查例載，卑幼毆死本宗期功尊長者，定案時皆按律問擬，概不准聲請留養承祀。若按其所犯情節，實可矜憫者，該督撫於疏內聲明，恭候欽定等語。是徐偵朋即應照毆死期服兄問擬，亦當將其所犯情節實可矜憫承祀無人之處聲明 | 所稱徐偵朋應照致死期服兄問擬，亦當將其所犯情節實可矜憫，承祀無人之處聲明請旨等語。查定例，卑幼毆死期功尊長定，案時皆按律問擬，概不准聲請留養。其有所犯情節實可矜憫，應俟秋審情實二次改緩後，始行查辦。並無准命該督撫於疏內聲明之文。該司援引隨案聲明之語，係屬遠年定例，已於道光十四年奏明刪除，豈得復行引用，致涉牽混 |

　　其實對於案件經過，地方法司與刑部並無太大分歧。因為事實上刑部對案件的瞭解也只能依據層層上報後的題本，即使就原驗屍格提出一些質疑，也多屬推斷並無實據。總體來說，山東司「據理力爭」所列緣由，其實更多是依據個案案情，從「可矜原情」的角度出發。而刑部的意見，則更多是從案件審理對司法體系整體輻射效應的角度考慮，堅持「依法懲罪」的原則，從法律規定、社會倫理、法理辨析等諸多角度對地方法司的減等理由一一駁回，最終仍然堅持此案僅能以夾簽聲請為斷。所以，夾簽制度在體現「原情」考慮的同時，客觀上也是法律體系的完善和發展，使得對服制命案的審判更加有法可依、有章可循，一定程度上避免了司法中的隨意性。

# 結　論


　　中國傳統社會深受儒家禮教的長期影響，講求「親親、尊尊」的基本原則，形成了完整、系統的社會規範，樹立了森嚴不容僭越的社會等級秩序。中國古代法律走上儒家化道路之後，深受禮教制度、倫理道德等價值觀念濡染，引禮入法、納禮入律是其最為鮮明的特徵，法律與禮教相結合共同成為維護「三綱五常」社會倫理和統治秩序的治世之道。禮法結合最具代表性的表現就是服紀制度在法律上的適用，即親屬相犯的法律規定及處罰方面完全以服制上的親疏尊卑之序為依據，[註1]遵循著以尊犯卑，服制愈近處罰愈輕，而以卑犯尊，服制逾近則處罰愈重的服制斷案基本原則。

　　清廷作為少數民族入主中原的中央政權，為彰顯其正統地位和維護統治，大力吸收和推廣長期被奉為正統的儒家思想文化和禮法治國的統治策略。受此影響，清代的服制立法也充分繼受和發展了歷代封建王朝的做法，特別是在乾隆中葉後，為弘揚倫紀綱常而進行的服制立法空前增多。在這樣的社會倫理教化和服制法律的嚴格控制下，力求長幼尊卑有序，卑幼犯尊長被視為大逆不道的行為，是要受到極為嚴厲的法律制裁和道德譴責的，目的就是要樹立並維護秩序等級，使卑幼不敢稍有凌犯於尊長。然而在司法實踐中，確實會有卑幼無心干犯抑或尊長理曲等案件的出現，使法司不得不對其可矜之情予以必要的考量，方能實現情罪之允協，罪罰之得當。

　　夾簽原是清代中央各部院在處理兩可事宜請旨時的一種特定的公文形

---

〔註1〕參見瞿同祖：《中國法律與中國社會》，中華書局 2015 年版，第 30～74 頁。

式，自然在可矜刑事案件審判中也會涉及，至遲在雍正初年已有明文記載。乾隆十三年（1748）開始修纂正式的夾簽條例，後逐漸定型為一種主要針對罪至斬絞但「情有可原」服制命案的司法審判制度，即夾簽制度。作為審判中申請減等處罰的特殊司法程序，夾簽制度存在於清代刑事審判逐級審轉覆核過程中，具體實施中一般要經過督撫按律例定擬於題本內聲明申請夾簽，刑部核議後予以夾簽，然後內閣票擬加簽，皇帝裁決的四道法律流程。

由於夾簽制度特別針對的是罪至斬絞之服制命案，故涉及的主要親屬關係包括本宗五服以內及外姻功緦尊長等服制親屬。從案件性質上來看主要有三大類：一類是屬於尊長理曲在先，如本夫、本夫本婦有服親屬等捉姦殺死犯姦尊長，尊長罪犯應死及淫惡滅倫等；一類是屬於卑幼無心干犯誤傷尊長，如子孫過失殺祖父母父母，被毆抵格無心適傷致斃尊長等；還有一類是有其他可原情節，如姦夫自殺其夫之姦、因瘋致斃尊長尊屬、救親情切、聽從尊長主使共毆次尊長尊屬等。

對清代夾簽制度的階段性發展特徵，可以結合立法和司法兩個維度，將其劃分為一下四個時期：

一是乾隆朝的制度初創時期。從立法來看，乾隆朝共制例 8 條，且 3 條成為定例保留至清末，已涉及了「殺死姦夫」「毆大功以下尊長」「毆期親尊長」三大律門，從法律規定的層面劃定了基本範圍。司法中，正在經歷由過去廣泛使用的夾簽慣例向專門針對服制命案的夾簽制度的轉變，並且這一時期在服制案件中的使用非常謹慎。

二是嘉慶朝至道光朝的發展定型時期。嘉慶朝是夾簽制度立法發展最迅速的時期，其定例和修例數量在清代歷朝中都是最多的，也是條例內容變化最大的一段時期，既有「保辜限外身死」門內的刪改也有「戲殺誤殺過失殺人」門內創立。至道光朝，夾簽制度的法律主體與法律範圍都已經基本定型下來。同時在司法中，嘉慶和道光兩朝是夾簽制度在可矜服制案件中得到「擴大化」使用的主要階段，與這一時期夾簽制度的進一步發展，受到清政府的日漸重視和社會政治危機凸顯，傳統禮法受到衝擊的社會背景密切相關。

三是咸豐朝的收縮規範時期。咸豐朝夾簽制度的立法特點是，基本保持了前朝夾簽條例的主體不變，制定條例內容相對集中，多是對原有條例的補充和規範，夾簽制度自身的發展進入到了比較穩定的階段。同時，受到最高統治者意志、國家內外錯綜的局勢等因素的影響，在司法中的使用更加嚴謹且呈收縮

之勢，逐漸發展成為較為固定的司法慣例。

　　四是同治朝至宣統朝的衰落覆亡階段。事實上從立法層面來說，咸豐朝至同治朝時，夾簽制度在法律條文上內容已經固化了。不過，作為始終保留在《大清律例》中的法律規定，在司法實踐中一值得到使用直至清末。最終，在清末「仿行憲政」、中央官制改革和宣統二年（1910）頒布《大清現行刑律》的時代背景下，夾簽制度最終走向了消亡。

　　夾簽制度作為清代服制命案中的特殊司法審判制度，既有其深刻的社會根源，亦能彰顯清代司法審判制度之特質。我們可以嘗試從以下三個角度探討這一制度存在於清代社會的意義。

　　首先是夾簽制度的政治意義。毫無疑問，政治權力與法律的關係密不可分，法律制度本身也是政治制度的組成部分。正如學者所說「在中國語境中討論法的問題，如果缺乏對政治權力這一要素的把握和觀照，不僅可能失去理解中國法的關鍵視角，而且易於自陷『法律東方主義』而迷失主體意識。」〔註2〕在中央集權政治體制下，有效實現皇帝對臣下，中央對地方的控制是最核心的內容。因此，在帝制國家所有政治體制的構建、經濟制度的形成、思想文化的灌輸和法律系統的管制都是為這一核心目的服務的。夾簽制度概莫能外，從這一制度的立法過程，發展過程和司法實踐中始終都緊緊圍繞著權力體制上的高度集權。

　　從中央和地方的司法架構看，國家司法權力由中央和地方各級權力共同建構，在集權統治的層級式管理下不免會有結構性差異。中央刑部與各級司法官員由於在權力分配、法律資源、司法立場和案情勘偵等方面的不同，對制定法在司法實踐中的執行難免會有認識上的差異，由此會有所謂「文本」與「實踐」的差異。為了防止對法律條文解讀的異化、監督各級法司的執法力度，清代建立了逐級審轉、分層結案的強制性司法覆核制度，各類案件無論被告人是否上訴都要自動向上一級法司審轉覆核，直到規定能夠結案的層級為止。所有的刑事命案，都必須奏請於皇帝裁決，「司法審判出自上裁，生殺予奪在於一人，清代司法審判上君主集權之情形極為顯著。」〔註3〕夾簽制度就是存在於服制命案在督撫、刑部、皇帝逐級審轉覆核過程中的一種特殊審判程序，同樣體現了皇

〔註2〕王志強：《清代國家法：多元差異與集權統一》，社會科學文獻出版社2017年版，第 VIII 頁。

〔註3〕那思陸：《清代中央司法審判制度》，北京大學出版社2004年版，第219頁。

權專制和高度集權的特徵。如前所述，夾簽制度的出現正是在乾隆朝前期政策轉嚴、整飭吏治的背景下，其根本目的是為了取代服制命案中的「兩請」程序，限制地方法司的自由裁量權，將司法權進一步集中到中央和皇帝手中。

從夾簽制度的發展過程和司法實踐來看。在立法過程中，很多情況下條例的修纂都是因案生例，這使得夾簽條例的事實部分高度具體化，實際上也限制了官員們在司法中對條例的任意解釋和使用。尤其夾簽制度發展到中期以後，立法的重點已經開始從內容的增纂完善，向限制規範的方向傾斜。同時在具體司法過程中，夾簽制度始終是作為特殊的司法審判方式，不管是在規定條例下還是比照使用中，都必須受到嚴格限制，這是國家強制力在司法體系中的重要表現，也是維護服制法律體系，防範司法擅斷的舉措。事實上，伴隨夾簽制度在王朝後期的最終定型，其「司法衡平」的法律作用已經基本被限制在相對固定的範疇內，而其維護皇權至上、專制集權的政治作用，才是夾簽能夠被一直延用至清末的根本原因。

其次是夾簽制度的法律意義。乾隆五年（1740）修定的《欽定大清律例》被確定為「祖宗成憲」不可變動，直到清末法制改革之前內容都未有變動。而僅有四百餘條內容的律典過於概括、抽象，面對紛繁複雜又詭奇多變的案件，難以滿足國家治理和司法實踐的需要。因此，清代便以定期修「例」來作為對「律」的補充，用條例的靈活性補充律的原則性，條例的具體性補充律的概括性。具體到夾簽條例來說，恪守服制法律的原則固然重要，但也不能不對可矜案件予以必要的情理考量，條例的制定就為司法中處理特殊案件提供了更為靈活變通的方式，使得「執法原情」有了更為明確更具權威的法律依據。比如，根據所原之情程度的不同，就有「刑部夾簽、內閣票擬加簽」和「刑部不夾簽，內閣票擬加簽」的不同形式。在請旨議定審理結果上，除了按照服制有不同等級的處理外，也會有因原情通融調整夾簽後的減等處置。

在日重服制法律的社會環境中，夾簽條例的出現無疑是對過去「兩請」程序的進一步發展和法律提煉，夾簽從司法實踐到被納入法律條例，成為更具體富有針對性的規範制度，為審視刑事犯罪中的情理要素提供了合理合法的申訴渠道和制度保障，維護了整個法律體系的相對穩定和滌故更新，也可視為中國傳統法律為適應帝國統治需要而不斷發展完備的表現之一。〔註4〕

〔註4〕參見拙作《清代刑事審判中的「兩請」與「夾簽」》，《青海社會科學》2020年第1期，第193～198頁。

伴隨法律的精熟化發展，清代司法亦成為中國傳統「衡平司法」最具代表性的階段之一。雖然在中國歷代王朝中都會有慎刑恤刑的做法，但在服制命案中更多都是以行政手段干預司法，唯有清代形成了比較專業規範的法律制度。法律規定中對罪刑嚴格對應的要求，造成了法律的苛刻僵化，使情法的衡平出現偏差。為此，一方面催生了更多的條例來彌補這一立法與司法間的溝壑；另一方面在司法中，也會通過更為明達的方式來實現情法的衡平。夾籤制度的前提條件便是在「依法判決」前提下承認了「情理」的合理性，以實現律例前提下的「情法允協」為最高目標。從某種程度上來說，夾籤制度就是司法中對「情」「理」「法」進行綜合考量和權衡的制度化保障。

作為在情與法之間進行微妙衡平的彈性機制，夾籤制度實際上賦予了執法者一定的自由裁量權。對司法官員而言，夾籤制度是在國家層面依法審斷的硬性要求和「重人命而慎刑章」的司法理念之間的一個平衡點，成為官員規避司法審斷責任，強化自身權力與利益的有效手段。在司法過程中，執法者並不是機械冰冷的國家機器，而有其自身的情法判斷和司法方式，在愈是強調恪守服制法律規定的背景下，也衍生了更多事實剪裁、移情就案的技術手段，實際上並不能有效限制地方法司的自由裁量權。因此，夾籤制度在司法實踐中始終不自覺地帶有擴大化的傾向，夾籤與否、乃至夾籤後的如何處置等都能夠體現司法官員在制定法的框架內如何實施有限的實際裁量權。

再次是夾籤制度的社會意義。在傳統中國社會，禮與法是社會控制和糾紛解決的有效手段，對整個社會機制的有效運行起到支撐和調節作用。在長期儒家倫理教化的浸淫下，服制倫理固然不容僭越，但在特殊情形下民眾也有著樸素的社會公義訴求和願望，寄希望於聖君明臣。在「君權神授」的儒家天命觀之下，君主扮演著最高司法者和審批者的角色，彰顯著道德與法統的正當性，同時也承擔著司法的最終社會後果。類似於夾籤制度一類的慎刑恤刑制度，無疑也體現著立法者對人命的重視以及對刑事案件審理的慎重態度，將民意上升為法理，以此來順應天理、贏得民心，獲得更廣泛的社會支持，從而穩定自己的統治基礎。

然而，「情」「法」價值因時因案因人而異，事實上很難通過這一司法手段在審斷中達到情法真正完美的平衡。對於司法者而言，維護禮教法制和執法原情同樣是「情」「法」的雙重要求，兩者如何衡平恐怕的確見仁見智。對於統治者而言，比起探究確情實現司法公正，更關心的是德昭公序良俗，穩固統治

秩序。「原情矜憫」固不可缺，但在必要的時候是不惜犧牲夾籤中的小「情理」來順應更重要的「綱常服制」大義的。

然而正如前揭，原本為維護服制法律而出現的夾籤制度，在它與社會之間的互動中充滿張力。正如有學者所言「中國法律制度對社會秩序的損害，也許在事實上抵消了它對社會秩序的維護。」〔註5〕從情理的角度，夾籤制度是為以卑犯尊的逆行考量其「可憫」的情節，這與提倡「親親、尊尊」的儒家綱常倫紀本身就有相悖之處。從實踐來說，夾籤制度為爭取「法外之仁」提供機會的同時，也使得服制法律可能會因此而受到更多的衝擊。因為它的實施實際上是以特例的方式，一次次地打破了服制法律的原則，從而導致在事實上對服制法律、司法秩序、社會倫理觀念等都可能產生負面影響。清代嘉道年間，伴隨社會生產力的發展、商品經濟的興盛、專制朝政的衰敗和社會控制的削弱等因素，傳統禮法受到了來自多方面的衝擊，夾籤制度在這一時期「擴大化」的使用是禮法鬆弛的表現之一，反過來也加深了禮法間的裂隙。

專制統治和集權控制想把各種社會關係、法律關係都納入封建政府的嚴密監控之下，反而加速了它走向解體的過程。清朝中期以後的各種社會驟變，已溢出了原有律例的機能調節和控制範圍。夾籤制度的條文愈密不僅給司法體系帶來了額外的困擾和無意義的司法損耗，而且這些條例本身就為司法擅斷開了方便之門，為官場腐敗、貪墨成風提供了可趁之機，不僅降低了官吏素質和行政效率，也影響到整個社會秩序和社會風尚的變化。

筆者在參閱了許多前輩學術成果的基礎上，嘗試運用歷史學、法學和社會學的研究方法，對清代服制命案中的夾籤制度進行了綜合性、整體性的初步研究。一方面是對夾籤制度的概念內涵、歷史由來及發展變化的歷史脈絡進行爬梳，另一方面是對夾籤制度的運行實際，從案件類型、具體的適用和限制情形、司法中的定型與消亡等進行了分析。除去基本史實的勾呈，還嘗試從社會與法律的角度，探究夾籤制度的社會根源，以夾籤制度為例剖析清代司法體制特徵，思考其在清代司法及社會中的作用及意義。由於清代夾籤制度所涉內容紛繁複雜，儘管筆者盡己所能，仍然存在很多不足之處：首先，由於清代的法律制度遺留了數量龐大種類繁多的法律文獻，在文獻搜集、整理、鑑別及甄選方面仍有不足。以《大清律例》為例，其法律條例不斷修纂變化，各個版本的條

---

〔註5〕（英）S·斯普林克爾：《清代法制導論——從社會學角度加以分析》，張守東譯，中國政法大學出版社 2000 年版，第 164 頁。

例數和條例都不相同無法盡覽，只能盡可能地搜集整理史料互參，盡力做到材料的準確性和廣泛性。其次，本文在研究方法上仍側重於史學研究，而從法理學和社會學進行理性思辨和理論分析仍顯不足，接下來還需進一步加強專業理論學習。此外囿於自身學識、能力，對歷史學、法學和社會學研究方法的綜合運用能力有待提高。誠懇地希望得到各位老師的批評指正，在以後的學習和研究中會對拙著不斷地進行修正和完善。

# 參考文獻

## 一、古籍類

1. 《十三經注疏》，中華書局 1980 年版。

2. 《荀子》，中華書局 2015 年版。

3. 《春秋繁露》，中華書局 2012 年版。

4. 《呂氏春秋》，諸子集成本，中華書局 1954 年版。

5. 《睡虎地秦墓竹簡》，文物出版社 1978 年版。

6. 《史記》，中華書局 1982 年版。

7. 《漢書》，中華書局 1962 年版。

8. 《魏書》，中華書局 1974 年版。

9. 《舊唐書》，中華書局 1975 年版。

10. 《新唐書》，中華書局 1975 年版。

11. 《唐律疏議》，中華書局 1983 年版。

12. 《宋刑統》，法律出版社 1999 年版。

13. 《晦庵先生朱文公文集》，國家圖書館出版社 2006 年版。

14. 《名公書判清明集》，中華書局 1987 年版。

15. 《元史》，中華書局 1976 年版。

16. 《大元聖政國朝典章》，中國廣播電視出版社 1998 年版。

17. 〔元〕龔端禮：《五服圖解》，宛委別藏影鈔本。

18. 〔元〕徐元瑞《吏學指南》，浙江古籍出版社 1988 年。

19. 《大明律》，法律出版社 1999 年版。

20. 《大學衍義補》，江蘇大學出版社 2018 年版。

21. 《大清律例》，張榮錚、劉勇強、金懋初點校，天津古籍出版社 1993 年版。

22. 《大清律例》，田濤、鄭秦點校，法律出版社 1999 年版。

23. 《大清律纂修條例》，載劉海年、楊一凡總主編《中國珍稀法律典籍集成》丙編第一冊，科學出版社 1994 年版。

24. 《大清律例匯輯便覽》，同治十一年（1872）版，國家圖書館藏。

25. 《清實錄》，中華書局 1986 年版。

26. 《清會典（光緒朝）》影印版，中華書局 1990 年。

27. 《清會典事例》，中華書局 1991 年版。

28. 〔清〕托津等：《欽定大清會典事例（嘉慶朝）》，中國第一歷史檔案館館藏。

29. 〔清〕昆岡、李鴻章等：《欽定大清會典事例》，中國第一歷史檔案館館藏。

30. 〔清〕吉同鈞：《欽定大清現行刑律》，宣統二年（1910）仿聚珍刻本，中國第一歷史檔案館館藏。

31. 《大清宣統政紀》，中國第一歷史檔案館藏。

32. 《大清光緒新法令》，中國第一歷史檔案館藏。

33. 〔清〕王明德：《讀律佩觿》，法律出版社 2001 年版。

34. 〔清〕王又槐：《辦案要略》，群眾出版社 1987 年。

35. 〔清〕祝慶祺、鮑書芸、潘文舫、何維楷：《刑案匯覽三編》，北京古籍出版社 2004 年版。

36. 〔清〕祝慶琪等：《刑案匯覽（全編）》，楊一凡、尤韶華等點校，法律出版社 2007 年版。

37. 〔清〕趙爾巽：《清史稿》，王鍾翰等點校，中華書局 1998 年版。

38. 〔清〕薛允升：《讀例存疑》（重刊本），黃靜嘉編校，臺灣成文出版社 1970 年版。

39. 〔清〕薛允升：《唐明律合編》，中國書店 1990 年版。

40. 〔清〕全士潮、張道源：《駁案彙編》，法律出版社 2009 年版。

41. 〔清〕許槤、熊莪：《刑部比照加減成案》，法律出版社 2009 年版。

42. 〔清〕沈家本：《歷代刑法考》，鄧經元等點校，中華書局 1985 年版。

43. 〔清〕吳廷琛：《大清律例增修統纂集成》，國家圖書館藏清光緒三十三年刻本。

44. 〔清〕吉同鈞:《大清現行刑律講義》,清華大學出版社 2017 年版。

45. 〔清〕宋邦儶:《祥刑古鑒》,同治年間(1862~1874)刻本,南京大學圖書館藏。

46. 〔清〕張廷玉等:《清朝文獻通考》,浙江古籍出版社 1988 年版。

47. 杜家驥:《清嘉慶朝刑科題本社會史料輯刊》,天津古籍出版社 2008 年版。

48. 鄭秦、趙雄:《清代「服制」命案:刑科題本檔案選編》,中國政法大學出版社 1999 年版。

49. 高潮、馬建石:《中國歷代刑法志注譯》,吉林人民出版社 1994 年版。

50. 郭成偉:《大清律例根原》,上海辭書出版社 2012 年版。

51. 官箴書集成編纂委員會:《官箴書集成》,黃山書社 1997 年版。

52. 楊一凡、徐立志:《歷代判例判牘》,中國社會科學出版社 2005 年版。

53. 楊一凡:《中國律學文獻》,社會科學文獻出版社 2007 年版。

54. 楊一凡:《古代判牘案例新編》,社會科學文獻出版社 2012 年版。

55. 楊一凡:《歷代珍稀司法文獻》,社會科學文獻出版社 2012 年版。

56. 楊一凡:《古代折獄要覽》,社會科學文獻出版社 2015 年版。

57. 馬建石、楊育棠:《大清律例通考校注》,中國政法大學出版社 1992 年版。

58. 邱漢平:《歷代刑法志》,群眾出版社 1988 年版。

## 二、論著類

1. 陳顧遠:《中國法治史概要》,臺北:三民書局 1977 年版。

2. 戴炎輝:《中國法制史》,臺北:三民書局股份有限公司 1979 年第 3 版。

3. 戴逸:《乾隆帝及其時代》,中國人民大學出版社 2008 年版。

4. 鄧聲國:《清代五服文獻概論》,北京大學出版社 2005 年版。

5. 范中信、鄭定、詹學農:《情理法與中國人》(修訂版),北京大學出版社 2011 年版。

6. 范忠信:《中國法律傳統的基本精神》,山東人民出版社 2001 年版。

7. 費成康:《中國的家法族規》,上海社會科學院出版社 1998 年版。

8. 費孝通:《鄉土中國·生育制度》,北京大學出版社 1998 年版。

9. 高道蘊、高鴻鈞、賀衛方:《美國學者論中國法律傳統》,清華大學出版 2004 年版。

10. 顧元:《衡平司法與中國法律傳統秩序——兼與英國衡平法相比較》,中

國政法大學出版社 2006 年版。

11. 顧元：《服制命案、干分嫁娶與清代衡平司法》，法律出版社 2018 年。

12. 高學強：《服制視野下的清代法律》，法律出版社 2018 年版。

13. 何勤華：《法律文化史潭》，商務印書館 2004 年版。

14. 何勤華：《中國法學史綱》，商務印書館 2012 年版。

15. 何懷宏：《倫理學是什麼》，北京大學出版社 2002 年版。

16. 梁治平：《法律的文化解釋》，三聯書店 1994 年版。

17. 梁治平：《清代習慣法：社會與國家》，中國政法大學出版社 1997 年版。

18. 梁治平：《尋求自然秩序中的和諧》，中國政法大學出版社 1997 年版。

19. 林端：《儒家倫理與法律文化》，中國政法大學出版社 2002 年版。

20. 林端：《韋伯論中國法律傳統》，臺北三民書局 2003 年版。

21. 劉俊文：《唐律疏議箋解》，中華書局 1996 年版。

22. 劉俊文：《日本學者研究中國史論著選譯》（全十冊），中華書局 1992 年版。

23. 馬小紅：《禮與法：法的歷史鏈接》，北京大學出版社 2004 年版。

24. 那思陸：《清代中央司法審判制度》，北京大學 2004 年版。

25. 錢泳宏：《清代「家庭暴力」研究》，商務印書館 2014 年。

26. 瞿同祖：《中國法律與中國社會》，商務印書館 2015 年版。

27. 瞿同祖：《清代地方政府》，法律出版社 2011 年版。

28. 蘇力：《法治及其本土資源》，中國政法大學出版社 1996 年版。

29. 蘇亦工：《明清律典與條例》，中國政法大學出版社 2000 年版。

30. 孫家紅：《關於「子孫違反教令」的歷史考察——一個微觀法史學的考察》，社會科學文獻出版社 2013 年版。

31. 沈大明：《〈大清律例〉與清代的社會控制》，上海人民出版社 2007 年版。

32. 魏道明：《始於兵而終於禮：中國古代族刑研究》，中華書局 2006 年版。

33. 魏道明：《秩序與情感的衝突——解讀清代的親屬相犯案件》，中國社會科學出版社 2013 年。

34. 魏道明：《清代家族內的罪與刑》，社會科學文獻出版社 2021 年。

35. 魏道明：《虛擬的權利：中國古代容隱制度研究》，社會科學文獻出版社 2023 年。

36. 王志強：《法律多元視角下的清代國家法》，北京大學出版社 2003 年版。

37. 王志強：《清代國家法多元差異與集權統一》，社會科學文獻出版社 2017 年版。

38. 王亞新、梁治平：《明清時期的民事審判與民間契約》，法律出版社 1998 年版。

39. 徐忠明、任強：《中國法律精神》，廣東人民出版社 2007 年版。

40. 徐忠明：《案例、故事與明清時期的司法文化》，法律出版社 2006 年版。

41. 徐忠明：《情感、循吏與明清時期司法實踐》，上海三聯書店 2009 年版。

42. 徐忠明：《眾聲喧嘩：明清法律文化的複調敘事》，清華大學出版社 2007 年版。

43. 王躍生：《十八世紀中國婚姻家庭研究：建立在 1781～1791 年個案基礎上的研究》，法律出版社 2000 年版。

44. 謝振民：《中華民國立法史》下冊，張知本校訂，中國政法大學出版社 2000 年版。

45. 謝鴻飛：《法律與歷史：體系化法史學與法律歷史社會學》，北京大學出版社 2012 年版。

46. 徐昕：《司法的歷史之維》（專號），廈門大學出版社 2009 年版。

47. 楊帆：《德治生態與傳統司法文化：以清代為中心的研究》，中國法制出版社 2010 年版。

48. 楊鴻烈：《中國法律發達史》，中國政法大學出版社 2009 年版。

49. 張文顯：《法哲學範疇研究》（修訂版），中國政法人學出版社 2001 年版。

50. 張晉藩：《中國法律史論》，法律出版社 1982 年版。

51. 張晉藩：《清律研究》，法律出版社 1992 年版。

52. 張晉藩：《中華法系的回顧與前瞻》，中國政法大學出版社 2007 年版。

53. 張晉藩：《中國法律的傳統與近代轉型》，法律出版社 2009 年版。

54. 張晉藩：《中國司法制度史》，人民法院出版社 2004 年版。

55. 張仁善：《法律社會史的視野》，法律出版社 2007 年版。

56. 張仁善：《禮·法·社會——清代法律轉型與社會變遷》，商務印書館 2013 年版。

57. 張世明、步德茂、娜鶴雅：《世界學者論中國傳統法律文化》，法律出版社 2009 年版。

58. 張兆凱：《中國古代司法制度史》，嶽麓書社 2005 年版。

59. 張從容：《部院之爭：晚清司法改革的交叉路口》，北京大學出版社 2007 年。

60. 鄭秦：《清代司法審判制度研究》，湖南教育出版社 1988 年版。

61. 鄭秦：《清代法律制度研究》，中國政法大學出版社 2000 年版。

62. 張壽安：《以禮代理：凌廷堪與清中葉儒學思想之轉變》，河北教育出版社 2001 年版。

63. 〔美〕德克·布迪、克拉倫斯·莫里斯著：《中華帝國的法律》，朱勇譯，鳳凰出版傳媒集團、江蘇人民出版社 2008 年版。

64. 〔美〕費正清：《劍橋中國晚清史：1800～1911 年》（上下卷），中國社會科學出版社 1985 年版。

65. 〔美〕黃宗智：《清代的法律、社會與文化：民法的表達與實踐》，上海書店出版社 2001 年版。

66. 〔美〕黃宗智：《法典、習俗與司法實踐：清代與民國的比較》，上海書店出版社 2007 年版。

67. 〔美〕余英時：《中國思想傳統的現代詮釋》，江蘇人民出版社 2003 年版。

68. 〔美〕唐·布萊克：《社會學視野中的司法》，郭星華等譯，〔美〕麥迪生審校，法律出版社 2002 年版。

69. 〔美〕步德茂：《過失殺人、市場與道德經濟：18 世紀中國財產權的暴力糾紛》，張世明、劉亞叢、陳兆肆譯，社會科學文獻出版社 2008 年版。

70. 〔德〕馬克斯·韋伯：《社會科學方法論》，楊富斌譯，華夏出版社 1999 年版。

71. 〔德〕馬克斯·韋伯：《儒教與道教》，王容芬譯，商務印書館 1999 年版。

72. 〔德〕馬克斯·韋伯：《論經濟與社會中的法律》，張乃根譯，中國大百科全書出版社 1998 年版。

73. 〔英〕S·斯普林克爾：《清代法制導論——從社會學角度加以分析》，張守東譯，中國政法大學出版社 2000 年版。

74. 〔法〕謝和耐：《中國社會史》，黃建華、黃迅余譯，江蘇人民出版社 2008 年版。

75. 〔日〕滋賀秀三等：《明清時期的民事審判與民間契約》，王亞新、梁治平編，王亞新、范愉、陳少峰譯，法律出版社 1998 年版。

76. 〔日〕滋賀秀三：《中國家族法原理》，法律出版社 2003 年版。

## 三、期刊論文類

1. 柏樺、於雁：《清代律例成案的適用——以「強盜」律例為中心》，載《政治與法律》2009 年第 8 期。

2. 崔明石：《情理法的正當性：以「情」為核心的闡釋——以〈名公書判清明集〉為考察依據》，載《吉林師範大學學報》（人文社會科學版）2011 年第 3 期。

3. 崔明石：《事實與規範之間：情理法的再認識——以〈名公書判清明集〉為考察依據》，載《當代法學》2010 年第 6 期。

4. 鄧勇：《論中國古代法律生活中的「情理場」——從〈名公書判清明集〉出發》，載《法制與社會發展》2004 年第 5 期。

5. 董陸璐：《清代刑事司法裁判的微觀考察——以「殺死姦夫」案為中心》，載《司法》2009 年第 4 輯。

6. 董長春：《司法環節：情理在傳統司法中的作用分析》，載《雲南大學學報（法學版）》2012 年第 4 期。

7. 范忠信：《「親親尊尊」與親屬相犯：中西刑法的暗合》，《法學研究》1997 年第 3+期。

8. 馮卓惠：《中國古代慎刑思想研究——兼與 20 世紀西方慎刑思想比較》，《法律科學（西北政法學院學報)》2006 年第 2 期。

9. 郭松義：《清代 403 宗民刑案全中的私通行為考察》，載《歷史研究》2000 年第 3 期。

10. 高鴻鈞：《無話可說與有話可說之間——評張偉仁先生的〈中國傳統的司法和法學〉》，載《政法論壇》2006 年第 5 期。

11. 高學強：《喪服制度與中國傳統刑事法：以親屬相犯為考察中心》，《中國刑事法雜誌》2009 年第 6 期。

12. 何勤華：《明清案例彙編及其時代特徵》，載《上海社會科學院學術季刊》2000 年第 3 期。

13. 何勤華：《清代法律淵源考》，載《中國社會科學》2001 年第 2 期。

14. 霍存福：《中國傳統法文化的文化性狀與文化追尋——情理法的發生、發展及命運》，載《法制與社會發展》2001 年第 3 期。

15. 康建勝：《情理法與傳統司法實踐》，載《青海社會科學》2011 年第 2 期。

16. 林端：《中國傳統法律文化：「卡迪審判」或「第三場域」》，載范忠信、陳

景良等：《中西法律傳統》第 5 輯，法律出版社 2005 年版。

17. 瞿同祖：《清律的繼承和變化》，《歷史研究》1980 年第 4 期。

18. 王志強：《清代成案的效力和其運用中的論證方式——以〈刑案匯覽〉為中心》，載《法學研究》2003 年第 3 期。

19. 王忠春、張分田：《從清代「親親」的懲戒權問題看皇權之「尊尊」——以〈刑案匯覽〉為主要視角》，載《歷史教學》2008 年第 14 期。

20. 魏道明：《中國古代遺囑繼承制度質疑》，載《歷史研究》2000 年第 6 期。

21. 魏道明：《家族主義與中國法律思想的淵源》，載《青海師範大學學報（社會科學版）》1993 年第 3 期。

22. 魏道明：《清代對容隱行為的司法處置》，載《青海社會科學》2015 年第 5 期。

23. 魏道明：《清代對於姦非案內親屬殺傷行為的司法處置》，載《青海師範大學學報（哲學社會科學版）》2011 年第 5 期。

24. 魏道明：《中國古代「親親相隱」制度再探》，載《中國史研究》2012 年第 4 期。

25. 魏道明：《中國古代容隱制度的價值與正當性問題》，載《青海社會科學》2012 年第 1 期。

26. 吳春雷、杜文雅：《中國古代判例的情理適用探析》，載《天津法學》2011 年第 2 期。

27. 徐忠明：《明清刑事訴訟「依法判決」之辨正》，載《法商研究》2005 年第 4 期。

28. 徐忠明：《清代中國司法裁判的形式化與實質化——以〈病榻夢痕錄〉所載案件為中心的考察》，載《政法論壇》2007 年第 2 期。

29. 徐曉光、陳光國：《清朝對「蒙古例」、〈理藩院則例〉的制定與修訂》，載《內蒙古社會科學》1994 年第 3 期。

30. 姚世偉：《略論中國古代刑事責任年齡制度》，載《南華大學學報》（社會科學+34+

31. 姚暘：《清代刑案審理法源探究》，載《南京大學法律評論》（2010 年春季卷）。

32. 姚暘：《論清代刑案審理中的「夾簽」制度》，載《天津社會科學》2009 年第 5 期。

33. 俞江：《論清代九卿定議——以光緒十二年崔霍氏因瘋砍死本夫案為例》，載《法學》2009 年第 1 期。

34. 易平：《日美兩國學者關於清代民事審判制度的論爭》，載《中外法學》1999 年第 3 期。

35. 劉仁文：《刑法中的嚴格責任研究》，載《比較法研究》2001 年第 1 期。

36. 張晉藩：《清代律學及其轉型（上）》，載《中國法學》1995 年第 3 期。

37. 張晉藩：《中國古代國情背景下的司法制度》，載《司法論壇》2010 年 05 期。

38. 張仁善：《清末官僚法律心理的演變與傳統禮法制度的消亡》，載《史學集刊》2001 年第 1 期。

39. 張榮錚：《論大清律例》，載《法治論叢》1992 年第 1 期。

40. 張偉仁：《中國傳統的司法和法學》，載《現代法學》2005 年第 5 期。

41. 張偉仁：《中國法文化的起源、發展和特點（上）》，載《中外法學》2010 年第 6 期。

42. 張偉仁：《中國法文化的起源、發展和特點（下）》，載《中外法學》2011 年第 1 期。

43. 張偉仁：《中國清代司法判決的構成》，載 2011 年「明清中國的法律與社會」國際學術研討會論文集。

44. 張小也：《從「自理」到「憲律」：對清代「民法」與「民事訴訟」的考察——以〈刑案匯覽〉中的墳山爭訟為中心》，載《學術月刊》2006 年第 8 期。

45. 鄭定、馬建興：《略論唐律中的服制原則與親屬相犯》，載《法學家》2003 年第 5 期。

46. 鄭秦：《十八世紀中國親屬法的基本概念》，載《比較法研究》2000 年第 1 期。

47. 鄭志華：《試評情理法融會貫通的傳統價值追求——對清代刑案裁判論證正當性的剖析》，載葉孝信、郭建：《中國法律史研究》，學林出版社 2003 年版。

48. 中國第一歷史檔案館：《刑部主事余繼生勾結書吏裁改題本案》，《歷史檔案》1994 年第 3 期。

49. 〔日〕岸本美緒：《明清時代的「找價回贖」問題》，載楊一凡總主編、寺

田浩明主編《中國法制史考證》丙編第四卷《日本學者考證中國法制史重要成果選譯·明清卷》，中國社會科學出版社 2003 年版。

50. 〔日〕滋賀秀三：《清代訴訟制度之民事法源的概括性考察——情、理、法》，載滋賀秀三等：《明清時期的民事審判與民間契約》，王亞新、梁治平編，法律出版社 1998 年版。

51. 〔日〕滋賀秀三：《清代訴訟制度之民事法源的考察——作為法源的習慣》，載載滋賀秀三等：《明清時期的民事審判與民間契約》，王亞新、梁治平編，法律出版社 1998 年版。

52. 〔日〕寺田浩明：《清代民事審判與西歐近代型的法秩序》，潘健譯，載《中外法學》1999 年第 2 期。

53. 〔日〕寺田浩明：《清代民事審判：性質及意義》，載《北大法律評論》（第 1 卷第 2 輯），法律出版社 1999 年。

54. 〔日〕寺田浩明：《中國清代的民事訴訟與「法之構築」——以〈淡新檔案〉的一個事例作為素材》，載易繼明主編：《私法》（第 3 輯第 3 卷），北京大學出版社 2004 年版。

55. 〔日〕小口彥太：《清代中國刑事審判中成案的法源性》，載《法律史考證》乙編，中國社會科學出版社 2003 年版。

## 四、已公開的學位論文類

1. 崔明石：《話語及敘事：文化視域下的情理法》，吉林大學 2011 年度博士學位論文。

2. 陳小潔：《中國傳統司法判例中的情理表達——以清代〈刑案匯覽〉為對象的分析》，南京師範大學 2014 年度博士學位論文。

3. 鄧勇：《試論中華法系的核心文化精神及其歷史運行——兼析古人法律生活中的「情理」模式》，吉林大學 2009 年度博士學位論文。

4. 丁嘉暉：《理解清代中國法律觀念——海外學者研究案例與理論探微》，華東師範大學 2018 年碩士學位論文。

5. 黃延廷：《清代刑事司法中的緣法斷罪與權宜裁判——以司法判例為中心的考察》，中國政法大學 2009 年度博士學位論文。

6. 韓雪梅：《從清代司法實踐中看中國傳統思維方式》，吉林大學 2015 年碩士論文。

7. 李豔君：《從冕寧縣檔案看清代民事訴訟制度》，中國政法大學 2008 年博士學位論文。

8. 呂麗：《中國古代刑法特色研究》，吉林大學 2012 年博士學位論文。

9. 林寧：《清代死刑案件審理程序研究》，南京師範大學 2011 年碩士學位論文。

10. 劉軍平：《中國傳統訴訟之「情判」研究》，湘潭大學 2007 年度博士學位論文。

11. 沈大明：《大清律例與清代的社會控制》，華東政法學院 2004 年博士學位論文。

12. 王靜：《清代州縣官的民事審判——一個法律文化視角的考察》，吉林大學 2005 年度博士學位論文。

13. 肖暉：《中國判決理由的傳統與現代轉型——以民事判決為中心》，西南政法大學 2005 年度博士學位論文。

14. 楊帆：《德治圖景下的中國傳統司法文化研究》，中國政法大學 2005 年博士學位論文。

15. 章燕：《清代法官的司法觀念》，吉林大學 2008 年度博士學位論文。

16. 張可：《清代審級制度研究》，中國政法大學 2011 年度博士學位論文。

17. 張國驥：《清嘉慶、道光時期政治危機危機研究》，湖南大學 2011 年博士學位論文。

## 五、工具書類

1. 夏徵農、陳至立：《辭海（第六版）》，上海辭書出版社 2010 年版。

2. 〔清〕永鎔、紀昀等：《欽定四庫全書總目》臺灣商務印書館股份有限公司 1986 年影印版。

3. 《中國大百科全書·法學》（修訂版），中國大百科全書出版社 2006 年版。